일본 과학기술 총력전

총력전
- 근대 150년 체제의 파탄 -

야마모토 요시타카 지음 | 서의동 옮김

AK

일러두기

1. 인용문 중에 저자가 글의 이해를 돕기 위해 보충한 곳은〔 〕로 묶었다. 본문 중 이해를 돕기 위해 역자가 첨가한 것은 [ ]로 표시했다.
2. 역주는 ( )안에 '-역주' 형태로 표기했다.
3. 일본어 고유명사는 인명·지명의 경우 전부 일본어 발음으로 표기했고, 한자를 병기했다. 직명·행정 단위명 중 한국에서 한국어 발음으로 이미 통용되고 있는 경우는 한국어 발음을 채용했다. (막부, 번, 촌 등) 또 한자어만으로 뜻이 통할 경우는 한국어 발음, 그렇지 않을 경우는 일본어 발음으로 표기했다.
4. 한국에서 잘 쓰이지 않는 한자어의 경우, 문장 뉘앙스를 살리기 위해 필요한 것은 그대로 쓰고 한자를 병기했다. 설명이 필요한 곳에는 역주를 달았다.
5. 서적이나 논문 제목 중 필요한 경우 우리말과 한자를 병기했다. 서적 제목은 『 』로 표기했다.

서문

　일본 근대의 시작을 19세기 중기, 더 구체적으로 메이지明治 원년인 1868년이라고 하면 2018년은 근대 일본의 150년째가 된다.

　서구 각국은 18세기 후반부터 19세기 전반에 걸쳐 가내수공업에서 공장제 기계공업으로 발전하며 산업혁명을 달성했다. 개국 시기인 1860~70년대 서구 각국은 제2차 산업혁명으로 불리는 중화학공업을 위한 기술혁신을 추진하면서 대외적으로는 식민지 획득을 위해 앞다퉈 해외로 진출하고 있었다. 이들 '열강'과의 경쟁에 직면한 일본은 서구 근대의 민주주의와 인권 등 정치·사회사상은 충분히 중시하지 않은 채 천황제 국가로 나아갔다. 반면 서구 과학기술은 탐욕스럽고도 상당히 효율적으로 흡수했으며, 정부 지도와 군의 견인으로 공업화와 근대화를 성취해 20세기 전반 제국주의 열강 대열에 합류했다. 일본의 행보는 아시아·태평양전쟁 패배로 일단 좌절했지만, 전후 새 헌법 아래 경제대국으로 부활을 성취했다.

일본 현대사는 보통 메이지에서 아시아·태평양전쟁 패전까지의 대일본제국헌법 시대와 전후 일본국헌법 시대로 구분된다. 그러나 메이지 시대는 물론 전전戰前(1945년 8월 15일 패전 이전의 시기-역주)과 전후戰後도 열강주의·대국주의 내셔널리즘에 추동되면서 에너지혁명과 과학기술 진보에 의한 경제성장을 추구해온 점은 일관돼 있다.

도쿠가와 일본을 개국시킨 것은 페리가 이끄는 미합중국 동인도함대, 즉 구로후네黒船(서구에서 만들어진 대양 항해용 대형 함정이지만 1853년 우라가 앞바다에 내항한 페리의 미국 함대를 주로 가리킨다. 구로후네는 일본의 개항을 상징하는 주요 키워드 중 하나다-역주)였다. 1854년 페리가 두 번째 내항했을 때 막부에 보낸 헌상품이 증기기관차 모형과 유선 전신장치 일습이었던 것은 상징적이다. 이는 당시 최첨단 하이테크 기기이자 서구 근대 에너지혁명의 직접적인 산물이었다.

그때까지 동력, 즉 사물을 구동하고 들어 올리는 힘으로는 인력, 축력, 수력, 풍력이 전부인 줄 알았던 인류에게 증기동력의 사용은 '동력의 혁명'이었다. 어떤 형태의 운동을 다른 운동으로 전환시킬 뿐인 수차, 풍차와 달리 증기기관은 난방과 조리에만 쓰이던 열이 사물을 구동하고 들어 올리는 능력이 있음을 보여준 것이고, 열과 동력에 두루 통하는 고차적 에너지 개념을 발견하게 된 것이다. 이 에너지 개념은 또 전기가 동력뿐 아니라 조명과 난방, 통신 능력을 가졌음을 발견하면서 확립된다.

따라서 증기와 전기의 사용은 동력혁명을 넘어선 에너지혁명이고, 이런 의미의 에너지혁명을 인류는 19세기 중기에 달성한 것이다.

바로 그 무렵 개국한 일본은 근대화를 에너지혁명으로 시작하게 됐다. 열과 전기가 생산과 운송, 통신과 조명에 강력한 힘을 발휘하는 것을 일본인은 알게 된 것이다.

1869년(메이지 2년)에 쓰키치築地~요코하마横浜 구간에 전신선이 가설되고 1872년(메이지 5년)에 신바시新橋~요코하마横浜 구간에 철도가 개통됐다. 같은 해 군마현 도미오카富岡에 증기동력으로 가동되는 제사공장이 건설되는 등 일본의 근대화가 시작됐다. 중공업, 기계공업, 화학공업은 막말幕末(도쿠가와 막번체제 말기-역주) 군수공업을 계승하는 형태로, 오로지 신정부 군부에 의해 군용 우선으로 시작됐다. 이후의 근대화, 즉 '식산흥업殖産興業·부국강병富國

強兵'은 운수와 생산에서 증기기관의 보급, 공장과 가정의 전화電化(전기화-역주) 확대 등 열에너지와 전기에너지의 사용으로 현실화했다.

에너지혁명의 결과는 인구 변동에서 단적으로 나타난다. 에도 시대 후반, 일본 인구는 약 3,000만 명에서 거의 변화가 없었지만 메이지유신 이후 급증해 아시아·태평양전쟁 종료 시 거의 7,200만 명을 헤아렸다. 그 후 계속 증가해 1960년대 말에 1억 명을 넘어섰고 2010년경 1억2,800만 명으로 정점을 찍은 이후 급속한 감소로 돌아섰다. 이는 패전기를 제외하면 일본이 1870년경부터 140년간 일관되게 경제성장을 지속하며 에너지 소비를 확대해왔고, 2010년 전환기를 맞으면서 경제성장 정책 자체의 재검토를 강요당하고 있음을 뜻한다. 역사인구학자인 기토 히로시鬼頭宏는 다음과 같이 말했다.

저출산은 화석연료, 우라늄 등 광물자원에 의존해온 산업문명이 한계에 부딪히면서 지속 가능한 발전·개발을 가능케 하는 새로운 문명으로 전환을 준비할 시대가 왔음을 상징합니다. 재생 가능 에너지를 기본으로 하는 사회

로 전환해야 할 시기가 온 것입니다. (도쿄신문 2017년 3월 25일
자)

2011년의 후쿠시마福島 원전 사고는 이를 상징한다. 오
로지 에너지 소비 확대를 추구해온 에너지혁명이 그 사이
클을 넘어서 폭주한 것이다. 일본은 막말 서구 과학기술
에 눈을 뜬 뒤 메이지 시대에 들어 본격적으로 이를 흡수
했고, 이것이 근대화와 경제성장을 떠받쳐왔다. 메이지
이후 중앙관청과 산업계, 군부, 국책대학인 제국대학이 협
력해 근대화를 추진했고, 생산력 증대에 의한 성장과 이를
위한 과학기술 진흥을 지상 가치로 삼았다. 전후 부흥도
그 연장선상에 있었다. 메이지 시기의 '식산흥업·부국강
병'은 '고도 국방국가 건설'을 지향한 전시 총력전 체제를
거친 뒤 전후 '경제성장·국제경쟁'으로 계승된 것이다.

관·산·(군)·학 협력의 저변에 깔린 사상은 경제성장과
경제력 확대, 국력 증진을 우선시하는 '열강주의 내셔널리
즘에 입각한 성장 이데올로기'였고, 이를 뒷받침해온 과학
기술에 대한 무비판적 신뢰와 무조건적 예찬이었다. '새로
운 과학의 발견과 기술의 개량은 생산 증대와 경제성장, 인

간 생활 개선을 가져오고 사회 발전과 문명의 진보를 견인한다'는 명제는 메이지 시대부터 오늘날에 이르기까지 계급적 입장과 사상 신조를 불문하고 의문시되지 않았던 것이다.

이를 처음으로 공개적으로 추궁하고 의문부호를 던진 것이 메이지유신 100년을 맞은 1960년대 말이었다.

일본 사회는 전쟁으로 괴멸적 타격을 입었고, 1945년 원자폭탄 두 발로 대일본제국은 붕괴했다. 하지만 패전 직후부터 과학자들은 과학에 의한 재건을 주장했고, 미국의 원폭 개발을 '인류의 위업이자 과학기술의 정화'라고 상찬했다. 언론도 원자력과 우주 개발을 20세기 과학기술이 가져온 인류의 꿈으로 묘사했다. 그 꿈의 현실화가 시작됐다고 여겨진 것이 1950년대 후반이었다. 1956년(쇼와 31년)의 경제백서는 "더 이상 전후戰後가 아니다"라고 했다. 일본의 자본주의는 기계공업, 중화학공업 중심 구조로 발전해갈 것으로 전망될 만큼 이미 재건됐던 것이다. 이는 또 만족할 줄 모르는 에너지 소비 욕구로 말미암아 에너지 자원이 수력발전에서 화력발전, 원자력발전으로 진화할 것을 전망한 것이기도 했다. 특히 원자력발전은 경제 차원을 넘어 전후 국제사회에서 대국의 위상과도 관련된 것이자 잠재적 군사력이라는 정치적, 외교적 의미를 띠고 있었다. 첫 원자력 예산이 1954년(쇼와 29년)에 편성됐고, 원자력기본법이 1955년 제정됐다. 1956년에 원자력위원회가 설립되고 과학기술청이 발족했으며, 이듬해인 1957년 8월에는 일본의 첫 실험 원자로가 도카이무라東海村에서 가동됐다.

20세기에 접어들어 과학은 사회 유지를 위해 필수불가결한 요소로서 그 육성과 발전이 국가에 의해 제도적으로 장려됐는데, 이것이 바로 과학사가 히로시게 데쓰広重徹가 언명한 '과학의 체제화'다. 현실에서는 관(중앙관청)·산(산업계)·학(대학) 내지 관·산·학과 군(군대)의 구조화된 협동체제로 과학 연구가 이뤄졌다. 연구의 전선 배치는 연구비 배분으로 나타나는데, 고도 산업국가에서 그것은 산産과 군軍의 요구와 관의 지도로 결정된다.

1968~69년의 도쿄대東京大 투쟁에서 우리들은 이런 식으로 국가에 포획된 대학 교육과 연구를 문제 삼았던 것이다.

그리고 1960년대 말 4대 공해 소송이 시작됐다. 구마모토熊本 미나마타水俣병, 니가타新潟 미나마타병, 도야마富山의 이타이이타이병, 욧카이치四日市 공해 소송은 나리타成田 신국제공항 건설에 대한 산리즈카三里塚 농민의 반발과 함께 산업 발전과 근대화가 농어민의 희생과 공동체 해체, 자연환경 파괴 위에서 진행돼왔음을 명확히 드러냈다. 이런 경험도 과학기술 발전과 경제성장을 최우선시하는 방식에 대한 비판을 불러일으켰다.

일본에서 1960년대에 이공계 붐이 일어난 것은 전후 부활한 자본주의가 국제 경쟁의 장으로 진출하기 위한 것이었지만, 당시는 세계적으로도 공전의 과학기술 붐이 일던 시기이기도 했다. 1957년(쇼와 32년) 소련의 인류 첫 인공위성 스푸트니크 1호 발사에서 1969년(쇼와 44년) 미국 아폴로 계획에 의한 최초의 달 착륙에 이르기까지 1960년대 미·소 간 우주 개발 경쟁은 과학기술의 무한한 진보를 약속하는 것으로 간주됐다.

전후 세계의 양대 강국이 과학기술의 정수를 선취하려는 듯 보이던 레이스는 실제로는 미사일 기술 우열을 가리는 군사적 경쟁이었고, 대국 간 국가 위신을 건 승부이기도 했다. 20세기 후반에는 과학기술의 우열이 국가의 산업력, 문화력의 우열이자 군사력과 정치적 발언력의 우열로 간주됐던 것이다. 케네디 대통령이 돈이 얼마가 들든 인류 달 착륙은 미국이 먼저 해야 한다며 아폴로 계획을 명령한 진짜 이유였다. 하지만 화려한 우주 개발 경쟁 와중에 소련은 만성적 경제 침체로 민중 생활이 곤궁해졌고, 미국의 여러 도시들에서 1960년대 후반 흑인 폭동이 빈발한 것처럼, 막대한 국가 재정이 투입된 아폴로 계획의 그늘에서 흑인[과 취약계층]은 차별과 빈곤 속에 방치됐다.

이와 함께 1960년대 후반에는 베트남전쟁-미국의 베트남 침략-이 격화됐다. 미국은 원폭은 동원하지 않았지만 제2차 세계대전 사용량의 몇 배나 되는 폭탄을 좁은 베트남 국토에 퍼부었다. 대형 네이팜탄과 클러스터 폭탄에서 고엽제에 이르기까지, 최첨단 과학기술이 빈곤한 베트남 촌락을 파괴하고 민중의 목숨을 뺏는 데 동원됐다. 20세기 과학기술이 낳은 맹독성 고엽제, 에이전트 오렌지의 공포는 전후 반세기가 지난 지금도 여전히 장애아들이 태어나고 있는 것에서 표출된다. 그 비인도성은 핵무기에 뒤

처지지 않는다.

고엽제는 원래 미국 화학약품 기업이 농촌 생산성 향상을 위해 1938년 제초제로 개발한 것이지만, 이듬해인 1939년 제2차 세계대전이 발발하면서 무기로 전용됐다. 마찬가지로 1938년에 독일과 오스트리아의 물리학자 오토 한과 리제 마이트너가 발견한 핵분열 반응도 군사 전용이 검토됐고, 7년 뒤인 1945년에 원자폭탄이 만들어졌다. 이 시대에는 과학과 기술의 어떠한 발명도 즉시 군사 전용의 대상이 될 운명을 피할 수 없었던 것이다. 원폭과 고엽제는 전투 능력 강화 차원을 훌쩍 뛰어넘어 인류의 생존 여건 자체를 파멸시키는 차원에 이르렀던 것이다.

미국 내 베트남전쟁 반대 투쟁은 미군의 베트남 침략은 말할 것도 없고, 미국 군사전략에 포획된 과학계는 물론이고 전쟁의 파괴력을 좀 더 강화하고 피해를 더욱 키우는 과학기술의 진보 자체에 대한 추궁과 탄핵이었다. 미국 대학생들의 베트남전 반대 투쟁은 1968~69년에는 하버드대를 비롯해 군사 연구에 관여한 주요 대학과 연구소에 대한 농성과 점거 투쟁으로 발전해갔다. 이렇게 해서 1960년대 말 미국에서도 베트남전 반대 운동과 공민권 투쟁 속에서 과학기술이 비판받게 됐다.

이는 자본과 정보, 첨단 과학기술을 압도적으로 소유한 '군산학軍産學복합체'의 폭주에 대한 이의 제기였다. 군산학복합체는 20세기 과학의 체제화의 진전된 형태로, 21세기의 '리바이어던'으로 우리 앞에 등장했다. 이런 배경하에서 과학기술의 진보와 그것이 떠받쳐온 경제성장을 무조건 좋은 것이라고 여기는, 근대사회를 이끌어온 가치관에 물음표가 던져지기 시작한 것이다.

일본은 이제 과학기술의 파탄을 의미하는 후쿠시마 원전 사고, 경제성장의 종언을 상징하는 인구 감소라는, 메이지 이래 초유의 사태에 직면했다. 대국주의 내셔널리즘에 이끌려 추진돼온 일본의 근대화를 재검토해야 할 결정적인 시기가 왔다. 이 책은 그런 발상하에서 재검토한 근대 일본 150년의 발자취다.

목차

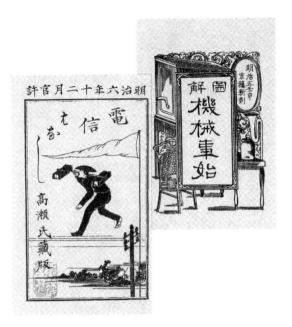

(좌) 다카세 시로高瀬四郎 초역『전신 이야기電信ばなし』속 표지 1873년
(우) 다시로 요시노리田代義矩『도해기계사시図解機械事始』1872년

제1장 서구와의 마주침

1. 난학에서 양학으로

일본 지배층이 물리학을 중심으로 하는 서구 근대과학에 주목하기 시작한 것은 에도 시대 말기다. 그간의 '난학蘭學(에도 시대 네덜란드를 통해 유입된 유럽의 학문, 기술, 문화 등을 통칭하는 말-역주)'은 의학과 그에 뒤따르는 본초학, 화학과 역산曆算을 위한 천문학 정도였다. 그것도 소수의 의사와 극소수 무사들이 개인적인 관심을 충족하기 위해 배웠던 것에 불과했다. 시계, 망원경 같은 서구 기술도 알려지긴 했지만, 난학 취미에 빠진 다이묘大名와 부유한 상인들의 고급 장난감 같은 것이었다.

서구 과학과 기술이 '의사의 난학'이 아닌 '무사의 양학'으로 본격 수용된 것은 1842년 중국이 아편전쟁에서 영국에 패한 직후부터였다. 당시 서구 열강 함대가 일본 연안에 접근하는 일이 빈발하고 있었던 데다, 강대국으로 여겨온 청나라(중국)가 근대식 무기를 갖춘 영국 군대에 어처구니없이 지자 일본 지배층은 서구 군사력의 우월성에 깊은 인상을 받으면서도 한편으로는 엄청난 위기감에 휩싸였다. 도사土佐번의 요시다 도요吉田東洋는 1852년 다음과 같이 말했다.

근고近古 이래, 물리 궁리工夫에서의 정밀함이라면 서양인을 가장 우수하다고 인정하지 않을 수 없다. 그중 영국인을 제일로 간주하게 된다. 그 주요한 성과인 대전함과 대포를 보면 그 훌륭한 스피드는 바람이나 벼락과도 같다. 이를 보면 영국인의 고안이 얼마나 정밀한지를 알 수 있다. 종래 지나志那인(중국인-역주)은 속세에 맹종하고 옛것에 얽매여 자신을 터무니없이 존대하게 여길 뿐 다른 이의 장점을 수용해 스스로의 단점을 보완하려는 마음을 갖지 못했다. 그래서 일단 전쟁이 일어나면 멀리서 보고 놀라 도망칠 뿐, 유효한 조치를 취하는 것이 전혀 불가능했던 것이다. 생각해보면 서양인의 학예에 대한 궁리는 나날이 더욱더 정묘하게 진보하고 있다. 천문, 지리, 역산술도 예전엔 조잡했지만 지금은 정밀하게 진보하고 있다. 지금 것을 예전과 비교하면 백과 흑의 차이를 보듯 역연히 확인할 수 있다. (원문은 한문, 후쿠시마 시게유키福島成行 저 『요시다 도요吉田東洋』에 있음. 번역은 순다이예비학교 한문과 강사 미야케 다카히로三宅崇宏의 지도를 받음)

위기감에 사로잡힌 일본을 다시 타격해 패닉에 빠뜨린

것이 그 직후인 1853~54년 매튜 페리 제독이 이끄는 미국 동인도함대의 내항이었다. 막부는 열강의 위협 속에서 1855년 국방 교육과 정보 수집을 위해 양학소洋学所(이듬해 반쇼시라베쇼蕃書調所로 개칭)를 급히 설립해 서구 군사기술서 수집과 번역에 착수했다. 거의 동시에 서양식 해군 창설을 위해 나가사키에 해군 전습소伝習所를 세우고, 네덜란드 해군 사관을 교수로 초빙해 조선 기술과 항해술 교육을 개시했다. 이는 서구 과학기술 습득이 '의사의 난학' 수준의 사적인 교양학습에서 '무사의 양학', 즉 막부의 공적 교육으로 전환했음을 뜻한다.

그 영향은 막부에서 각 번으로 확산됐다. 페리가 내항한 지 1년 이내에 막부에 대포를 만들겠다고 신고한 다이묘는 무려 225명, 포는 1,657문에 이른다. (카이노海野 1982) 후쿠자와 유키치福沢諭吉(1835~1901, 대표적인 계몽사상가로 문명개화와 부국강병을 설파해 메이지유신에 영향을 미쳤다-역주)가 장자권을 이어받은 1856년에 난학을 학습하겠다는 의사를 나카쓰中津번에 알리자 포술 수업에 한해 허용됐다고 『후쿠옹자전福翁自伝』(이하 『자전自伝』)에서 회고했다. 1854년에는 오카다 고안緒方洪庵의 데키주쿠適塾(오사카 센바에 설립된 에도 시대 학교로 난학 교습이 이뤄졌다-역주)에서 네덜란드 의학을 배우던 반슈播州의 의사 오토리 게이스케大鳥圭介(1833~1911, 서양학 학자이자 관료, 외교관. 1894년 조선에서 동학농민혁명이 발발하자 일본 군대를 이끌고 경복궁을 점령한 뒤 조선 정부에 압력을 가해 친일 개화파 내각을 수립하도록 했다-역주)가 서양병학 학습을 위해 에도로 떠났다.

이처럼 근대 일본에서 서구 과학기술은 오로지 군사기술 측면에서 습득되기 시작했다.

'의사의 난학'이 '무사의 양학'으로 대체됐다지만 '양학'은 당시엔 '병학'이었던 셈이다. 주된 학습 목적은 어디까지나 기술, 즉 군사기술에 있었고 과학은 기술 습득에 필요한 범위 내에서 학습됐다. 해군 전습소에서는 수학과 물리학도 가르치긴 했지만, 수학과 물리학 자체를 중시해서가 아니라 조선 기술과 항해술 습득을 위한 것이었다.

일본인들은 근대 서구 문명의 우월성을 사회사상과 정치사상이 아닌 과학을 통해 인식했다. 그 과학은 증기로 움직이며 강력한 대포를 갖춘 군함, 다시 말해 군사기술로 구체화됐던 것이다.

2. 에너지혁명과의 조우

그러나 서구는 군사력만 우월한 것이 아니었다. 19세기 중기 서구와 일본은 기술력 전반에서 차이가 현격했다. 페리가 2차 내항 때 막부에 헌상한 증기기관차 모형과 유선 전신장치 일습은 서구 사회에서 이미 실용화됐다. 이들은 당시의 에너지혁명을 상징하는 첨단 기술로, 막부의 고위 관료들을 흥분시킨 것으로 알려졌다.

특히 증기기관은 그 전까지 인력, 축력, 풍력밖에 모르던 인류에게 전혀 새로운 동력원이었고, 이의 실용화는 동력혁명을 의미했다.

마르크스는 『자본론』에서 "기계장치는 본질적으로 다른 세 부분으로 구성된다. 동력기, 배력기(동력전달기구), 도구기 또는 작업기가 그것"이라고 했다. 이 정의대로라면 기계는 중세 시대부터 사용됐다. 예를 들어 농촌의 물레방아를 동원한 절구, 광산에서 말로 끄는 권양기捲揚機(도르래 등을 이용해 무거운 물건을 들어 올리는 장치-역주) 등이다. 18세기 말부터 19세기 중기에 걸쳐 서양 사회에서 발생한 변화의 핵심은 단순한 기계화가 아니라 기계 동력이 수력과 축력에서 증기, 즉 열로 바뀐 것이다. 이로써 수력·풍력의 지리적 제약, 인력·축력의 생물적 한계를 뛰어넘어 원료와 노동력의 조달이 편리한 위치에서 대규모 공장을 짓고 대량생산을 할 수 있게 된 것이다.

이를 처음 깨달은 일본인들은 막말에 구미 사회를 견학했던 무사들이었다. 막부사절단은 1860년(만엔万延 원년)에 증기선 포하탄호를 타고 도미했다. 주된 목적은 일미수호통상조약 비준서 교환과 미국의 국력 시찰이었다. 사절단 일원인 다마무시 사다유玉虫左太夫는 이 과정을 『항미일록』에 상세히 남겼다. 미국을 '이적夷狄의 나라'로 여기던 다마무시가 항해 경험과 미국 견문을 통해 생각이 바뀌고, 미국인들의 차별 없는 솔직함에 이끌리며 신분제 사회 속 일본인의 비굴함과 거만함에 대한 불신과 혐오를 키우는 과정이 엿보이는 흥미진진한 읽을거리다. 여기서는 그가 미국 사회에서 접한 과학기술에 관한 인상과 감상에 초점을 맞추려 한다.

증기선 자체도 그렇지만 파나마 지협地峽(두 대륙을 연결하는 좁고 잘록한 땅-역주)에서 경험한 증기차, 미 본토 공장에서 접한 각종 증기동력 기계, 사진을 비롯한 근대 기술에 대해 다마무시는 관찰 가능한 대로 구조와 기능을 기술했지만 "그 기교의 정밀함, 그저 놀라울 뿐", "그 정밀함, 이해할 수 없다"고 반복할 뿐 원리에 대한 이해는 처음부터 포기했다. 예를 들면 증기선 피뢰침에 대해 "철침 끝을 오분도로 도금해 마스트에 세우고, 접안해서는 쇠사슬을 바닷속에 내린다. 이로써 낙뢰 우려가 없다고 한다. 그다지 이유를 소상히 밝히지 않았으니, 기이한 방법이라고 해야 할 것이다"(권 2)라는 대목이 전형적이다. 다마무시는 기계와 장치의 복잡·정밀한 작동 원리가 아니라 오로지 강대한 생산 능력과 작업 능력에 감탄했던 것이다.

다마무시는 미 본토의 대규모 공장과 조선소 등 중공업은 물론, 인쇄소 등 경공업과 호텔 등 서비스업에서도 증기동력에 의한 기계화가 보급된 점, 특히 이것이 노동량을 줄이고 있는 것에 깊은 인상을 받아 이를 반복해 다루고 있다. 조선소, 인쇄소, 호텔의 견문 소감이 각각 언급된다.

〔조선소에서는〕 그 제조를 한번 보니 어느 것도 증기기술의 정교함으로 하지 다시 인력을 쓰지 않아, 100명 정도의 일을 한두 사람이 해낸다. 포탄환의 주조, 목재 가공, 모두 증기차의 힘으로 한다. 또 거대한 철을 늘리고

구부리는 데 100명 정도의 힘이 들 것을 한두 명이 자유자재로 한다. 증기의 편리함이 이에 이르렀다. …(권 3)

〔인쇄소에서는〕 모두 증기기술의 정교함으로 이뤄진다. 그 인쇄기가 대략 스무 대가 있고 벽 사이 중앙에 큰 인쇄기가 하나 있는데 항상 증기로 회전한다. 이로부터 연속해 몇 대의 인쇄기가 자동으로 회전한다. 그리하여 그 정교한 기계로 종이의 출입, 납활자의 인쇄 및 잉크 바르기 등이 모두 이뤄진다. 단지 옆에서 종이의 출입을 관리하는 소녀가 한두 명 있다.(권 4)

〔호텔에서는〕 일반 작업에서 옷의 세탁에 이르기까지 증기 기술의 기교로 이를 이룬다. 인력을 쓰는 일이 적다.

다마무시가 무엇보다 주목한 생력화省力化, 뒤집어 말해 작업 능력은 단순한 기계화가 아니라 증기기관 도입이라는 동력혁명의 성과였다. 증기동력으로 기계화가 폭넓게 이뤄진 미국 문명에 깊은 인상을 받았음을 엿볼 수 있다.

포하탄호를 수행한 막부의 군함 간린마루咸臨丸 편으로 함께 도미했던 후쿠자와 유키치도 미국 사회의 기계화에 대해 "힘이 필요한 일은 모두 증기를 돌려서 한다. 목재

절단, 금속물 제작, 화폐 주형 제작, 설탕 제조, 밀가루를 갈 때도 증기기관을 작동한다"고 『견문보고서』에 기록했다.

그러나 다마무시와 달리 네덜란드어와 영어를 이미 마스터한 후쿠자와는 『자전』에서 "이학理學상의 것에서는 조금도 놀랄 것이 없었다"고 했다. 후쿠자와는 이미 오사카大坂 데키주쿠適塾 시절 당시 최첨단인 패러데이의 전자기학을 배웠다고 자부하곤 했다. 그는 서구 자연과학을 피상적이나마 알고 있었고, 전기에 대해서도 어느 정도 이해하고 있었다. 그러나 후쿠자와는 막말에 미국 두 차례, 서유럽 한 차례 등 구미를 세 차례나 방문한 유일한 일본인으로, 당시로선 서구 사회에 가장 정통해 있었다. 그런 후쿠자와가 감탄했던 것은 열을 동력에 사용하고, 전기를 통신에 사용하는 에너지혁명이었다.

후쿠자와가 1866년에 쓴 『서양사정』의 표지에는 '증기제인전기전신蒸汽濟人電氣傳信(증기가 사람을 돕고, 전기가 소식을 전한다)'라는 글씨가 크게 쓰여 있다. (읽는 방법은 스기야마杉山 2002에 따름) 표지 중앙에 전신선으로 둘러싸인 지구, 아래에 증기선과 증기기관차가 그려져 있다. 메이지유신 직전의 후쿠자와에게 서구 과학기술은 페리가 지참한 최첨단 기술인 중기기관과 유선 전신으로 상징된 것이다. 후쿠자와는 1881년(메이지 14년) 서구 근대가 성취한 이 변혁을 다시 언급했다.

> 1800년대, 저 나라는 증기와 전신의 사용법을 궁리하고 최근 30, 40년간 그 방법을 정돈했다. 이에 따라 세상의 사물이 갑자기 바뀌어 군비 전투, 식산공업 모두 이에 의거하지 않은 것이 없고 특히 운수교통에서는 개벽 이래 증기 발명의 날을 경계로 그 전후가 실로 별건곤別乾坤(별세계-역주)이라고 해도 가하리라.(『시사소언時事小言』 제1편)

증기기관과 전신기의 등장으로 세계가 '별건곤'이 됐다는 후쿠자와의 지적은 에너지혁명이라는 서구 근대의 변화의 정곡을 찌른 것이다.

3. 메이지 초기의 문명개화

이런 경험을 토대로 다마무시 사다유는 구미 제국과의

통상을 위한 교훈을 명확히 했다.

　만국과 무역을 하려면 모든 물건을 지금보다 10배로 만
들지 않으면 안 되는데, 인력으로는 아무리 힘을 써도 결
코 달성할 수 없다. 화폐의 손익은 논할 새도 없이 나라가
쇠약해질 것이다. 이를 개선하려면 증기기계를 제조해 한
사람이 100사람의 몫을 달성하는 방법을 시작하는 것만
한 것이 없다. (『항미일록航米日録』8권)

그간 서구 사회에 대해 아는 것이 별로 없었던 데다 '사
농공상' 신분제 질서의 최상층에 있으면서 수공업과 상행
위를 멸시해온 막말 상급 무사의 솔직한 감상일 것이다.
　메이지유신 이후 신정부 엘리트들은 서구 사회를 현지
에서 접하며 다마무시가 받은 인상과 교훈을 재확인했다.
신정부의 중심인 조슈長州번과 사쓰마薩摩번은 구미의 군
대와 직접 싸운 경험이 있었다. 조슈번은 시모노세키下関
전투에서 미국·영국·프랑스·네덜란드 연합군과 싸웠고,
사쓰마번은 사쓰에이薩英전투에서 영국군과 싸웠다. 사
쓰마는 그 나름대로 선전했지만 조슈는 완패했다. 그들이

서구 군사력의 우월성을 직접 체험한 만큼 메이지 신정부의 위기감은 상상 이상으로 절박했던 것 같다.

특명전권대사 이와쿠라 도모미岩倉具視(1825~1883, 막말~메이지 초기 정치가로 메이지유신을 성공으로 이끌었고 천황제 확립에 큰 역할을 했다-역주)를 비롯해 기도 다카요시木戶孝允(1833~1877, 조슈번 출신으로 사쓰마번과 동맹해 막부를 타도하는 데 주역이 된 인물-역주), 오쿠보 도시미치大久保利通(1830~1878, 메이지유신을 성공으로 이끈 유신 3걸 중 하나-역주), 이토 히로부미伊藤博文(1841~1909, 메이지 시대 정치가로 총리 등을 지내며 개국과 부국강병에 힘썼다. 조선통감부 초대 통감으로 한국 병탄에 앞장섰다가 하얼빈에서 안중근 의사에게 피격돼 사망했다-역주) 등 수십 명 규모의 메이지 정부 사절단은 유신 직후인 1871년(메이지 4년)부터 2년 가까이 미국과 서유럽 시찰에 나서 그들의 문명을 속속들이 돌아봤다. 그 목적 중 하나는 각국의 제도, 법률, 재정, 산업, 군사 등에 대한 시찰·조사로, 사절단은 많은 것을 배웠다. 이 모습은 사절단 멤버인 구메 구니타케久米邦武(1839~1931, 메이지에서 쇼와 시대까지 활동한 역사학자이자 지리학자)가 작성한 공식기록『특명전권대사 미구회람실기特命全權大使米歐回覽實記』(이하『실기』, 인용 말미의 숫자는 권 번호)가 상세하게 전한다.

모두의 일러두기例言에는 서구에서의 상황에 대해 "기차가 그 도시에 도착해, 간신히 짐을 호텔에 풀자 즉시 견학이 시작됐다. 낮에는 바퀴 소리와 기적이 울 때 쇠 냄새와 매연 사이를 달렸다. 연기와 먼지가 몸에 가득 밴 채 날이 저물어 방에 돌아가면 옷을 털 새도 없이 연회시간이 되어 식탁에서 위엄을 차린 채 보고 듣느라 눈과 귀가 피곤해져 자정에 침상에 누웠다가 눈을 뜨면 [견학 예정인] 공장의 안내인이 이미 당도해 있다"고 돼 있다. 사절단은 서구 여러 도시에서 산업 시찰과 공장 견학에 잠시의 짬도 아까워하며 열정을 바쳤던 것이다.

첫 미국 방문 기록에는 "현재 광물 생산의 이로움에서 제일이라고 할 것은 석탄과 철 이상이 없다. … 제작 공예를 일으키려면 제철업을 여는 것이 근본이다"(2), "미국인은 기계 제작에 능하다. 스스로 세계 제일이라고 말한다"고 되어(12), 이미 기계화에 적극적이던 19세기 미국 기계공업에 많은 비중을 두어 기록했다. 영국에 대해서는 "영국의 부는 원래 광업의 이익이 바탕으로, 나라 전체에 철과 석탄 산출고의 막대함이 세계 제일이고, 국민이 이 두 가지 이익으로 기기〔증기기관〕, 기선〔증기선〕, 철도를 발명했고 화열로 증기를 돌리고, 영업력을 배가하고, 방적과 항해의 이권을 독차지해 세계에 위세를 떨치는 나라가 됐다. 고로 전국에 제련업이 왕성한 것이 우리 일행의 눈을 놀라게 했다"고 돼 있다.(21) 이후에도 영국의 공업과 부의 기초가 철과 석탄에 있다는 점이 여러 차례 지적된다. 이는 구미 각국 전반에 해당된다.

　서양인의 물산을 논함에 있어 모두 이르기를 나라에 철과 석탄이 나면, 부요의 원천이 된다고, … 철의 이로움은 석탄에 의해 나타나고, 석탄의 쓰임은 철에 의해 생긴다. 석탄과 철은 구주에서 공예를 보조하고 국민의 영업력을 증가시키는 것으로 그 효용은 실로 막대한 것이라.(50)

　사절단이 기계화된 대규모 공장에서 상품을 대량 생산하는 서구의 공업과 상업에 압도됐음을 알 수 있다. 사절단은 서구 산업혁명, 즉 철을 사용한 제조공정 기계화와 석탄, 즉 증기기관 사용에 의한 동력혁명, 이를 바탕으로 달성한 강한 경제력에 깊은 인상을 받았던 것이다.
　이들 외에도 마찬가지 감상을 피력한 이들이 있었다.

정부 유학생으로 1872년(메이지 5년)부터 2년 반가량 프랑스에 유학했던 나카에 도쿠스케中江篤介(1847~1901, 나카에 조민이라고도 함. 일본의 사상가, 저널리스트로 자유민권운동의 이론적 지도자-역주)는 천부인권론과 루소를 일본에 소개한 자유민권론자이지만 1888년에 '공족工族 제군에게 고함'이라는 글을 남겼다.(『일본 근대사상 대계 14』 수록) 나카에는 서구 공업이 "대규모로 물건을 제조하는 공업적 실업가"에 의한 대규모 생산인 반면 "아세아에서 물건을 제조하는 것은 주로 자연을 배우고 익히거나, 사람의 기교와 노력을 기본으로 할 뿐, 공인들 모두 자기 집 방 한 칸을 공장으로 삼아, 스스로 약간의 저축한 돈을 쓰거나 다른 사람에게 돈을 조금 빌려 자본으로 삼는다. 즉 고용주와 피고용인을 겸하는 자가 많기 때문에 대규모 공업가가 매우 적다"고 했다. 서구 공업과 일본의 생산업을 생산 형태, 자본의 과다로 대비한 것이다.

사법성에 출사한 나카에는 법학 수행차 유학했지만 프랑스 체류 중 주로 문학과 사상에 관심을 가졌다. 그렇다 해도 산업혁명을 거친 서구의 대규모 공장제 기계공업과 일본의 돈야問屋제 가내공업(소생산자가 상인에게서 원재료를 빌려 자택에서 가공하는 공업 형태-역주) 혹은 영세 가내공업과의 격차, 자본력과 기술력의 격차에는 깊은 인상을 받았던 것 같다. 경제학자들이 지적한 대로 "거의 근대산업을 갖지 못했던 일본과 산업혁명 후 수십 년을 지나 서서히 제국주의 단계로 이행하려던 서구 각국과의 격차는 어떤 의미에서는 무한대"였다. (오시마大島, 가토加藤, 오우치大內 1974)

구메 구니타케는 『실기』에서 "존중해야 할 것은 원래 국민의 생활을 편안하게 하고, 영업력을 증진시킨다"는 것인데도 일본 등 동양 지배계급이 "민생절실의 업을 천한 일로 여겨 결코 마음을 쓰지 않아왔다"고 했다. 구메는 서구가 일본과 근본적으로 다른 점은 상업이나 무역에 대한 태도의 차이에서 유래한다고 결론짓는다. 즉 "구주의 인민은 상업을 중시하는 것이 일반의 폐부에 스며들어 있고"(93) "구미의 백성은 무역을 가장 중요한 일로 친다"는 것이고(4), "오늘날 구라파 각국이 모두 문명을 떨치고, 부강이 극에 달하고, 무역이 번성하고, 공예가 뛰어난" 것은 "구주의 상리商利를 중시하는 풍속이 점차 이를 가능하게 한 바"인 것이다. 반면 "일본인과 중국인들은 오래전부터 지금까지 무역을 도외시"하는 것이 적어도 지배계급에는 보통이었다. (18) 그래서는 구미 중심의 국제사회에서 살아남을 수 없다는 것이 구매와 사절단이 얻은 교훈이었다.

그러나 산업과 상업의 번성만이 주목하고 배워야 할 대상은 아니었다. 후쿠자와는 1851년 런던과 1855년 파리의 만국박람회에 대해 이렇게 말했다.

각국에 박물관을 설치하고 세계 고금의 물품을 모아들여도, 각국의 기예공작(기술공업-역주)이 날로 발전해 여러 발명이 이로부터 나오니 자연히 새롭다. 그렇기 때문에 예전엔 드문 진품이라고 귀중히 여겼던 것도 현재에 이르러서는 진부해졌고, 작년의 이로운 물건은 오늘날에는 불필요한 물건이 되는 일이 제법 적지 않다. (『서양사정西洋事情』)

후쿠자와 유키치는 후일 『학문의 권장学問のすゝめ』에서도 "세상의 모습은 점차 진전돼 어제 편리했던 것이 오늘은 소용없게 되고, 작년의 새로운 것도 금년엔 진부함에 속한다. 서양각국의 일신日新의 세를 살펴본 즉, 전신, 증기, 모든 기계가 나옴에 따라 면목이 새로워지니 날마다

달마다 신기하지 않음이 없다"(9편)라고 했다. 『시사소언時事小言』에서는 "태평무사의 때가 되니 공업, 상업의 전쟁이다"라고 했다. 후쿠자와가 깊은 인상을 받은 것은 끊임없는 기술혁신으로 공업과 경제가 진보·성장하고 있을 뿐 아니라, 국가 단위에서 진보 경쟁이 이뤄지고 있다는 점이다. 만국박람회는 국가 간 진보와 성장을 경합하는 무대였던 것이다. 구메도 서구 각국이 치열하게 기술혁신과 경제성장 경쟁을 벌이고 있는 것에 주목해 『실기』에서 "태평의 전쟁"이라고 하면서 "개명 세계에 가장 중요한 일"이라고 지적했다.

서구 각국이 제국주의로 향해가던 이 시대에 후쿠자와와 구메 등이 본 것은, 과학이 기술에 직결되고 산업 발전과 군사력 강화에 불가결한 요소가 될 뿐 아니라 국가가 과학기술의 진흥과 혁신을 적극 지원하고 있는 점이었다. 세계 분할전이 본격화되기 직전의 서구 상황을 후쿠자와와 구메는 정확히 포착했던 셈이다. 이렇게 해서 일본은 과학기술과 경제성장이 협력하며 세계를 석권하고 있는 근대사회에 휩쓸려가게 된다.

일본 지배층은 막말에서 메이지 초기 서구 열강을 접하

면서 군사력과 경제력의 격차를 통감했고, 끊임없이 진보하고 성장하지 않으면 살아남을 수 없다는 강박관념을 갖게 됐다. 구메는 신생 일본의 침로針路(진로-역주)를 다음과 같이 궁리했다.

오늘날(목하)의 세계는 주집舟楫상통하고(해상교통이 번성하고) 무역 교제의 세상이 된 이상 국권을 온전히 하고 국익을 보존하려면 국민 상하가 하나가 되어 제일 먼저 재산을 중시하고 부강을 이루는 데 주의를 깊게 하지 않으면 안 된다. (『실기』 24)

국민이 일환이 돼 부강에 힘써야 한다는 것이다. 그러나 그것은 단지 서양 기술의 전이로 끝날 문제가 아니라 일본 통치사상의 근본적 전환을 강요하는 것이었다.

4. 심볼로서의 문명

에도 시대에는 '사농공상' 계급 질서가 유지돼 군을 포함한 정치가 최상위, 공업과 상업은 최하위에 있었다. 무사들은 막부와 번의 관료로 농공상 계층의 노동에 기식하면서도 직인의 수공업이나 상인의 주판 계산을 경멸하고 기피했다. 메이지 세상이 열려 '사민평등'이 됐다지만 이런 풍조는 좀처럼 바뀌지 않았다. 1874년(메이지 7년)부터 집필된 후쿠자와의 『문명론의 개략文明論之概略』(이하 『개략』 인용 말미에 챕터 번호를 기재)에도 "사족이 이재〔경제〕를 논함은 사군자의 일에 어긋난다면서 이를 모르는 것을 부끄러워하지 않을 뿐 아니라, 오히려 아는 것을 부끄러운 일로 여기고"라고 돼 있다.(9) 호농 출신으로 막부 관료를 거쳐 메이지 정부에 출사했으나 이 무렵 대장성을 그만두고 실업가로 나선 시부사와 에이이치渋沢栄一(1840~1931, 근대 일본의 대표적인 사업가. 메이지 정부 관료로 개혁 정책을 수립하고 제일국립은행과 시부사와회사를 설립해 일본 근대 경제 확립에 기여했다-역주)는 예로부터 일본인은 "무사를 존경하고 정부 관리가 되는 것을 더없는 영광으로 여긴 반면 상인이 되는 것을 치욕으로 생각해왔다"고 했다. 1885년(메이지 18년) 실업가 요시다 헤이지로吉田平二朗는 『공업진흥론工業振興論』(『일본 근대사상 대계日本近代思想大系 14』 수록)을 썼는데 "세간의 일반인들이 공업에 종사하는 자를 모욕하기 때문"이라고 집필 이유를 밝혔다. 그는 "세간에 논객이 많다지만, 여태껏 공상의 지위를 뒤집어야 한다고 공공연히 말하는 이가 없음은 어째서인가"라고 개탄했다. 편견은 그만큼 뿌리 깊은 것이었다.

'사농공상'으로 계층화된 사회로부터 국민이 한 덩어리가 돼 공업과 상업에 힘쓰는 사회로 이행하려면 당시 가치관을 180도로 바꿀 필요가 있었다. 이를 위해서는 서구에서 이식해야 할 과학기술을 재래 기술과 차별화해 상위로 가치를 매기고, 이를 습득하기 위한 사상(이데올로기)과 사회적인 제도(레짐)의 확립이 필요했다. 이를 위해서는 후쿠자와 같은 지식인의 계몽 활동과 한편으로는 국가 주도에 의한 교육제도가 필요했다. 특히 계몽 활동은 근대 서구의 자연과학이 동양과 일본의 자연관보다 압도적으로 우월하다는 인식(좀 더 정확히는 이데올로기), 서구 기술이 근대과학에 뒷받침된 뛰어난 합리적 체계라는 이해(좀 더 정확히는 환상)가 지식 계층은 물론 민중에 침투할 필요가 있었다.

'문명화' 또는 '문명개화'는 이런 활동을 추진하고 뒷받침하는 상징어였다. 메이지 초기 신생 일본의 진로가 단순한 개국을 넘어 '문명개화'가 돼야 한다고 가장 뚜렷하게 주장한 이는 후쿠자와 유키치다. 그는 막말인 1866년

『서양사정』에서 "역사를 살펴보면 인생의 시작은 어두움에서 점차 문명개화로 향해가는 것"이라며 '문명개화'라는 말을 세상에 정착시켰다. 그는 또 『개략』에서 "인간의 목적은 오직 문명에 달하는 한가지 뿐"(3), "문명은 인간의 약속이므로, 그것을 달성하는 것은 본래부터 인간의 목적"이라고 단언했다.(4)

단순화하면 인류는 '야만'→'반개半開'→'문명'으로 진보해간다는 것이 후쿠자와의 역사철학이었다. 아프리카는 '야만', 아시아 국가들은 '반개', 서구 대다수는 '문명' 상태에 있다는 것이 그의 현상 인식이다. 즉 "서양 각국은 문명이고 일본은 아직 문명에 이르지 못했다." 일본은 현 시점에서 최고의 문명 단계에 있는 서구 문명을 목표로 '문명화'를 추진해 서구 각국에 필적하는 형태의 독립을 달성해야 한다는 것이 결론이다. '문명화'란 공업과 상업의 발전뿐이다. 뒤집어 말하면 "제조 기술이 여전히 열리지 못한 것은 나라의 문명이 여전히 충분히 갖춰지지 못한 증거"(『개략』 10)라는 것이 된다. 그러므로 문명화를 위해서는 상공업의 발전을 가져오기 위한 학문이 융성해야 한다.

학문의 길은 공허한 것이 아니라 발명의 기틀을 열고, 공상의 업은 날로 성해 행복의 원천을 깊게 하고, 사람의 지식은 이미 오늘날에 쓰고도 아직 남음이 있어〔지식을 이미 활용하고 있지만 아직 도상에 있고〕 이로써 후일을 도모하는 것과 같다.〔장래의 발전을 기한다〕 이것을 오늘 날의 문명이라고 한다.(『개략』 2)

한마디로, 문명의 지표는 절대적인 생산력을 창출하고, 추가적인 진보를 약속하는 '과학기술'의 유무인 것이다. 단적으로 말하면 '실학' 즉 '유용의 학'인 서양 근대과학, 특히 근대물리학을 보유하고 있어야 문명이라는 것이다. 그가 만년에 쓴 『후쿠옹백여화福翁百余話』에서 "오늘날의 문명학이 일본, 중국의 고학과 다른 부분의 요점을 찾는다 면, 물리학의 근본에 의거한 것과 그렇지 않은 것과의 차 이가 있을 뿐"이라고 지적한 것으로 분명해질 것이다. 후 쿠자와는 『자전』에서 "동양의 유교주의와 서양의 문명주 의를 비교해보니 동양에 없는 것은 유형으로는 수리학, 무 형으로는 독립심"이라고 했다. 물리학으로 대표되는 서양 과학이 일본과 중국의 자연관보다 압도적으로 우월하다고 간주한 것이다.

"누군가 다이하치구루마大八車(에도 시대부터 쇼와 시대까지 쓰였던 목제 짐수레-역주)와 증기차를 비교하고, 일본도와 소총을 비교하는 자가 있을지 모른다. 우리가 음양오행의 설을 주창하지만 그들에게는 육십원소의 발명이 있다. 우리는 천문으로써 길흉을 점치지만, 그들은 이미 혜성의 력曆을 만들고, 태양태음의 실질을 연구한다. 우리는 움직이지 않는 평지에 살고 있다고 생각해왔지만 그들은 그것이 둥글고 움직인다는 것을 알고 있다"는『개략』(6)의 개탄이야말로 메이지 초기 후쿠자와가 솔선해서 물리학-당시 용어는 '궁리학窮理學'- 계몽에 힘쓴 이유였다.

5. 궁리학 붐

메이지 초기 모리 오가이森鴎外(1862~1922, 소설가이자 군의관으로 19세기 말 20세기 초 일본 문단을 대표하는 작가-역주) 소설에 "지금 유행어로 말하자면 개화라고 하는 놈이 습격해오기라도 한 건가"(『기러기雁』)라고 했지만 실제로 당시 '궁리학'으로 불린 서양 과학기술 계몽서의 출판 붐이 일었다. 불을 붙인 것은 1868년 메이지 시대 개막 직전 출간된 후쿠자와의 『훈몽궁리도해訓蒙窮理図解』와 후쿠자와의 맹우 오바타 도쿠지로小幡篤次郎의 『천변지이天変地異』이다.

후쿠자와의 『훈몽궁리도해』는 초보적인 '물리학 권장서'이자 얄팍한 물리학 입문이다. 내용도 태반은 에도 시대 후기의 아오치 린소青地林宗나 막말의 가와모토 고민川本幸民 등의 난학서 내용을 통속적으로 표현한 정도에 불과했다. 결정적인 차이라면 그동안의 난학서가 난학자라는 좁은 독자층에게 읽혔던 반면 '문명개화' 전도서 격인 후쿠자와의 책은 난학 지식을 널리 민중에게 개방한 데 있다.

후쿠자와의 책은 민중 사이에서 전승돼온 다양한 미신을 일소하고 계몽 정신으로 유도하는 것이긴 하지만, 절묘한 출판 타이밍이 붐을 일으킨 것이다. 내부적으로는 도쿠가와 막부의 오랜 체제가 붕괴하고, 외적으로는 서양 근대가 정체 모를 강력한 힘으로 육박해오는 아모르파(amorphous·비정형 상태)에 민중이 처해 있던 상황이다. 불안감의 배경은 정치적·사회적 변동만은 아니었다.

막말기인 1854년 7월 이가우에노伊賀上野 대지진으로 1,500명이 넘는 희생자가 발생했다. 같은 해 12월 23~24

일에는 대규모 쓰나미를 동반한 안세이도카이安政東海 지진과 안세이난카이安政南海 지진이라는 쌍둥이 지진이 잇따라 발생해 사망자가 수천 명을 헤아렸다. 이듬해인 1855년 11월에는 직하형 지진(육지 또는 근해의 얕은 지하에 진원을 두고 발생하는 지진으로 상하 진동이 심하고 진원이 얕아 피해가 크다-역주)인 안세이에도安政江戸 지진으로 7,000명 내지 1만 명으로 추정되는 사망자가 발생했다. 게다가 1858년에는 4월에 도야마富山와 기후岐阜가 큰 피해를 본 히에쓰飛越 지진이, 7월에는 하치노혜八戸·산노혜三戸의 지진이 연이어 발생했다. 매그니튜드 7~8 규모의 대지진이라는 천변지이天變地異가 계속된 것이 민중들의 동요를 초래한 것이다.

지배층의 권위 실추와 함께 그간의 상식이나 지식이 전복되고 지금까지 전혀 몰랐던 사정이나 문물에 직면하면서 불안해 어쩔 줄 모르던 유신 직후 민중에 대해 후쿠자와와 오바타는 어떠한 불가사의를 마주하더라도 "도리를 생각하면 놀라기에 족하지 않다", "천지만물 모두 이 이치를 벗어남이 없다"고 논했다. 그들은 그 근거를 부여하는 '궁리'의 견해를 교시하고, 그것이 '문명개화'의 기운에 공명共鳴했던 것이다.

이후 '궁리물もの'로 분류되는 책들이 봇물 터지듯 출간된다. 막말 서구 언어를 습득하고 양학을 조금 맛봤으나 막번 체제 붕괴로 생계비와 의지할 곳을 잃은 일부 필력 있는 사족, 중국어(한문)로 번역된 서양 과학서를 배운 자들이 궁리에 관한 책을 앞다퉈 집필하고 번역해 어중간한 지식을 피력하고 민중을 전도했다. 몇 가지 예를 들면 1872년(메이지 5년)에 쓰치야 마사토모土屋政朝의『훈몽궁리여담訓蒙窮理餘談』, 도리야마 히라쿠鳥山啓의『궁리조합점窮理早合点』, 나가사와 가쓰히사永澤克久의『훈몽궁리신편訓蒙窮理新編』, 고토 다쓰조後藤達三의『훈몽궁리문답訓蒙窮理問答』, 기요하라 미치히코清原道彦의『궁리지환窮理智環』이, 이듬해인 1873년(메이지 6년)엔 니시오 다케시西尾猛 역의『궁리훈몽窮理訓蒙』, 나카가미 다모쓰中神保 역, 우류 마사카즈瓜生政和 교정『궁리화해窮理和解』, 오가타 잇칸尾形一貫의『궁리통窮理通』, 도이 기요마사東井潔全의『궁리일신발명기사窮理日新発明記事』가, 1876년(메이지 9년)에는 사나야마 도지眞山温治의『궁리일단窮理一端』등이 출판됐다. 이 책들은 중력이나 자연현상, 천문학뿐 아니라 증기기관이나 전신기, 기구 등 기계류에 대해서도 초등 물리학에 근거해 설명했다.

이 밖에 기구나 마찰전기 등을 기술한 아소 스케키치麻生弼吉 저『기기신화奇機新話』(1869년), 윤축輪軸(축바퀴-역주)이나 정자梃子(지렛대-역주)나 활차滑車(도르래-역주), 사면斜面(빗면-역주) 등 기계학 기초와 함께 수차와 증기기관을 언급한 다시로 요시노리田代義矩 편찬『도해기계사시図解機械事始』(1872년), 다카세 시로高瀬四郎 초역『전신이야기電信ばなし』(1873년), 또는 정전기를 해설한 나카가미 다모쓰中神保 역의『전기론電気論』(1871년) 같은 책도 출간됐다. 화제의 중심은 기계, 그리고 증기와 전기였다.

우류 마사카즈가 1873년(메이지 6년) 펴낸『소독궁리쌍지素読窮理双紙』에는 "최근 궁리서가 쓰이고, 세상에 발간된 것이 몇 부 있는데 그 기술한 내용이 대동소이하다고 해도 모두 근거하는 바가 있고, 그러므로 취할 바가 있고, 그래서 사람들이 이를 읽는 것을 기뻐한다"고 했지만 실제로는 이런 책들이 그 10배는 출간된 것으로 추정된다.

궁리학 붐은 초등 교과서 출판에 그친 것은 아니다. 이것이야말로 붐이 붐다운 까닭일 것이다. 실제로 1872년(메

이지 5년)의 『궁리첩경십이월첩窮理捷径十二月帖』이나 1873
년의 『궁리증답지문窮理贈答之文』 등 '궁리'를 내건 습자 연
습책이 나왔을 뿐 아니라 1876년 인쇄된 마쓰야마 모리마
사增山守正의 『골계궁리제의서滑稽窮理臍の西国』은 아예
라쿠고落語(일본의 전통 이야기 예술로 해학과 유머가 넘치는 내용이
많다-역주) 책이다. 라쿠고라고는 해도 물리학과 화학을 소
재로 하거나 어느 정도의 물리학, 화학 지식을 전제로 하
고 있다. '원소방原素坊'이라는 라쿠고는 어린아이의 장수
를 기원해 스님이 긴 이름을 짓는다는 '수한무壽限無'류의
이야기인데, 이름이 '알루미늄'으로 시작해 '칼륨'을 거쳐
'지르코늄'에 이르기까지 원소명이 63개나 등장하면서 마
지막엔 '조화단순용태랑造化単純用太郎'으로 끝난다. 후쿠
자와가 언급한 "거기[서양]에서 60원소의 발명이 있었다"
는 지식이 나름대로 스며들고 있는 상황을 엿보게 한다.
민중들이 흥미 본위일지언정 서구 과학의 단편적인 지식
들을 입에 올리고 있었던 것으로 보인다.

희작자戱作者(에도 후기의 통속작가-역주) 가나가키 로분仮名
垣魯文은 1871년(메이지 4년)부터 이듬해에 걸쳐 간행된『안
우락과安愚楽鍋』에서 "깨이지 않은 놈들이 육식을 하고, 신

불神佛에 기도하지 않는 부정한 놈이라고 철모르고 촌스럽게 말하는 것은 궁리학을 모르기 때문입죠. 그런 야만인에게 후쿠자와가 쓴 육식 이야기라도 읽히세요"라고 쓰고, 이듬해『통속궁리화通俗窮理話』를 썼는데 그 서두는 "서양풍 집 문간에 궁리학 교수소라는 팻말을 건 이는 문명개화로 불리는 사람으로"로 시작한다. 궁리학은 육식과 나란히 개화의 상징이었고, 그 때문에 붐이 일어날 수 있었던 것이다.

그뿐 아니라 이 붐은 궁리학을 문명개화의 플러스 상징으로 결론지으며 궁리학, 즉 근대 물리학의 우월성을 대중에게 설파했다. 궁리를 모르면 사람 취급을 받지 못한다는, 반쯤은 강박적 관념이 생겨날 정도였다. 1872년(메이지 5년)의 아오키 스케키요青木輔清의『화본궁리물어画本窮理物語』에서 자식에게 양학을 배우도록 하기 위해 양학숙洋学熟을 방문한 조닌町人(에도 시대 도시에 살던 상인이나 수공업자-역주)은 이렇게 말했다.

지금은 서양 학문이 대단히 유행하고 있어서, 조닌도 백성百姓(농민-역주)도 이를 모르면 인간이 아닌 것처럼 되었

습니다. … 그렇지만 학문만 배우면 서양에 이길 지식도 생기고, 좋은 새 궁리도 발명하고, 서양을 놀라게 하는 것도 가능하지 않을까 생각하므로, 아무쪼록 제 자식이 선생의 문하생이 되어 양학의 교양을 받아들여 그럭저럭 인간 비슷하게 되었으면 좋겠다고 생각해 일부러 데려왔습니다. (아키타 마키秋田摩紀「궁리학의 유행을 둘러싼 자장窮理学をめぐる磁場」『일본사상사학日本思想史学』제35권에서)

앞서 기술한 『골계궁리제의 서국』의 초편 「수여지상이手与指相異」에는 "지금은 문명개화, 여기저기에 궁리와 화학이 있고, 기루창랑妓樓娼廊(기생이나 창부-역주)조차도 금전을 천시하고 궁리를 존중한다"고 돼 있다. 후쿠자와 스스로 1871년(메이지 4년)에 "원래, 사물을 보고 그 이치를 모르는 것은 눈이 있어도 보지 못하는 것과 같다. 고로, 궁리서를 읽지 않는 자는 맹인과 다르지 않다"며 협박에 가까운 말을 남겼다. (『계몽수습지문啓蒙手習之文』)

단순한 계몽서 출현을 넘어선 이 특이한 붐을 거쳐 에도 '양학'의 유산은 상당히 부풀려진 형태로나마 대중화됨으로써 막부 금제禁制의 비교秘教에서 신시대의 교양으로 탈

바꿈했다. 도쿠가와 막번 체제가 붕괴한 이후 누구도 앞으로 어떻게 될지를 모르던 유신 직후의 짧은 에어포켓(침몰한 선박의 선체 내에 공기가 남은 공간으로 여기서는 불안한 상황을 나타냄-역주) 시대에 민중은 서구 근대과학 사상의 세례를 받아 자연을 합리적으로 파악하며 그 지식에 근거해 자연의 힘을 사용하는, 지금까지 익숙지 않던 자연관과 자연에 대한 대처 방법을 피상적이나마 알게 된 것이다. 이는 메이지 신정부가 추진한 '식산흥업·부국강병'의 회로로 민중을 유인하는 정지작업이 됐다.

6. 과학기술을 둘러싸고

이 책에서는 막말에서 메이지에 걸쳐 일본이 마주친 서구의 기술, 특히 증기기관과 유선 전신장치를 양해를 구하지 않고 '과학기술'로 표현했다. '과학기술'을 과학에 의해 도출된 기술, 혹은 과학이 뒷받침하는 기술의 의미로 사용해왔다.

그러나 실제로는 서양에서도 기술이 과학 이론에 근거해 형성된 것은 아니고, 기술이 과학적 뒷받침을 동반한 것도 아니다. 한편으로 과학이 기술적 응용을 목적으로 연구돼온 것도 아니다. 과학기술이라는 것이 형성된 것은 기껏해야 18세기 말 이후이고, 그 전까지 과학과 기술은 본질적으로 다른 분야였다.

세계에 대한 이해와 설명을 목적으로 하는 과학은 대학 아카데미즘 안에서 논해지는 철학 혹은 사상으로서의 자연관이고, 실천 학문인 의학을 제외하면 어떤 실제적 응용을 의도하고 있던 것이 아니다. 반면 제작과 조작을 목적으로 하는 기술은 오랜 세월에 걸친 방대한 경험의 축적으로 이뤄진 것이다. 기계 제작이건 금속 정련이건 역학 이론이나 화학 이론에 뒷받침돼온 것이 아니다. 지렛대나 도르래의 원리가 일의 보존에 있음을 역학법칙으로 판명하기 전부터 지렛대나 도르래는 사용돼왔다. 제철이 철광석 안의 산화철을 탄소로 환원하는 것이라는 이론이 알려지기 훨씬 이전부터 제철 기술은 존재했다. 기술 지식은 이론화 없이 도제수업에 의한 현장 훈련의 방식으로 전승돼왔던 것이다.

본래 대학 아카데미즘의 학문은 언어의 학문이자 논증의 학문이고, 고대 문헌의 열독과 풀이로 일관했다. 중세

말 영국과 프랑스 대학에서 아리스토텔레스의 운동 이론에 대한 비판이 제기됐을 때도, 이론의 정밀함만이 문제시됐을 뿐 실험으로 검증하려던 이는 없었다. 의료 행위와 연결되는 의학 세계에서조차 수술과 약의 조합처럼 손을 더럽히는 일은 직무교육을 대학 밖에서 받는 등 직인 취급을 받던 외과의와 약제사에게 맡겨졌다. 아카데미즘 세계에서는 직인도 그 기술도 천시됐던 것이다.

서구 중세에서 문자 문화는 오로지 라틴어로 표기됐고, 아카데미즘 학자와 교회 성직자들이 독점했다. 그러나 16세기 들어 인쇄 서적 출현과 종교개혁 영향으로 속어의 국어화 움직임과 함께 성직자와 대학 지식인의 문자 문화 독점에 구멍이 뚫렸고, 직인들이 자신의 경험을 속어 서적으로 표현하기 시작했다. 이는 '16세기 문화혁명'이라고 할 지적 세계의 지각변동이었다. 이런 변동에 호응해 아카데미즘 내부에서도 수작업을 꺼려하지 않고, 실험 장치를 조립해 관찰과 측정을 중시하는 새로운 유형의 학자들이 등장했다. 갈릴레오나 토리첼리, 혹이나 보일 등으로, 이들에 의해 관측과 실험에 근거한 실증과학이 등장했다. 이것이 '17세기 과학혁명'이다.

그러나 여전히 과학과 기술은 제각기 영위되고 있었다. 18세기 후반부터 19세기 초 영국 산업혁명 과정에서 증기기관 발전에 따른 동력혁명과 방적산업 기계화가 달성됐지만, 옥스퍼드와 케임브리지는 이 과정에 전혀 기여하지 않았다. 제임스 와트는 물론 와트 이전 증기기관을 고안한 토머스 세이버리나 토머스 뉴커먼, 와트 이후 고압 증기기관을 만들어낸 리처드 트레비식이나 고압 증기기관을 2단식으로 개량한 아서 울프, 증기기관차를 실용화한 조지 스티븐슨도 모두 고등교육과 인연이 없었다. 고압 증기기관의 효율이 좋다는 것도 경험적으로 발견됐을 뿐 이론적 근거는 없었다. 플라잉 셔틀(직조기계-역주)을 발명한 존 케이, 제니 방적기를 발명한 제임스 하그리브스, 수력방적기를 발명한 리처드 아크라이트, 뮬 방적기를 발명한 새뮤얼 크롬프턴과 뮬 방적기를 자동화한 리처드 로버츠 같은 인물도 도제 방식으로 훈련되고 현장 경험으로 배운 직인이었다. 역직기를 발명한 에드먼드 카트라이트는 예외적으로 옥스퍼드 출신이지만 40세까지는 목사였고 그의 학문은 기술과 연결돼 있지 않았다. 그들의 발명과 개량은 종래 기술의 사용 경험과 기존 기계의 관찰을 바탕으로 한 것이지 역학이론에 의거한 것은 아니다.

금속 정련을 포함한 화학공업도 마찬가지였다. 전문가들 책에 따르면 "초기[19세기 중기까지] 화학공업을 되돌아보면 화학교육을 제대로 받지 않은 사람들에 의해, 가장 숙련된 전문가들조차 화학 지식이 매우 유치했던 시대에 많은 업적이 세워진 것은 놀랍다"고 돼 있다. (윌리엄스 1987)

그들이 발명에 열중한 것은 학문적 관심 때문이 아니라 직인 기질, 즉 물건 제작에 대한 본능적 열의에 추동된 것이다. 또 이미 이 시대에는 발명의 성공이 부富로 연결될 가능성을 특허 제도가 보증하고 있었기 때문이기도 하다. 경합하는 여러 신기술 중 어느 것이 우수한가는 시장이 판정했다.

과학에 기반한 기술혁신의 제1보는 1769년 최초 특허를 취득한 증기기관 개량이다. 와트는 고등교육과는 인연이 없었지만 증기기관 개량에는 나름대로의 과학적 방법을 동원했다. 그러나 이 시점에도 기술은 과학에 앞서 있었다. 과학이 기술을 앞지르고 기술에 지도력을 발휘함으로써 과학기술이 형성된 것은 19세기 들어서였다.

이야기가 잠시 옆으로 비껴가지만 "기술이란 생산에서

객관적 법칙성의 의식적 적용이다"라는 다케타니 미쓰오武谷三男의 기술에 대한 규정은 유명한데, 이는 내가 말하는 '과학기술'에서만 해당된다. 실제로 인간이 자연의 일부이던 중세까지는 '객관적 법칙성'이란 존재하지 않았다. 17세기 과학기술 혁명 이후에도 18세기 말까지 '객관적 법칙성'을 고려하고 연구하는 대학 아카데미즘과 무관하게 기술은 굴러가고 있었던 것이다.

*이전에 나는 『후쿠시마 원전 사고를 둘러싸고福島の原発事故をめぐって』에서 "근대사회, 좀 더 한정해서 서구 근대사회의 최대 발명품 중 하나는 과학기술이라고 생각한다. 과학과 기술이 아니다. 객관적 법칙성으로 표현되는 과학 이론을 생산 실천에 의식적으로 적용하는 의미에서의 기술이다"라며 다케타니 규정과의 차이를 강조한 셈이었으나, 그 차이는 [독자들이 제대로] 알아채지 못한 듯하다.

어찌 됐건 18세기 말 볼타 전지가 발명되면서 전류 연구가 비약적으로 진전됐다. 1820년에 전류의 자기작용이 발견되면서 전기학과 자기학이 연계된 전자기학이 탄생했다. 전자기학에 기반해 1830년대에 유선 전신 기술이 개발됐다. 이것이 순수한 과학기술의 시작, 즉 순물리학적 발견이 이끈 기술 개발의 시초라 할 수 있다. 1831년에 영국의 마이클 패러데이, 거의 같은 시기에 미국의 조셉 헨리가 전자유도 법칙을 발견하면서 운동에너지가 전기에너지로 전환하는 길이 열렸다. 이로써 전기 문명 전면 개화로 가는 단초가 마련됐다.

나아가 1840년대 열역학의 원리(열역학 제1법칙·제2법칙)의 발견으로 에너지 개념이 확립됐고, 18세기 말부터 실용화된 증기기관, 이후 내연기관 발전에 물리학 이론을 적용한 개량이 가능해졌다. 원동기 공학의 탄생인 셈이다. 이는 19세기 말 독일의 루돌프 디젤에 의한 디젤기관 개발로 나타난다.

1856년에 영국의 윌리엄 퍼킨이 아닐린 염료 합성에 성공함으로써 유기합성화학공업이 시작되는데, 이 역시 과학과 기술의 관계에 새로운 시대를 여는 것이었다.

영국인 저널리스트 월터 배저트가 "자연학을 새로운 도구와 사물의 발견을 위한 기초로 이용하려는 발상은 초기 인류사회에는 없었던 것이고, 여전히 소수 유럽 국가들에 특유한 근대적 관념인 것"이라고 한 것은 19세기 후반이었다.(미타니 히로시 2017) 철학자 위르겐 하버마스도 "학문과 기술의 상호 의존 관계는 19세기 후반까지는 존재하지 않았다", "19세기 후반부터 과학이 공업사회의 생산력으로 격하돼〔갔다〕"라고 했다. (하버마스 1970a, 1970b)

그러나 이는 당시의 과학이 그대로 기술의 기초가 됐다는 뜻이 아니다. 그 과정에서 과학 자체도 변화했다. "1860년대 영국에서는 자연현상의 되풀이를, 대응하는 조건으로부터 나오는 일정한 결과로 여기는 습관이(그런 조건과 결과의 일반적 표명을 과학 법칙이라고 한다는 생각이) 널리 받아들여지게 됐다"(아미티지 1972)는 것이다.

자연학은 자연을 해석하고 설명하는 철학에서 자연의 법칙을 읽어내고 현상의 결과를 예측하는 방법으로 바뀌어갔다. 이로써 과학은 자연에 작용하는 지침을 부여하는 것으로서 기술에 접근할 수 있게 됐다. 이에 부응해 과학은 전문화되고 연구 방법도 기술화됐으며 전문 교육을 받고 학계나 학술잡지에 논문을 발표하는 직업 '과학자(사이언티스트)'가 탄생한 것이다.

7. 실학의 권장

일본이 서구의 기술에 눈을 뜬 것은 바로 이 시대였다. 그러므로 메이지 시기에는 서구 기술이 틀림없는 과학기술로 받아들여지게 됐다. "저쪽 땅은 모두 이理로 헤아리는 나라여서 증기 배나 차의 장치 같은 건 탄복할 만하다"
라는 가나가키 로분의『안우락과』대사가 시사한다. 이는
메이지 시기에 서구 기술이 '공학', 즉 엄밀한 언어와 기호
시스템으로 체계화된 지知로 교육된 배경이다.

　후쿠자와 식으로 말하면 그 기술의 기초에 있는 과학은
다름 아닌 궁리학(물리학)이었다. 후쿠자와는 1882년(메이
지 15년)『물리학지요용物理学之要用』에서 "유럽의 최근 문명
은 모두 물리학에 의해 나오지 않은 것이 없다. 그들의 발
명이 증기선蒸氣船車이고, 철포鐵砲軍器이고 또 전신가스電
信瓦斯이다"라고 했지만 후쿠자와의 주장은 증기기관이나
유선 전신이라는 당시 첨단 기술에 국한한 것은 아니다.
그는 1881년『시사소언』에서 "구주 각국에서 유형 물리의
학을 일찌감치 열어, 인간 백반百般의 일은 모두 실물의 원
칙을 기초로 점차 진보에 이르고 물산 제조, 운수교통, 농
공상 일체 사업에서 가정 일상의 세세한 일에 이르기까지
물리학의 원칙에서 나온 것이 많다"고 한 뒤 1883년에 새
삼 말한다.

　근년 서양에서 학예의 진보는 각별히 신속하고 물리의

발명이 풍부할 뿐 아니라 그 발명한 것을 인간사 실제에 시행해 실익을 취하는 공풍工風이 나날이 새로워진다. 보통 공장 또는 농사에 이용하는 기관의 종류는 물론, 일상의 손기술이라고 할 관수灌水(물대기-역주), 요리, 차의 재배가공, 점등의 세세한 일에 이르기까지 모두 학문상의 주의에 기초해 자연의 원칙을 이용하는 것에 힘쓰지 않음이 없다. (『학문지독립學問之独立』)

서양에서는 대개 기술이란 기술은 극히 일상적인 것까지 모두 과학 이론, 특히 물리학에 근거해 형성됐다고 후쿠자와는 간주했던 것이다. 이런 이해는 후쿠자와만이 아니라 서구를 조금이라도 아는 당시의 많은 지식인들이 공유했다. 그들은 그것을 재래 기술과의 대비로 강조하곤 했다.

구메는 『실기』(33)에서 "서양의 백성은··· 리理, 화化, 중重의 삼학을 열어 이 학술에 의거해 조력기계를 고안해 소모되는 힘을 줄이고, 힘을 모으고 나누고 고르게 하는 방법을 이용해··· 그 이용의 공을 쌓아 오늘날의 부강에 이르렀다"고 했다. '리'는 열학과 전자기학으로 이뤄진 물리학,

'화'는 화학, '중'은 역학과 기계학이다. 구메도 서구 기술이 물리학과 화학에 기반한 것으로 이해했던 것이다. 구메는 이를 일본의 기술과 명확히 비교한다. 즉 "우리나라의 공사가 많이 조로〔조잡〕한 것은 그 원칙인 물리, 화, 중의 학 및 도학〔제도製圖학〕의 밝지 못함에 의한다(27)고 했다. 나카에 조민도 앞의 에세이에서 서양의 공업이 "19세기 학술의 힘에 의뢰하는 공업"으로 "이화학이 낳은 화물貨物(재화와 상품-역주)"을 생산하는 반면 일본의 공업, 즉 "순전한 아세아 방식의 공사"는 "학술의 힘에 의하지 않고 맹목적인 습관에 의해 성립한 공업"이라고 했다.

서구 기술이 과학에 의해 뒷받침된 과학기술이라는 이해는, 다시 말해 서구 과학이 오로지 '실용의 학'으로 평가되고 있음을 뜻한다. 이는 후쿠자와의 『서양사정』의 다음 대목에서 명확해진다.

〔자연과학에서는〕 1400년대에 이르기까지는… 세상 사람 모두 고대 성인 아리스토쓰루〔아리스토텔레스〕의 학류에 심취해 부회기이附會奇異(억지로 만든 기이한-역주)의 신설神說을 주장하고 유용의 실학에 뜻을 갖지 않고 1600년

경에 이르러도 그 형세 그대로였다. 이때 프랑시스 바콘〔프랜시스 베이컨〕, 데스 카루테스〔데카르트〕 등의 현철賢哲이 세상에 나와 오로지 시험의 물리론을 주창하며 고래의 공담空談을 배척했고, 1606년에는 이탈리아의 학자 갈릴레오가 처음 지동地動의 설을 세웠고, 1616년에는 영국의 의사 하르휘〔하베이〕가 인체 혈액 운행의 이치를 발명하는 등 세상의 학풍이 점차 실제로 옮겨갔다.

여기서는 '부회기이의 신설', '고래의 공담'에 대비되는 '시험의 물리론'이 '유용의 실학'으로 불리며 평가되고 있다. '실물의 원칙을 기본으로'라는 실증성은 실용성과 거의 등치된다. 실제로 기술의 기초가 되는 물리학의 경우 "궁리란 무형의 이치를 탐구하고, 무실의 의논을 하는 게 아니다"(『계몽수습지문』)라고 돼 있다. 즉 '실학'의 '실', '무실이 아니다'의 '실'이란 『개략』(2)에서 언급한 "헛됨이 없이 발명의 바탕을 여는" 것을 의미한다. 후쿠자와에게 서구에서 태동한 과학 이론의 진리성과 우월성을 담보하는 것은 실제적 응용 가능성과 현실성 그 자체다. 실용성에서 가치를 찾는 이런 학문관 자체가 메이지 초기 일본이 서구 과학을 수용하는 기조였다.

이렇듯 메이지 시기 일본에서 과학은 기술을 위한 보조 학으로서 학습됐고, 오늘날에 이르기까지 일본의 과학 교육은 세계관이나 자연관 함양보다는 실용성에 큰 비중을 두고 이뤄졌다. 이는 일본이 근대화에 재빨리 성공한 이유이기도 하지만, 일본 근대화의 바닥이 얕은 원인이기도 했다.

8. 지나친 과학기술 환상

서구 기술을 과학기술로 인식한 메이지 일본은 과학을 기술을 위한 것, 즉 기술 형성의 묘방쯤으로 왜소화하지만, 반대로 기술에 대해서는 과도하게 합리적이고 강력·유효한 것으로 받아들이게 됐다.

근대 이전의 서구 세계에서 자연은 유기적이고 생명적인 총체이고, 인간은 그 일부로 자연과 조화하며 살아간다고 여겨졌다. 인간은 자연의 섭리에 따라 자연과 공생했던 것이다. 당시의 기술은 자연의 모방, 자연의 작용의 인위적 재현이고, 고로 자연에 열등한 것으로 간주됐다. 12

세기 고대 그리스의 과학과 철학이 서구 크리스트교 세계에서 재발견되지만, 그에 한 발 앞서 아리스토텔레스 철학을 배운 학자 콘슈의 기욤(1080년경~1154, 중세 철학자로 플라톤 철학의 기독교화에 힘썼다-역주)은 "모든 기술은 창조주의 기술, 자연의 기술, 아니면 자연을 모방한 직인의 기술 중 하나"이고 "창조주의 작품이 완전한" 것에 비해 "인간의 작품은 불완전하다"고 했다. 동시대의 생 빅토르 수도원의 위고(1096~1141, 초기 스콜라 신학자-역주)도 "솜씨는 세 종류인데 신의 솜씨, 자연의 솜씨, 자연 존재를 모방하는 기술자의 솜씨가 그것"이라며 '기술자'가 만든 것은 '모조품'이고 자연에 뒤떨어진다고 했다. 13세기의 대표적 서양문학『장미 이야기薔薇物語』(아름다운 여인을 장미로 의인화해 그녀의 사랑을 얻는 여러 과정을 묘사한 중세 소설-역주)에는 "'기예'는 자연 앞에 꿇어앉아 원숭이처럼 '자연'을 흉내 내는 것"이지만 "결코 '자연'에는 도달할 수 없다"고 돼 있다. 16세기 이탈리아의 기술자 반노체 비린구초는 다음과 같이 강조했다.

자연은 모든 사물의 안쪽에서 작용해 그 모든 기본 실체를 하나의 사물에서 다른 사물로 완전히 변화시킨다. 하지만 기술은 자연에 비해 힘이 미약하고, 자연을 모방하려 하면서 자연에 따르지만, 사물에 대해 외부에서 표면적으로 작용하는 데 그친다.(『필로테크니아』)

여기서도 기술은 자연의 모방이며, 자연에 미치지 못하고 뒤떨어지는 것으로 서술돼 있다. 기술은 자연을 넘어설 수 없다는 말에는 자연에 대한 두려움이 깔려 있었음에 틀림없다.(자세한 것은 졸저 『16세기 문화혁명』을 참조하기 바란다)

중세적인 자연관에서 벗어나기 시작한 계기는 17세기 서구 근대 자연과학의 탄생이다. 근대 철학과 과학은 인간을 자연의 바깥에 두었다. 인간이 외부에서 자연을 관측하고 밖에서 자연에 작용을 가해 법칙을 찾아내려던 것이 근대과학이다. 인간이 '위로부터의 시선으로' 자연을 보게 된 것이다. 이는 갈릴레오가 낙하물의 법칙이나 관성의 법칙을 이끌어낸 방식이기도 했다. 무거운 물건은 빨리, 가벼운 물건은 천천히 떨어지고 힘이 작용하지 않으면 물체는 움직이지 않는다고 아리스토텔레스는 말했다. 일상적인 경험에서는 맞다. 돌멩이는 쿵 하며 낙하하지만, 나뭇잎은 하늘하늘 춤추며 떨어진다. 말이 연결되지 않은 마차는 움직이지 않는다. 그러나 갈릴레오는 있는 그대로의 자연, 보는 그대로의 현상에서 한 발짝 떨어져 머릿속에서 자연을 재구성했다. 그 결과 '본래' 즉 '참' 존재 방식으로는 무거운 물체도 가벼운 물체도 낙하속도가 같고, 움직이는 물체는 힘이 작용하지 않아도 그대로 계속 움직인다고 주장했다. 현실에서 그렇지 않은 것은 공기저항이나 마찰 때문이다. 어떤 것에도 방해받지 않는 자유낙하야말로 '본래' 낙하이고, 어떤 것에도 방해받지 않는 운동이 '본래' 운동이며, 공기저항이나 마찰은 본래의 상태를 방해하는 교란 요인이라고 생각한 것이다.

그러나 당시 공기가 없는 세계를 본 이는 없었다. 그래서 갈릴레오는 속도와 동시에 증가하는 공기저항을 줄이기 위해 경사면을 이용해 속도 증가의 비율을 작게 유지하고, 마찰의 영향을 없애기 위해 금속 구체를 만들었다. 이 구체가 경사면을 굴러가도록 해 진공에 가까운 조건을 인위적으로 만들어 낙하시간을 측정했다. 이렇게 해서 낙하거리와 낙하시간의 관계를 수량적으로 나타냈다.

실제의 자연은 다양한 요소가 상호 작용하고, 여러 요인이 복잡하게 얽힌 채 생겨났다. 그중 특정의 요소와 요인

만을 본질적인 것, 본래의 것으로 규정하고 기타 요소나 요인을 부차적이고 비본질적인 교란 요인으로 간주하는 것은 인간의 판단이다. 결국, 근대과학은 인간이 본질적이라고 판단한 부분만을 끄집어내 본래의 자연에 없는 이상적 상태를 인위적으로 창조하고 거기서 '자연 본래의 법칙'을 찾는 것이다. 18세기 철학자 칸트는 갈릴레오의 낙하물 법칙 실험을 들어 "근대과학은 갈릴레오에 의해 시작됐다"고 했다. 근대과학 연구는 있는 그대로의 자연에 끌려다니며 가르침을 받는 것이 아니라, 인간이 재판관이 돼 자연을 심문하고, 인간이 낸 설문에 자연이 강제로 응답하는 식으로 이뤄지고 있음을 뜻한다. 물리학 이론이 가진 합리성, 계산가능성, 예측가능성은 이런 조건에서 보증된다.

여기에는 인간이 자연보다 상위에 있다는 자각이 뚜렷이 읽혀진다. 17세기 사상가들, 즉 "자연은 그 길을 따라갈 때보다 기술에 의해 시달릴 때 그 비밀의 정체를 한층 더 드러낸다"고 한 프랜시스 베이컨, "인간이 자연을 고문해 자백을 받는 것이 연구의 바른 방식"이라고 한 로버트 보일 등의 새로운 과학 방법론은 여기서 비롯됐다. 데카르트는 새로운 과학이 가져온 "실천적인 철학"에 의해 "우리들은 자연의 주인공이자 소유자가 될 수 있을 것"이라고 호언했다. 그리고 "아는 것이 힘"이라고 선언하면서 과학을 기술에 결합해야 한다고 강력히 주장한 이는 다름 아닌 베이컨이었다.

그 연장선상에서 과학기술에 의한 자연의 정복이라는 근대인의 사상이 등장한다. 실제 "기술이 자연과 경쟁해서 승리를 얻는 데 전부를 걸겠다"고 했던 베이컨의 자연 연구 목적은 단적으로 말하자면 "행동으로 자연을 정복한다"는 것이었다. 이는 베이컨이 1620년에 쓴 『노붐·오르가눔Novum Organum』(책 제목을 직역하면 '신기관'이지만 새로운 학문의 도구 또는 방법론을 의미한다. 베이컨은 이 책에서 과학적 귀납법을 제창했다-역주)의 한 대목이다. 베이컨은 이 책에서 "기술과 학문"은 "자연에 대한 지배권"을 인간에게 부여하는 것이라고 했다.

19세기 증기기관과 전기의 사용, 즉 에너지혁명은 베이컨의 꿈을 현실화한 것으로 간주됐다. 많은 사람들이 이 혁명으로 기술이 자연을 능가했다고 믿었던 것이다. '최초의 테크노크라트'로 과학과 산업을 연계한 선구자 생 시몽

(1760~1825, 프랑스의 공상적 사회주의자로 마르크스 철학에 영향을 미쳤다. 봉건 영주와 부르주아지의 계급투쟁으로 점철된 프랑스를 개혁해 양자가 협력해 지배하는 계획생산의 새 사회제도를 건설해야 한다고 주장했다-역주)은 이 사상을 현실화하기 위한 방향을 제시했다. 그의 사상은 증기기관이 보급되던 시대에 철도 건설과 도시 개조계획에 정열을 불태운 생시몽주의자들이 계승했다. 그중 한 사람으로 나폴레옹 3세 시대의 프랑스 관료 미셸 슈발리에는 1836년에 다음과 같이 말했다.(가지마鹿島 1992년에서 인용)

그 자체로는 빈약한 존재에 불과한 인류는 기계의 도움을 받아 무한의 지구에 손을 뻗어 대하의 본류, 휘몰아치는 광풍, 바다의 간만의 차를 내 것으로 만든다. 대지의 내장에 묻힌 연료와 금속을 기계로 끄집어내고, 연료와 금속을 내놓지 않으려는 지하의 큰물을 길들인다. 인류는 기계로 물방울을 증기의 저수지로 바꾸고 힘의 저장고로 삼는다. 하나의 원자에 지나지 않았을 인류가 지구를 지칠 줄 모른 채 일하는 말 잘 듣는 하인으로 만들었다. 지구는 주인의 감시하에서 어떤 가혹한 노동도 해내게 됐다. 인간의 이 힘을 절실히 느끼게 해주는 것은 바로 철도로 화물을 운반하기 위해 고안된 저 독특한 형태의 증기기관이다.

19세기 과학기술은 인간이 자연보다 우위에 있다는 근대과학의 입장에 기반한 것이다. 이로부터 기술의 힘으로 자연을 인간에게 봉사토록 하고, 기술로 자연을 정복하며, 기술에 의해 자연을 수탈한다는 관념이 생겨났다. 기술이 과학기술로 되면서 기술관 자체가 변질된 것이다.

과학기술에 대한 이러한 환상은 19세기 후반으로 갈수록 비대해졌다. 개화에 뒤진 몽매한 정신을 계몽주의자가 인솔해 문명의 정화인 증기선과 전신기, 1869년 개통된 수에즈 운하와 1871년 완성된 알프스 몽스니고개 터널 등을 돌아보며 문명에 눈뜨도록 한다는 내용의 이탈리아 발레 '더 높게(Excelsior)'가 프랑스와 이탈리아에서 크게 히트해 30여 년간 공연됐다. 아미티지가 "자연을 올바르게 연구하면 자연은 반드시 정복된다는 확신"이 테크노크라트 발흥의 전제라고 했는데, 그런 확신을 갖게 된 시대였다.

바로 이 시대에 일본이 서구 과학기술과 마주친 것이

다. 과학의 잠재능력에 대한 압도적인 신뢰는 "사람의 정신이 발달하는 것은 한도가 있지 않고, 조화의 꾸밈에는 정해진 법칙이 아닌 것이 없다. 무한의 정신으로 정해진 이치를 밝혀내고, 마침내 유형무형 구분 없이 천지의 사물을 모두 개인의 정신 안에 넓게 포용해 새는 것 없이 이르는 것이 가능하다"는 『개략』(6)의 한 대목에서 단적으로 드러난다. 자연은 완전히 합법칙적이고 인간정신은 무한하므로 과학으로 해명할 수 없는 것은 아무것도 없다는, 근대과학에 대한 절대적 신뢰다. 이는 서구 기술이 널리 과학에 기반하고 있다는 확신을 배경으로, 기술의 가능성에 대한 과다한 기대로 이어지고 있다.

수화水火를 제어해 증기를 만들면 태평양의 파도를 건널 수 있고, 알펜산의 높음도, 그것을 깨뜨리면 차를 달리게 할 수 있다. 피뢰의 법을 발명한 후에는 격렬한 천둥도 그 힘을 마음대로 쓸 수 없게 됐다. 화학의 연구가 점차 실효를 발휘하면 기근도 사람을 죽일 수 없다. 전기의 힘이 두렵다고는 해도 그것을 사용하면 히캬쿠飛脚(서신이나 금전, 화물 등을 빨리 수송하는 옛 일본의 배달업 종사자-역주)를 대용할 수 있다. … 일반적으로 말하면 사람의 지혜로 천연의 힘을 다스리고, 점차 그 영역에 침입해 조화의 비결을 밝혀내고, 그 움직임을 제어해 자유롭지 못하게 한다. 지혜와 용감함이 향하는 바는 천지에 적이 없고, 사람으로서 하늘을 부리는 자와 같다. 이미 그것을 속박해 부리고 있는데 어찌 이를 두려워하고 숭배하겠는가. (『개략』 7)

후쿠자와 자신이 과학기술에 대한 과도한 환상에 사로잡혀 있었고, 이 환상은 이후 150년에 걸쳐 일본을 옭아매게 된다.

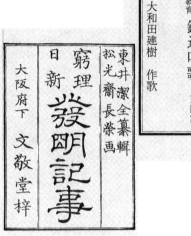

(좌) 도이 기요마사東井潔全 편찬『궁리일신발명기사窮理日新発明記事』
(우) 오와다 다케키大和田建樹 작곡『철도창가鉄道唱歌』

제2장 자본주의를 향한 행보

1. 공부성工部省의 시대

1979년에 출간된 개국백년기념문화사업회 편, 야지마 스케토시矢島祐利·노무라 가네타로野村兼太郎 편집의『메이지문화사 5 학술』은 메이지의 과학사를 전기, 중기, 후기로 나누고 있다. '전기'는 1885~1886년(메이지 18~19년)까지로, 제국대학 탄생까지의 시기이자 고용 외국인에 의한 교육과 해외 유학에 의해 서구 과학과 기술을 하나부터 습득하고 이식하던 시대이다.

'식산흥업·부국강병'이라는 슬로건에서 알 수 있듯, 신생 메이지 국가가 지향한 길은 자본주의 경제 형성과 발전, 경제적·군사적 강국화였다. 내무경(이후 내각제도의 내무상에 해당한다)을 지내며 농업 근대화와 재래 산업 육성에 힘썼던 오쿠보 도시미치는 '식산흥업에 관한 건의'에서 "모름지기 나라의 강약은 인민의 빈부에 말미암고, 인민의 부귀는 산물의 많고 적음에 관련된다"고 했다. 인민을 풍부하게 하려면 산업을 흥하게 해야 한다는 것이지만, 이는 국가를 강대하게 하기 위해서다. '국가의 부강'이 목적이고 '인민의 부귀'는 수단이었다. 오쿠보가 이를 언급한 것은 1874년(메이지 7년)이지만, 이런 기본 노선은 그 이전부터 추진됐다.

　메이지 신정부는 유신 직후부터 공업화 정책, 산업 근대화·기계화를 추진했다. 추진 주체는 서구 군사기술 이식이 시급했던 병부성(이후 육군성·해군성), 국가부강과 이용후생을 양대 정책 원칙으로 한 공부성이었다.

　군은 막부와 서남웅번西南雄藩(에도 시대에 세력이 강성했던 조슈長州, 사쓰마薩摩, 도사土佐번으로 메이지유신과 근대화를 주도했다-역주)이 설립한 무기공장과 조선소를 접수한 뒤 관영 군사공장인 오사카大阪 포병 공창, 도쿄東京 포병 공창, 해군 조병창, 요코스카橫須賀 해군 공창을 설치했다. 군 공창의 최대 목적은 물론 무기의 자급화였다. 일본의 근대화는 산업 근대화·공업화인 동시에 군의 근대화·서구화였다. 보통은 산업 근대화가 일본의 자본주의화로 인식되고 있지만, 군의 근대화가 일본 자본주의화에서 수행한 역할은 막대하다. "당시 일본 기술 전반의 발전에서 정부의 군사공업은 지도적인 역할을 수행하는 입장에 있었다."(호시노星野 1956). 군의 무기 자급화 욕구와 군사 목적으로 시작한 조선업이야말로 메이지 시대 중공업, 기계공업, 화학공업 발전의 커다란 추진력이었다. 군과 산업의 근대화가 동시병행해 위로부터 추진된 것이 일본 자본주의화의 특징이다. 군의 무기 자급 욕구가 이윽고 이를 위한 자원을 추구하며 아시아 침략으로 일본을 몰아가게 된다.

한편 1870년(메이지 3년)에 공부성이 내무성에 앞서 설치된다. 공부성은 철도, 광산, 토목, 조선, 전신, 제철 등을 중심 사업으로 하면서 산업 기반과 사회 기반 정비를 추진해 공업화를 이끌게 된다. 공부성은 나가사키長崎와 효고兵庫의 조선소, 막부와 각 번의 광산을 접수했을 뿐 아니라 민간 자본 축적이 빈약한 상황에서 관영 공장을 설립해 경영하는 한편 근대화와 공업화에 필요한 기술관료, 기술사관 육성에 나섰다. 참고로 재원은 기본적으로는 지조地租, 즉 농민에게서 걷은 세금이었다.

공부성의 위로부터의 공업화 정책과 이를 위한 기술자 교육을 메이지 전기에 추진한 것이 '조슈 파이브'(조슈번에서 1863년에 영국 유학을 떠난 5명의 번사. 당시 일본은 쇄국정책을 취하고 있어 외국행이 금지됐으나 웅번이던 조슈번은 미래 인재 육성을 위해 몰래 유학시켰다-역주)로 불린 이들이었다. 즉 막말 영국에 밀항한 조슈번사는 야마오 요조山尾庸三, 이노우에 가오루井上馨(시지 몬타志道聞多, 1836~1915, 메이지 정치가로 외무상과 대장상 등을 역임했고 1876년 특명부전권대사로 강화도조약 체결에 관여하기도 했다-역주), 이노우에 마사루井上勝(노무라 야키치野村弥吉), 엔도 킨스케遠藤謹助, 이토 슌스케伊藤俊輔(히로부미博文)였다. 특히 공부성 설립에 힘쓰고 메이지 공업교육에 크게 공헌한 것은 런던대학을 거쳐 글래스고에서 조선학을 배우고 유신 직전에 귀국한 야마오였다. 유신 후에 공부工部 쇼우少輔(메이지유신 이후 각 성에 설치된 국장급 직책-역주)가 된 야마오는 1871년에 공업 인재 양성을 위한 학교 창설과 해외 유학 제도를 건의했다. 앞의 목적으로 창설된 것이 공학료寮(기숙사형 학교-역주)이고, 이것이 훗날 공부대학교로 발전해 도쿄대학교 공학부의 전신이 된다. 야마오는 1872년 공부 다이후大輔(차관)가 되고, 1880년 공부경卿에 오른다.

이는 보통의 책들에도 나와 있는 사실이지만, 야마오나 이토나 시지 등이 일본을 탈출하기 전 무엇을 했는지는 그다지 알려지지 않았다. 오사라기 지로大佛次郎의 장편소설 『천황의 세기天皇の世紀』나 시바 료타로司馬遼太郎(1923~1996, 일본의 대표적인 역사소설가-역주)의 단편소설 『죽어도 죽지 않는다死んでも死なぬ』에 의하면 그들은 다카스기 신사쿠高杉晋作(1839~1867, 도쿠가와 막부 말기 조슈번의 번사로 조슈번에 근대식

군대를 창설했다-역주) 등이 1862년 12월에 [도쿄시내] 시나가와品川 고텐야마御殿山에 건설 중인 영국 공사관을 습격해 불태웠을 때의 멤버였다. 그뿐 아니라 야마오와 이토는 8일 뒤 하나와 호키이치塙保己一의 아들이자 에도 막부 신하인 국학자 하나와 지로塙次郎가 폐제廢帝(천황 폐위-역주)의 전거典拠를 조사한다는 풍설을 믿고 잠복해 있다가 그를 무참히 살해했다. 그들은 양이攘夷를 부르짖으며 천황 친정을 지향한 테러리스트였다. 시바에 따르면 실제로 하나와를 벤 것은 야마오라고 한다. 야마오는 영국으로 건너가 양이의 깃발을 내린 뒤에도 계속해서 메이지 천황제 국가에 충실한 존왕주의尊王主義자이며 국가주의자였다.

야마오는 공학료 창설 당시 시기상조라는 비판에 대해 "공업을 이룬 게 없다고 하더라도, 사람을 만들어내면 그 사람이 공업을 이끌어갈 것"이라고 반박했다. (다카사키高崎 2008) 메이지 초기, 공업 진흥에 앞서 미래 공업을 위한 기술자 교육이 국가 주도로 시작됐다. "공업을 해명解明하고 공부工部에 종사하는 사관을 교육한다"는 목적으로 1871년(메이지 4년) 창설된 공학료는 1877년(메이지 10년) "공부에 봉직하는 공업사를 양성하는 학교"인 공부대학교로 격상

된다. 토목공학, 기계공학, 전신학(전기공학), 조가造家학(건축학), 실지實地화학(응용화학), 채광採鑛학(광산학), 용주溶鑄학(야금학), 그리고 후일 조선학과를 두었고 예과학, 전문학, 현장학의 3개 과정으로 이뤄진 6년제 단과대학이다. 교수는 모두 영국인이고 교육 방침은 도검都檢(프린서펄, 사실상의 학교장)으로 초빙된 글래스고대학 출신의 약관 25세 헨리 다이어가 제정했다.

메이지 과학기술 교육의 또 다른 채널은 문부성이다. 유신 이후 신정부는 1871년(메이지 4년)에 폐번치현廢藩置縣(에도 시대의 번을 폐지하고 중앙이 직접 관할하는 부와 현으로 일원화한 행정개혁-역주)을 단행하고 근대국가 건설에 착수했다. 문부성도 그해 설치됐다. 중앙집권적 통일국가 형성의 일환으로 1872년 호적 조사, 1873년 징병령이 반포됐으며 최초의 근대 교육법제인 학제가 공포되고 사범학교가 창설됐다. 각 번이 실시한 단순한 읽고 쓰기 및 주판 등 실무교육을 대신해 국가의식 함양을 목적으로 하는 교육이 시작됐다. 민중의 번에 대한 충성심을 국가에 대한 충성심으로 바꿀 필요가 있었던 것이다. 의무교육인 소학교 교육은 기립, 예, 착석으로 시작해 앉아서 수업에 집중토록 했고,

기말에 학습 성과를 시험하는 교육을 모든 어린아이들에게 부과했다. 규율 바른 집단행동이 요구되는 근대적 공장 노동과 군대에 필요한 자질을 기르도록 한 것이었다. 학교 교육이 사회 모든 계층에 개방되고 시험제도가 학교 교육과 연결되면서 상급학교 진학이 선발시험으로 결정됐다. 이로써 학제 개혁이 '사농공상'의 신분제 질서 대신 '사민평등'을 명분으로 하는, 학력에 의한 질서 형성을 촉진하게 됐다.

이 시점에서 문부성의 주요한 관심은 초등교육에 있었다. 고등교육에 대해 문부성은 반쇼시라베쇼蕃書調所(1856년에 발족한 에도 막부 직할의 양학 연구교육기관-역주)로 시작한 뒤 막말에는 가이세이쇼開成所로 개칭된 막부의 양학 연구기관을 계승해 가이세이학교, 훗날 도쿄가이세이학교를 세웠다. 이를 막부 의학소에서 출발한 도쿄의학교와 병합해 공부工部대학교의 탄생보다 약간 늦은 1877년(메이지 10년)에 법과, 이과, 문과, 의과 4개 학부로 구성된 최초의 종합대학인 도쿄대학을 설립했다. 이학부에는 화학과, 수학·물리학 및 성학과(천문학과-역주), 생물학과 말고도 공학과, 지질학 및 채광학과 등 공학계 학과 2개가 포함됐고,

공학과는 이듬해 기계공학과와 토목공학과로 나눠졌다. '이학부'라기보다 '이공학부'에 가까웠던 것이었다. '이학'이라는 말조차 의미가 넓어 공학과의 구별을 강조할 때에는 '응용이학'에 대한 '순수이학' 같은 식으로 쓰였다.(쓰지辻 1973) 본래 물리학 자체도 기술을 위한 것으로 간주됐던 만큼 당연하다면 당연한 것이었다.

실제로는 막부의 가이세이쇼가 도쿄가이세이학교로, 막부의 의학소가 도쿄의학교로 되는 과정에서 명칭과 조직이 몇 차례 바뀌었다. 이 사실과 도쿄대학 이학부의 절충적 학과 편성을 보더라도 문부성이 고등교육에 대해 한자·국학 대신 양학을 중심으로 하는 것, 고용 외국인과 유학제도에 의해 각 분야 차세대 지도자를 양성한다는 것 이상의 확실한 방침은 갖고 있지 않았던 것으로 추정된다. 그런 점에서는 공업화를 위한 인재 양성이라는 분명한 목적을 갖고 있던 공부대학교가 "고급 엔지니어의 공급원으로서는 도쿄대학교 이학부보다 본류였다"(나카야마山中 1978)는 것은 틀림없다.

1885년(메이지 18년) 태정관제가 내각제도로 바뀌고 공부성이 폐지됐다. 이와 함께 공부대학교는 도쿄대학 이학부

의 일부 공과계 학과와 병합돼 제국대학이 탄생했고, 공부
대학교는 제국대학 공과대학, 지금 도쿄대학 공학부의 전
신이 된다.

> *여기서 말하는 '제국대학'은 1886년(메이지 19년) 설립된 고유명사로서의 제
> 국대학이다. 분과대학제로 법과, 이과理科, 문과, 의과, 공과대학으로 구성
> 됐다. 도쿄농림학교(전 고마바駒場농학교와 도쿄산림학교)가 농과대학으로 편입된
> 것은 1890년(메이지 23년)이다. 1877년 창립된 도쿄대학은 제국대학(1886년),
> 도쿄제국대학(1897년), 도쿄대학(1947년)으로 명칭을 바꾸게 된다. 도쿄제대
> 가 학부제로 변경된 것은 1919년(다이쇼大正 8년). 이하에서는 구별하지 않고
> 도쿄대東大 또는 공학부 등의 명칭을 사용하는 경우가 많다.

2. 기술 엘리트의 탄생

공부성이 폐지될 무렵, 공부성이 세운 관영 기업은 거의
모두 벽에 부딪혀 민간에 매각됐다. 경제학 서적들은 "일
본 산업혁명의 개시 시점"을 1886년(메이지 19년)으로 하고
있지만(이시이石井 2012) 정작 문명개화를 물질화하는 임무를
짊어진 공부성과 그 교육기관은 일본의 산업혁명 시작점
에서 임무를 끝내게 된다. 근대화를 향한 도움닫기 시대
는 공부성과 공부대학교가 이끌던 시대였고, 일본 근대적
기술자 교육의 창세기라고 할 수 있다. 이 시대가 이후 일
본 과학기술의 사회적인 성격을 형성하게 된다.

서구 과학기술 수입의 핵심 기관인 공부성이 주도한 메

이지 전기 공업화는 서구 과학기술의 대부분을 그대로 이식하는 방식으로 추진됐다. 기본 방침은 재래 직인층을 독려해 종래 기술을 개량하고 발전시키는 것이 아니라, 주로 사족 중 유능한 자를 기술관료로 육성하고, 이들의 지도로 서구 과학기술을 백지 상태의 일본에 이식하는 것이었다. 과학기술은 물리학으로 뒷받침되고 대규모 생산과 광역적인 운송·통신에 이바지하는 기술로 강력한 동력원을 갖추고 복잡한 기계장치로 작동된다. 또는 화학 이론에 뒷받침되며 복잡한 화학반응을 바탕으로 새로운 물질을 인위적으로 창출하는 기술로 일본의 경험주의적이고 전통적인 공예기술과는 인연이 없는 것이었다.

공업교육사의 한 전문서는 "사농공상 신분이 고정된 봉건사회에서 지배층인 무사가 피지배층의 직업으로 간주돼온 공업의 담당자가 되는 것이 일본 공업화의 특징 중 하나다. … 일본에서 직인은 그 지위가 변함없었던 반면 무사가 공업화 기수로 등장했다"고 했다. (미요시三好 1983) 실제로 메이지 전기 상급학교에 진학한 것은 거의 사족의 자제였고, 메이지 시대 기술자의 태반이 사족 출신이었다. 그러나 도쿠가와 시대 '사농공상'이라는 신분제 위계질서의 최상층에 있던 사족은 직인과 상인이 하는 일을 경멸했다. 이런 사족의 뿌리 깊은 계급적 편견을 불식하려면 공부대학교, 후에 제국대학 공과대학에서 교육되는 기술을 박래품舶來品(외국에서 수입해온 물건-역주)으로 금박을 입혀 지배층의 것으로 권위를 부여하는 한편 교육된 기술자를 기술엘리트, 기술사관으로 재래의 직인과 차별화해야 했다. 공부대학 도검 헨리 다이어는『대일본大日本』에서 "기술자야말로 진정한 혁명가다. … 왜냐하면 기술자의 일은 사회와 경제를 변혁할 뿐 아니라 단순한 법률 제정에 비해 훨씬 강력한 여러 가지 영향력을 발휘하기 때문"이라고 했다. 이는 다이어가 학생들에게 늘 강조하던 신조였다. 다이어는 야마오와 협력해 학생들에게 강렬한 엘리트 의식을 심었던 것이다.

공부대학교와 도쿄대학이 공존하던 시대까지는 기술자 교육의 주류가 공부성=공부대학교였고, 6년제 공부대학교에서는 글래스고대학 출신인 다이어의 방침으로 현장 훈련이 중시됐다. 글래스고대학은 영국의 다른 대학보다 앞서 1840년에 토목·기계학 강좌를 개설했다. 19세기 글래스고대학이 낳은 최고 물리학자 윌리엄 톰슨이 대서양 횡단 해저전선 부설의 지휘를 맡는 등 기술적 응용에도 관심이 컸던 데서 알 수 있듯 글래스고대학의 학풍은 귀족적인 옥스퍼드나 케임브리지와 상당히 달랐다. 직공의 아들로 태어난 다이어는 교양인을 위한 고답적인 교육이 아니라 프랑스의 에콜 폴리테크니크나 독일, 스위스의 고등공업전문학교에 가까운, 실용과 현장을 중시하는 기술자 교육을 지향했다. 프랑스가 기술 중시 고등교육기관인 에콜 폴리테크니크를 만든 것은 반혁명동맹에 포위된 상황에서 기술자를 긴급 양성할 필요가 있었기 때문이다. 열강의 포위하에 있던 메이지 초기 일본도 이 점에서는 혁명 직후 프랑스에 가까운 상태였다고 할 수 있다. 다이어의 방침은 이런 요청에 부응했다.

그러나 문부성이 도쿄대학과의 병합으로 태어난 제국대학 공과대학의 헤게모니를 쥐면서 수업 연한이 단축되고 현장훈련 비중이 축소되면서 "제국대학 다른 분과대학의 영향을 받아 서서히 학리学理 우선주의로 기울었다."(미요시 1979). 고등교육기관이 서구 기술을 '공학'으로 교육하면서 '학'의 요소가 좀 더 강해진 것이다. 이 영향이 먼 훗날까지 미치면서 20세기로 접어들어 "제국대학 공학부의 교육 내용은 현장교육보다 오히려 연구에 중점을 두는 것으로 변모했다."(호시노 1956). 전시하인 1943년(쇼와 18년) 오사카제국대학 교수이자 공학박사인 구마가이 사부로熊谷三郎는 "대학 공학부 및 공고 졸업생은 세상에 나가서 기술자로서 일하게 되지만 재학 중에는 기술을 거의 배우지 않는 것이 보통이다. 학교에서 공학을 배우되 기술에 관해서는 거의 배울 기회를 갖지 못한다"고 했다.('생산기술의 연구生産技術の研究'『공업』1943. 7.) 이는 사실일 것이다.

병합의 또 한 가지 결과로 "제국대학의 소위 관학 아카데미즘이나 관료주의적 고답성 등과도 무관하지 않게 됐다"는 점이 지적된다.(미요시 1979) 그것은 공부대학교 시대에 야마오나 다이어가 심은 엘리트 의식과 맞물려 과학기술 세계에 '관존민비' 풍조를 만들게 된다.

어찌 됐건 '충의'를 윤리관의 기초에 둔 에도 시대 무사는 실질적으로는 번과 막부의 관료이고, 그러기에 사족 출신 기술자는 본래 주군에 순종하고 조직에 충실한 에토스의 소유자로 근대국가 관료에 친화적이었다. 후쿠자와 유키치는 1893년(메이지 26년)에 "[고등교육을 받은] 본래의 사족이나, 그렇지 않으면 타족의 공화工化한 자들"은 "그

뜻한 바는 유전의 기풍에 따르고, 십중팔구 관도官途(벼슬길-역주) 일방으로 향한다"고 했고(『실업론実業論』), 대학에서 배운 이들 다수가 관도를 지향하고 있는 것에 개탄했다. 민간의 취직 자리가 한정돼 있었고 관리의 사회적 지위가 매우 높았다는 사정 뿐 아니라 사족 출신인 이들이 영리사업에 종사하는 것을 떳떳하게 여기지 않았던 점도 있었다. 따라서 제국대학 공과대학 졸업생들은 고급 전문 기술관료, 즉 테크노크라트로 위정자의 뜻을 받들어 메이지의 국가 건설에 매진하게 된다.

서구 특히 영국의 기술자가 시민사회의 발전 과정에서 직인층 내부에서 기술 혁신의 주체로 등장한 것과 달리 일본은 지배계급 출신의 기술관료가 시민사회 탄생 이전에 국가 교육을 받고 갑자기 공업화 주체로 등장했던 것이다. 일본 과학기술 요람기의 이런 특징 때문에 오늘날에 이르기까지 대학 공학부에서 강론된 전문의 지知에 과대한 권위가 부여되고 있다. 동시에 과학기술의 주체, 특히 상급 기술자들은 엘리트 의식 과잉과 배타적 성격, 한편으로는 관료적이고 조직이나 국가에 대해서는 순종하는 특성을 갖게 된다. 실제로도 이미 메이지 중기에 "대학 밖에서는 대학을 졸업한 학사 기술자와 종래 직인 간에 알력이 생기고 있었다. … 공학사는 실업實業을 낮춰보고 현장 직인과 거리가 생겼다. … 제국대학 출신자가 이미 관의 권위를 얻어 민을 지배하는 구조가 성립했다"고 한다.(다키이瀧井 2016)

사족에 의해 관료기구가 형성된 메이지에는 에도 시대 무사의 농민, 조닌에 대한 차별의식이 민간인에 대한 관리의 차별의식으로 그대로 이동했다. 공부대학교와 제국대학 공과대학에서 교육받은 엘리트 기술자가 재래 직인에 대한 우월감과 차별의식을 갖게 된 것이다.

3. 제국대학의 시대

제국대학 탄생은 1886년(메이지 19년)으로 일본 산업혁명 개시 시점, 즉 일본 자본주의가 실질적으로 행보를 시작하던 때다. 그때까지 주요한 관심을 초등교육에 보였던 문부성은 이 무렵 고등교육으로 눈을 돌렸다. 관료기구가 정비되면서 인재를 조직적으로 양성할 필요가 생겼기 때문이다. 내각제도 발족은 1885년(메이지 18년)으로, 최초 내각인 제1차 이토 히로부미 내각은 이듬해인 1886년에 대일본제국헌법(소위 메이지헌법)을 기초하는 데 매달렸다. 자유민권운동의 고양에 대항해 정당 세력이나 의회의 간섭을 받지 않는 강력한, 즉 강권적 내각을 만드는 것도 헌법 제정 목적의 하나였고, 내각을 떠받칠 유능한 관료기구를 만들어낼 필요성이야말로 제국대학의 제1의 존재이유였다.

초대 문부상으로서 제국대학령의 공포자인 모리 아리노리森有礼(1847~1889, 사쓰마번 무사 출신으로 외교관과 정치인을 지냈다-역주)는 1889년에 "제국대학의 교무를 열거한다. 학술을 위함과 국가를 위함에 관한 것이 있다면 국가의 것을 가장 우선시하고 중시해야 한다"고 했다.(기무라木村 1899) 제국대학의 중심 이념은 국가제일주의에 있다. 덧붙이자면 제국대학이 탄생하던 해에 교과서 검정이 제도화된다. 문부성은 초등교육부터 고등교육까지 전 과정을 국가 목적에 따르도록 재편했던 것이다.

이듬해인 1887년에는 관리 임용제도가 확정돼 근대적 관료제도가 형성됐고, 그때까지 연줄로 채용되던 관리들 중 고등문관으로 불리는 간부 관료와 보통문관이 각각 문관고등시험과 문관보통시험을 통해 채용됐다. 문관고등시험 시험위원은 제국대학 교관이어서 합격자는 사실상 제국대학 졸업생으로 국한됐다. 다만 이는 법제관료(사무관)에 대해서이고, 기술관료(기관)는 문관고등시험위원회와 문관보통시험위원회의 전형, 즉 재량에 의해 채용되었다. 이것이 이후 장기간에 걸쳐 문관이 기관을 차별하는 결과를 초래했고, 이윽고 기술관료 운동을 낳게 되지만 그 점은 나중에 살펴본다.

메이지의 과학사를 전기, 중기, 후기로 구분한 『메이지 문화사 5』에는 다음과 같이 이어진다.

중기라는 것은 1886년(메이지 19년)경부터 1900년(메이지 33년)경까지의 약 15년간을 가리킨다. 이 시기에도 외국 과학기술의 이식은 지속됐지만, 이미 단순한 이식이 아니라 자신의 것을 만들어내게 되면서 본국인의 과학적 업적이 나타났다.

이 '중기'는 제국대학 탄생의 시점, 즉 일본의 산업혁명이 시작된 시기부터 청일전쟁에 승리해 그 배상금으로 교토제국대학이 설립됐으며 제국대학이 도쿄제국대학으로 바뀐 1897년(메이지 30년) 직후까지의 시대와 거의 일치한다.

메이지 문화사의 이 대목에는 "자신의 것을 만들어내게 되면서 본국인의 과학적 업적이 나타났다"고 돼 있지만 실제로는 어땠던가. 1886년에 건축학회, 1888년에 전기학회, 1897년에 기계학회, 1898년에 공업화학회가 창설돼 나름대로 전문적인 과학자 집단이 생겨나고 있었음을 알 수 있다. 건축학, 전기공학, 기계공학, 응용화학 분야에서 일본인 연구자의 자립으로 봐도 좋을 것이다.

물리학에서는 『제국대학기요帝国大学紀要』이과 제1책 제1호가 출판된 것은 1887년(메이지 20년)이지만, 이 『기요』에 1887년, 1889년, 1895년에 걸쳐 게재된 기타오 지로北尾次郎의 「대기운동과 구풍颶風(열대저기압과 온대저기압에 동반한 폭풍-역주)에 관한 이론'(독일어 논문)」은 당당한 수리물리학 논문으로, 국내보다 국외에서 평가받았다. 독일에서 배운 기타오의 업적은 일본에서는 거의 독립된 특이점으로 봐야 하는 만큼 이것으로 일본의 학문 수준을 운운하는 것은 불가능하다. 그래도 앞에서 인용한 대목 다음에 "이 무렵부터 거의 대체로 국내인을 교육에 충당하게 됐다. 이는 커다란 진보라고 하지 않으면 안 된다"는 문장이 이어진다.

예를 들어 물리학역어訳語회 편찬의 『물리학술어화영불독대역자서物理学述語和英仏独対訳字書』가 1888년에 간행돼 약 1,700개의 물리학 전문용어의 역어가 통일됐다. 이는 이 무렵 대학 강의가 외국어에서 일본어로 바뀌었으며 일본의 물리학 교육, 나아가 자연과학 전반의 교육을 간신히나마 일본인 스스로 감당하게 됐음을 시사한다. '스스로 감당한다'고 해도 교수 내용은 서구 물리학과 화학이지만, 그래도 비교적 순조로운 흐름이라고 할 수 있다.

이처럼 순조로운 이유로는 일본 개국의 타이밍이 좋았다는 점을 꼽을 수 있다. 일본이 근대화에 나선 19세기 후반은 서구 각국에서 과학 연구가 사회적으로 제도화됐고, 각 분야에서 연구를 직업으로 하는 '과학자(사이언티스트)'가 생겨난 시대였다. 그렇기에 일본은 처음부터 과학을 사회적으로 제도화된 기능으로 받아들일 수 있었던 것이고, 과학의 습득과 연구가 국가의 틀 안에서 조직적으로 능률 있게 이뤄지게 됐다.

이 시대는 고전물리학, 즉 우리가 직접 보거나 만질 수 있는 거시적 세계의 물리 현상에 대한 물리학인 고전역학, 전자기학, 열역학의 원리가 거의 빠짐없이 규명된 시대이기도 했다. 당시에는 모든 물리 현상이 원리적으로 설명될 수 있다고 여겨졌다. 미시적 세계, 즉 원자나 분자의 세계에는 고전물리학이 적용될 수 없다고 판명된 것은 20세기에 들어서였던 만큼 당시엔 물리학에서 원리적으로 새로운 발견은 더 이상 있을 수 없다고 생각됐던 것이다. 이 때문에 물리학 연구는 한편으로 전자기학에 기반한 통신 기술과 발전·송전發電·送電기술 개발이며, 열역학에 의거한 동력장치(열기관) 개량 같은 기술적 응용, 다른 한편으로는 당시 '혹성과학'으로 불리던 지구물리학으로 연구 영역을 확대하는 것이 주된 흐름이었다. 어쨌든 당시 1급 물리학자 윌리엄 톰슨이 대서양 횡단 해저전선 부설을 지휘하면서, 한편으로 지구의 연령을 논하던 시절이다.

동시에 서구에서는 물리학에서 전근대적인 신학적 내지 형이상학적 협잡물挾雜物(불필요하고 잡다한 것-역주)이 간신히 추방됐고, 수학도 상당히 정리되고 세련돼갔다. 또 과학 연구와 연구자 양성이 사회적으로 제도화된 것과 맞물려 교과서적인 읽을거리들이 등장해 중세 이래의 서양사상, 특히 신학사상 등의 소양 없이도 이해할 수 있게 됐다. 즉 물리학이 어느 정도 능력이 있으면 노력에 따라 누구라도 습득할 수 있는 체계화된 학문이 됐던 것이 19세기 후반인 것이다. 그러나 아직 양자역학, 상대성이론이 태동하지 않아 소박하고 납득하기 쉬운 물질 표상과 상식적이고 일상적인 시공 개념을 기초로 한 고전물리학이 전부였고, 그런 만큼 습득의 장벽이 낮았다고 할 수 있다.

바로 이 절묘한 타이밍에 일본은 서구 과학의 이식을 시작했다. 이것이 다음 시대, 즉 20세기 초엽의 나가오카 한타로長岡半太郎(1865~1950, 물리학자로 '토성형 원자모델', 즉 원자 주변을 전자가 토성의 고리 모양으로 돌고 있다는 설을 제창했다-역주)에 의한 원자 모형의 제창과 기무라 히사시木村栄(1870~1943, 천문학자-역주)에 의한 위도緯度 변화(지구의 자전축이 끊임없이 이동하기 때문에 생기는 천문학적 위도의 주기적인 변화-역주)의 계산식에서 Z항의 발견(자전축의 기울기에 관한 방정식에 이 Z항을 추가함으로써 올바른 방정식이 됐다-역주), 1910년대 이시하라 준石原純(1881~1947, 이론물리학자로 독일에서 아인슈타인에게 상대성이론을 배웠고, 이를 일본에 최초로 소개했다-역주)에 의한 일반적인 양자 조건의 정식화 등 세계에 족적을 남길 첨단 연구가 이뤄지게 된 배경이다. 개국이 50년 빨랐거나 50년 늦었다면 일본이 서구 물리학을 쫓아가는 것은 대단히 어려웠을 것이라고 생각된다.

그러나 '최첨단의 성과'만을 보고 그 시대를 판단하는 것은 불가능하다. 본래 제국대학의 교육과 연구는 그런 아카데믹한 것이 아니었다. 전 공부 쇼우少輔로 도쿄부東京府지사에서 제국대학 초대 총장이 된 와타나베 히로모토渡邊洪基는 총장 취임 직후 도쿄화학회에서 '이화理化양학의 공익을 민간에 널리 알리는 데 힘써야 한다'는 제하의 강연에서 "어떤 과학을 불문하고 〔학문은〕 인간의 행복과 안전을 순조롭게 하는 도구에 지나지 않는다. 아무리 훌륭하고 뛰어난 이론이라 해도 경제상의 이익이 없는 것은 공이 없다고 해도 될 것이다"라며 학문의 의의를 명확히 실용성에서 찾았다. (다키이 2016) 이데올로기적으로 국가제일주의를 이념으로 하던 제국대학에서 교육과 학문의 실정은 실용주의에 있었다. 실제로도 1889년(메이지 22년)부터 5년간 제국대학 졸업생은 실무 교육을 주로 하는 법학부 313명, 의학부 192명, 공학부 124명, 농학부 109명인 데 비해 순수학문 중심인 이학부는 39명, 문학부는 38명에 그치는 등 전체적으로 실학의 비중이 압도적이었다. 1880년대 중반에 모리 아리노리가 쓴 '학정學政요령'에는 "학문은 순정학(pure science), 응용학(upright science)의 두 개의 문으로 나뉜다. 함께 국가 필수의 학문을 이룬다. 순정의 문은 작아도 족하고, 응용의 문은 커짐을 요한다"고 돼 있다. '순정학'은 약간이면 충분하다는 것이 솔직한 분위기였다.

그렇다면 '순정학'의 존재 이유는 무엇이었던가. 내셔널리스트인 구가 가쓰난陸羯南(1857~1907, 국민주의 정치평론가로 일본신문 사장을 지냈다-역주)은 1889년(메이지 22년)에 '대학의 목적'으로 "유용한 인재를 양성하는" 것과 "학문의 진보를 꾀하는" 것 두 가지를 들었다. 전자는 물론 법학부나 의학부, 농학부같이 실제 사회에 유용한 실무교육을 가리킨다. 후자에 대해 "본래 학문의 심오한 부분을 고찰하고 연구해 새로운 사실, 새로운 법칙을 발명하는 것은, 사회에 직접 효용이 없다고 해도, 깊이 사고하면 결코 그렇지 않음을 알 것이다. 우리 일본도 이미 세계 안에서 건국한 이상은 독립의 체면을 간직할 필요가 있음은 구태여 논할 것까지도 없다. 과연 그렇다면 일국의 품위를 유지하는 데 있어 세계 학문에 신발명의 사물을 내놓는 것은 가장 필요한 일의 하나"('대학론'『일본 근대사상 대계 10』수록)라며 "순정학문은 입국立國에 필요한 한 원소原素"라고 결론짓고 있다. 이 점에서 화학자이자 도쿄제국대학 교수인 사쿠라이 조지桜井錠二가 1899년(메이지 32년)의 '국가와 이학'에서 "이학연구는 오히려 일국의 가치를 증가시키고 권위를 해외에 빛내는 방도임을 잊어선 안 된다"고 한 것은 좀 더 직설적인 표현이다.

순수 학문에서 그 나름의 업적을 내놓고, 얼마간 성과를 거두는 일은 당시 일본에서는 근대국가의 스테이터스 심볼로 간주됐다. 이 경향은 대국 의식 고양과 함께 강화돼 갔다.

4. 철도와 통신망의 건설

물리학도 그렇지만 기술에서도 일본이 비교적 단기간에 서구 기술 습득과 이전에 성공한 이유 중 하나는 절호의 타이밍이었다. 구메 구니타케는『실기』에서 "동양과 서

양은 개화의 진로에서 이미 막심한 격절隔絶을 이뤘다고
해도 실은 가장 개화한 영국과 프랑스에서도 흥성에 이르
게 된 것은 겨우 50년래에 지나지 않는다"(33), "전 구주 땅
에서 공예의 찬란한 아름다움을 보는 시운時運이 된 것은
겨우 10여 년간의 일에 지나지 않는다"(23)고 재삼 지적했
다. 증기와 전기 사용이라는 에너지혁명이 서구에서 일어
난 시점부터 메이지유신까지는 기껏해야 반세기로 간신
히 추격이 가능한 시간차였다.

오히려 일본은 후발국인 만큼 증기기관을 예로 들면 세
이버리와 뉴커먼의 대기압 기관에서 시작해 와트에 의
한 개량, 19세기 전반의 증기기관차와 증기선 같은 다방
면 응용에 이르는, 1세기를 넘는 영국의 모색과 시행 과정
을 건너뛰었다. 즉 결말부터 습득하는 것이 가능했고, 그
런 의미에서 유리한 지점에 있었던 것이다. 게다가 당시
는 "선진국에서 기계 수출의 제한은 없었고, 일본은… 모
든 선진국으로부터 최신 기계를 자유롭게 수입할 수 있었
다"는 사정도 있었다. (스즈키鈴木 1996) 한 술 더 떠 "선진국은
완성된 기계 기술을 일본에 판매하는 것에 열심"(우치다內田
1974)이었을 정도였다.

결정적인 차이 혹은 늦었던 것은 민간의 자본 축적이 너무도 빈약했다는 점이다. 이 때문에 일본의 근대화는 당장은 거의 100% 정치권력 주도로 추진됐고, 군과 관료기구가 커다란 영향력을 갖게 됐다. 특히 메이지 정부의 전신과 철도에 대한 움직임은 공부성의 전신인 민부民部성이 이미 1869년(메이지 2년) 계획을 세웠을 정도로 신속했다.

전신망의 경우 영국에서 패딩턴과 웨스트드레이튼 간의 전신 회선이 개통된 것이 1839년, 미국에서 워싱턴과 볼티모어 사이에 회선이 깔린 것이 1844년이다. 일본은 영국에 30년, 미국에 25년 뒤진 1869년(메이지 2년)에 요코하마橫浜재판소와 도쿄 쓰키지築地 운하소(세관) 사이에 전신을 부설했다. 그리고 이미 1875년에는 홋카이도北海道에서 규슈九州까지의 기간전신망이 만들어졌고, 1887년에는 도쿄 고비키초木挽町에 중앙전보국이 설치됐다. 1879년에는 전신국이 112개국, 전신선의 연장이 6,000km를 헤아릴 정도로 보급돼 국내 주요 도시를 잇는 기본적인 전신 네트워크 형성이 거의 완료됐다.

철도의 경우 영국에서 스톡턴~달링턴 구간에 처음으로 공공철도가 개통된 것이 1825년, 신바시新橋~요코하마橫

浜 간 철도의 개통은 47년 뒤였다. 공부성이 영국에서 고액 급여를 주고 기술자를 초빙해 기관차와 차량, 자재 일습을 통째로 수입했다. 하드웨어인 철도 건설이 동력혁명에 의한 근대화 모델을 출현시키게 된다.

당시 '오카조키陸蒸氣'로 불리던 철도로 신바시~요코하마 간 이동에 1시간이 걸리지 않았다는 것은 그 시대에는 경이적이었을 것으로 생각된다. 막말 영국에 건너간 나카무라 마사나오中村正直(1832~1891, 메이지 시대 계몽사상가이자 교육자로 도쿄대학 문학부 교수, 여자고등사범학교장 등을 지냈다-역주)는 영국의 저술가 새뮤얼 스마일즈의『자조自助論』(1859년)을 메이지 초엽『서국입지편西国立志編』이란 제목으로 번역·출판해 큰 호평을 받았는데 제2편 '증기기관의 창조'에는 "증기기관은 기계의 우두머리"라고 돼 있다. 가나가키 로분의『아구라나베』에도 문명개화의 대표적 풍경으로 '육식'과 함께 '증기의 배와 수레'가 거론되고 있다. 메이지 일본인이 기계화 일반이 아니라 동력혁명에 깊은 인상을 받았음을 알 수 있다.

앞서 기술한 메이지 초기 궁리서 붐에서도 많은 책들이 증기기관을 거론하고 있다. 1872년 나가사와 가쓰히사의

3권으로 이뤄진 『훈몽궁리신편』 상권은 '증기기기'의 역사로 시작하고 중권은 전체를 '증기기기'의 구조와 작동 원리의 설명에 할애했다. 비슷한 서적이 몇 권이나 있지만 굳이 한 가지를 들자면 이듬해인 1873년 도이 기요마사의 『궁리일신발명기사』일 것이다. 이것은 전 6권 전부가 증기기관에 대한 설명으로 채워졌다. 그중 다음과 같은 대목이 보인다.

> 기체는 물에 의해 생기고, 물은 열에 의해 끓고, 열은 불에 의해 피고, 불은 석탄에 의해 타오른다. 그러므로 증기력의 원인은 즉 석탄의 자연에 함축돼 있고, 증기를 휘발시켜 얻는 탄력(에너지-역주)이고 또 그 석탄이 가진 탄력의 원인은 즉 태양의 빛과 열에 힘입은 것이다. 본래 만물에 탄력을 생기게 하는 것은 태양이라. (제4장)

증기동력의 원리가 에너지의 다양한 형태 전환에 있음을 적확히 파악하고 있다. 지구상에 있는 에너지의 궁극적인 기원이 태양 에너지임을 독일의 율리우스 마이어가 처음 지적한 것이 1840년대라는 것을 감안하면 석탄의 연소열이 궁극적으로는 태양의 빛과 열에 있다는 도이의 지적은 놀랍게도 정곡을 찌르고 있다.

이 책의 서두에는 "토지를 열고 물품 생산을 번성하게 해 국가를 부강케 하는 것은 반드시 기계의 운동과 기력의 기관을 사용하고 인력을 아껴 비용을 줄이는 데 있다"(제1장)라고 돼 있다. 증기기관 사용이 '식산홍업·부국강병'의 물질적 기반을 형성한다는 지적이다. 공부대학교에서 배우고 철도국에서 일한 스기야마 쇼키치杉山輯吉는 1882년(메이지 15년)에 "철도의 유무는 나라의 개화 여부를 나타내고 노선의 길고 짧음은 나라의 성쇠를 가늠하기에 족하다"고 단언했다.(『일본철도연선론日本鉄道延線論』 『일본 근대사상 대계 14』 수록) 철도는 문명화와 부국화의 바로미터로 간주됐던 것이다.

전문서에는 "일본 산업혁명의 개시를 알린 자본제 기업의 본격적인 발흥은 철도업에서 출발하고, 철도교통이 도로·하천교통을 대체했다"(이시이 2012)고 돼 있다.

이는 1881년(메이지 14년)에 민간기업인 일본철도회사가 화족들의 자금을 모아 설립된 것을 가리킨다. 경제학에서는 이를 일본 산업자본의 탄생으로 의미를 부여하지만 그뿐만이 아니다. 철도는 인간과 화물의 운송에서 종래 교통기관에 비해 현격히 강력한 까닭에 사회와 경제의 발전을 크게 추동한다. 또 건설과 운영에 대량의 자금과 노동력, 기술을 요하기 때문에 산업으로서의 철도는 자본과 고용과 관리 등 소프트웨어 면에서도 대규모 근대산업의 모델 양식이 됐다.

1887년에 사설 철도 조례가 공포돼 사철私鉄의 부설이 한층 가속화됐고 1889년에는 도카이도선東海道線이 고베神戸까지 개통됐다. 1900년(메이지 33년)에는 철도의 총 노선이 6,168km에 달했으며 이 중 75%가 민영 철도였다. 그해 가수 오와다 다케키가 제1집 "기적 일성이 신바시를"로 시작해 "생각하면 기차가 생긴 뒤 좁아진 나라 안"으로 제4집이 끝나는 '철도창가鉄道唱歌'를 발표했다. 이는 일본의 주요 도시가 철도로 연결되면서 일본이 단일국가가 됐음을 강력하게 인상 짓는 것이었다.

철도망의 건설과 전신망의 확립은 우편 운송을 주요 임무로 한 1871년(메이지 4년)의 우편증기선회사(후에 미쓰비시三菱 회사) 창립, 이듬해인 1872년 우편제도 확립과 함께 국내시장 통일을 진전시키면서 일본 자본주의의 토대를 구축함으로써 성장·발전을 위한 강력한 추진장치가 됐다.

5. 제사업과 방적업

중기동력의 도입에서 철도에 필적하는 것은 제사製絲업
이다. 제사는 에도 말기에 이미 농촌의 중요한 부업이었
고, 생사는 개항으로 무역이 시작된 이래 수출에서 큰 비
중을 차지했다. 게다가 원료인 누에고치는 100% 국산인
만큼 외화 획득 측면에서도 제사업의 공헌도는 독보적이
었다. 메이지 신정부도 제사산업의 확대에 힘을 기울였는
데, 이는 제사산업을 근대화하는 것이기도 했다. 그 스타
트가 프랑스 기술의 도입-기술자 초빙과 기계장치 일습의
수입-에 의한 도미오카富岡 제사공장의 설립이다. 1872년
(메이지 5년)에 세워졌으며 여성 노동자 200여 명을 거느린
대규모 공장이었다.

제사는 누에고치를 솥에 삶은 다음 풀어 견사를 뽑아낸
뒤 몇 가닥을 모아 꼬는 조사繰絲와 이를 생사로 만들어 실
패에 감는 공정으로 구성된다. 농가 부업 형태의 제사(자구
리세이시座繰製絲-자구리기에 의한 제사 방식. 자구리기는 톱니바퀴 장치

로 된 목제 물레다-역주)에서는 실을 감는 나무 얼레를 인력으로 돌리는 등 일련의 작업을 한 사람이 감당했다. 반면 도미오카 제사공장에서는 누에고치를 보일러(기칸汽缶) 증기에 쐬어 가열하고, 얼레 회전도 수작업이 아니라 대규모 금속제 얼레를 증기기관으로 회전시켰다. 또 품질관리를 엄격화해 두께가 일정한 가지런한 실을 대량으로 생산하는 점에서 결정적으로 달랐다. 물론 도미오카는 당시로서는 대단히 모던했던 것이고 증기의 동력 이용이 널리 보급되는 데는 좀 더 시간이 필요했다.

그러나 일본 제사업의 근대화와 발전은 외국 기술의 도입에만 의존한 것은 아니었고 100% 정부 주도였던 것도 아니다. 1885년(메이지 18년)경까지는 물레에 의한 가내공업이나 매뉴팩추얼이 압도적이긴 했지만, 마쓰시로松代(나가노현 소재-역주)의 롯코샤六工社처럼 수력 구동 보일러로 증기를 가열하는 방식의 기계제 제사공장도 만들어졌다. 도미오카를 모델로 하되 증기동력은 아니고 규모를 줄인 것이다. 스와諏訪(나가노현 소재-역주)에서는 연결한 얼레를 인력이나 수력으로 균일하게 회전시키는 20~30인 단위의 소규모 기계제 제사공장이 여러 곳 조성됐다. 마쓰시로의 다치 사부로館三郎가 1870년대 초 저렴한 페달식 물레를 고안했고, 이들이 기계제 제사공장의 보급과 병행하는 형태로 퍼져나가면서 생사의 생산이 순조롭게 확대됐다.

　기계제 제사공장의 보급은 1870년대 후반(메이지 10년대) 이지만 철도에 이어 증기 사용이 보급된 것도 기계제 제사공장이다. 그렇다곤 하지만 많은 제사공장에서는 보일러를 갖춘 단계에서도 증기는 누에고치를 삶는 데 이용될 뿐 동력은 인력 내지 수력이 보통이었다. 스즈키 준鈴木淳의 『메이지의 기계공업』에 따르면 기계화와 함께 증기동력 사용이 급속히 확대된 것은 메이지 20년대라고 한다. 이 시기 "제사업은 현저히 발전했다." 실제 1886년(메이지 19년) 이후 10년간 생사 수출은 연평균 2,554t으로, 1885년까지의 10년간 수출 평균에 비해 두 배로 늘어난 것이다.(이시이 2012) 기계화, 동력혁명의 진전과 함께 제사업은 발전했고 생사 수출도 확대됐다. 후쿠자와 유키치의 『실업론』에 따르면 '잠사 및 잠면류'가 일본의 수출 총액에서 차지하는 비중은 1883년(메이지 16년)에 약 1,900만 엔으로 50%가 좀 넘었고, 1892년에는 약 4,000만 엔으로 약 45%였다. 다이어가 『대일본』에 기술한 것처럼 "생사는 일본의 외국 무역의 수지균형을 지탱하는 존재"였다.

다이어가 책을 쓴 것은 1904년이지만, 40년가량 지난 뒤 농학박사 임호식林浩植(조선인 농학자로 조선인으로는 최초로 농학박사를 받은 인물-역주)은 수필에서 "지나사변(만주사변-역주) 이래 우리나라는 외화 획득의 필요가 통절해져 나가노현과 기타 양잠지 제사공장에서는 가련한 소녀들이 '외화는 생사로…'라는 표어 아래 땀을 흘리며 일하고 있다"고 했다.(『펜』1941. 1.) 막말·메이지 군사력이 거의 제로에서 급격한 근대화를 시작해 쇼와 총력전 시대 군비 증강으로 서구에 견주는 군사대국이 되기까지 이를 위한 외화는 농촌의 젊은 여성 노동력에 힘입은 것이다.

제사업과 달리 방적업(면사방적업)은 메이지 중기에 급성장했다. 이것도 증기동력의 사용과 기계화에 의한 대량생산에 힘입은 성장이었다. 막말에는 방적도 농촌 자녀의 부업이었다. 메이지 시기 기계제 방적업은 강변에 세워진 목조공장에서 수력으로 기껏해야 2,000추 규모의 물기(물방적기-역주)를 돌리는 관영 방적으로 시작했지만 모조리 실패했다. 진정한 발전은 순수 민간자본 주식회사 조직인 오사카 방적회사가 1882년(메이지 15년) 설립된 것으로 시작한다. 세이난西南전쟁(1877년 현재의 구마모토, 나가사키, 오이타, 가고시마 일대의 사족들이 사이고 다카모리를 맹주로 해 일으킨 군사 반란-역주) 이후 면제품 수입이 증대하자 소비재 수입에 따른 무역적자가 산업 자립을 해칠 것을 우려한 실업가 시부사와 에이이치가 주도했다. 영국에서 플랜트를 들여와 1883년 조업을 시작한 오사카방적은 증기동력을 사용하는 근대적 공장에서 1만500추에 의한 대규모 생산이 충분한 이윤을 올릴 수 있음을 증명했다. 이 성공이 철도회사의 설립과 함께 일본 산업혁명의 도화선이 됐다.

실제 마쓰카타松方 디플레이션(세이난전쟁 전비 조달로 발생한 인플레이션을 해소하기 위해 당시 대장경인 마쓰카타 마사요시가 재정정책을 통해 유도한 디플레이션-역주)을 벗어난 1886년(메이지 19년) 이후 일본은 제1차 기업발흥기를 맞이해 여러 개의 방적회사가 잇따라 생겨났다. 이들이 합병으로 대기업으로 성장하면서 방적업은 일본 산업자본을 대표하는 위치를 점하게 된다. 또 대학 졸업자를 다수 채용해 공장 관리를 맡기는 등 영국에서는 거의 생각할 수 없는 시스템을 채용해 "기계제 면사 생산량이 1890년대에 일찌감치 수입량을 넘어섰고, 1897년에는 드디어 수출량이 수입량을 웃돌게 됐다." 이는 이시이 간지石井寬治의 『일본의 산업혁명日本の 産業革命』의 한 대목인데 1890년 이후 발전의 원인에 대해 이 책은 간결하게 요점을 짚고 있다.

저렴한 중국·인도면을 사용하는 한편 무겁고 조작이 힘 든 종래의 뮬방적기를 경쾌한 최신식 링방적기로 대체했 으며, 기숙사에 수용한 젊은 '여공'을 주야 2교대로 휴식 없이 가동시키는 자본가적 합리성에 기반한 경영 방침이 이런 발전을 가져왔다.

이 시기 등장한 1만 추 규모의 방적공장은 대부분 미국 에서 발명·개량된 링방적기를 적극 도입한 것으로 1889 년(메이지 22년) 링기의 총수는 뮬기를 웃돌았다. 뮬기로 시 작한 오사카방적이 모두 링기로 대체한 것은 1894년이 다. 반면 일본보다 1세기 앞서 근대 방적업이 발흥한 영국 은 이미 뮬기가 널리 보급돼 링기로 대체하는 것이 곤란했 다. 이런 점에서도 후발국 일본은 유리한 지점에 있었다.

일본의 산업혁명은 이처럼 민간 산업자본에 의한 근대 적인 기계제 대공업으로 시작됐다. 그러나 이런 대기업과 공부대학 출신의 엘리트 기술자만으로 산업혁명이 수행된 것은 아니다. "일본의 산업혁명기에는 이식산업과 근대화한 재래산업이 동시에 발전했다"(스즈키 1996)고 돼 있듯이 재래의 직인과 목수, 대장장이들이 수입 기술과 재래 기술의 절충형 혹은 모방형 기술을 개발해냈다.

일부 금속을 쓰되 대부분은 나무로 만든 방적기계(가라보 ガラ紡)를 발명해 1877년(메이지 10년) 제1회 내국권업박람회 기계 부문에서 금상을 차지한 가운 도키무네臥雲辰致, 기계목공의 아들로 1897년(메이지 30년)에 면직물 목제 동력직기를 발명해 사업화한 도요타 사키치豊田佐吉로 대표되는 '풀뿌리 발명가'들이 등장했던 것이다. 가라보는 끝내 근대적 방적업에 밀리게 되지만, 관영 방적업 시대인 1887년(메이지 20년)경까지 민간에 보급되면서 재래 면업이 서양식 면업에 대항하는 주력이 됐다. 제사업에서도 스와 지역에서 보이는 절충형 기계제사가 이식형의 근대 제사업을 능가하는 발전을 했다.

본래 그렇지만, 도미오카 제사공장이나 오사카방적 등 최신예 기계화 공장에서도 제대로 가동되려면 유지·보수가 필요하다. 고장 난 기계를 수리할 직인이나 기술자가 필요할 뿐 아니라 파손된 부품 교환을 위해 복제품을 제조할 수 있는 작업소가 있어야 한다. 공적개발원조(ODA)로 개발도상국에 공여된 기계류가 충분히 쓰이지 않은 채 방치되고 있다는 보도가 가끔씩 나오지만 이는 현지에 유지·보수 능력이 없기 때문이다. 메이지 일본에서 유지·보수 역할을 담당한 것 중 하나는 군 공창으로 그 역할은 지대했던 것으로 보인다. 또 하나는 민간의 소규모 작업소였다. 실제로 보일러나 소형 증기기관 등은 비교적 빨리 국산품이 만들어졌다.

결국, 일본 메이지 시대 기계공업 발전은 군의 근대화가 이끌기도 했지만 한편으로는 수입된 최신예 플랜트의 저변에 재래의 의욕적인 직인들이 수입된 기계를 모델로 인력이나 수력 구동, 목재 내지 일부 금속제의 비교적 저렴하고 재래 직인이 사용하기 좋은 양화洋和 절충의 기계, 또는 비교적 단순하고 소형화된 모방품을 만들어낸 데 있다. 또 이런 국산 기계 제조 혹은 수입 기계 부품 제조에 종사하는 중소기업이 지방도시에 속속 생겨난 것에 의해 달성됐다. 이 점은 특별히 강조돼야 할 것이다.

6. 전력 사용의 확산

증기기관의 보급에 이은 에너지혁명은 전화電化였다. 대체로 근대화 다음 단계이면서도 그보다 더 중요한 스텝이다. 미국 연구자 토머스 휴즈의 대작『전력의 역사電力の 歷史』모두에는 "19세기의 웅대한 건설 프로젝트 중 전력 시스템만큼 기술·경제·과학 면에서 강렬한 인상을 준 것은 없고, 이 정도로 사회에 커다란 영향을 미친 것은 없다" 고 돼 있다. 사실 '전력'으로 통칭되는 전기에너지 이용이야말로 후술하는 내연기관 보급과 함께 근대화의 참 메르크말(Merkmal, 지표-역주)이자 에너지혁명의 피크를 형성한다. 그런 의미에서는 발전기의 원리를 제시한 1831년 전자유도 법칙의 발견이 결정적이었다. 이는 수력이건, 화력 즉 증기동력이건, 이들이 생산한 운동에너지를 전기에너지로 전환하는 길을 연 것이자 전기 문명 전면 개화의 출발점이 된 것이다.

전기에너지는 일단 발전소와 소비자를 잇는 송배전선망이 설치되면 수송도 제어도 분배도 매우 쉽다. 동력, 난방, 조명은 물론 정보통신이나 화학반응에도 두루 쓰이는 범용성이 있어 이 정도로 유용한 에너지는 달리 없다. 전기에너지 발생에 다른 에너지의 3배 가까운 소비가 필요함에도 빠르게 보급됐던 까닭이다.

전기에너지의 실용화는 19세기 전반의 전신 시스템으로 시작되지만, 안정된 전류를 생산하는 발전기(다이너모)와 전동기(모터) 및 백열전구의 발명, 대규모 발전소와 송배전 시스템의 형성이 보급에 결정적이었다. 서구에서 수력·화력발전이 실용화된 것은 1870년대, 에디슨이 백열전구를 완성한 것은 1879년, 실용적인 교류발전기와 교류전동기의 발명은 1880년대다. 즉 19세기 후반은 전기에너지 등장에 의해 에너지혁명이 완수된 것으로 특징지을 수 있다.

일본에서는 1883년(메이지 16년)에 도쿄전등電燈이 설립됐다. 같은 해 약관 20세의 공부대 학생 다나베 사쿠로田辺朔郎(1861~1944, 일본 토목공학의 기초를 닦은 토목기술자 겸 공학자-역주)가 비와코琵琶湖(일본 서부 시가현에 있는 일본 최대 호수로 면적이 서울시보다 넓은 670㎢다-역주)의 물을 교토京都로 끌어들여 수운과 관개, 발전에 사용하는 계획을 입안했다. 이 비와코 유수疏水(수로 건설-역주) 사업을 위해 1888년 미국의 전력 사용을 조사한 다나베와 후일 교토시의회 의원이 된 다카기 분페이高木文平가 작성한 보고서의 다음 대목은 전력 사용의 의의와 이점을 거의 빠짐없이 다뤘다.

　미국에서 근래 전력 사용이 놀랄 정도로 늘어났다. 전기를 써서 각종 공업에 편리를 부여하는 상황을 약술하면 물과 불의 힘을 다이너모〔발전기〕로 옮기고, 이를 도선에 실어 수마일 밖에 전송해 모터로 옮기고, 이 힘을 각종 공업에 이용함에 종전의 화력보다 우수한 점은 열거할 수 없을 만큼 많지만, 우선 실화의 우려가 없고, 기관(보일러-역주) 파열 위험이 없고, 그을음을 내지 않고, 기계사·화부 등을 쓰지 않아도 되며, 모터가 작으면 기계실을 지을 필요도 없다. 한편으로는 수선비용도 적고, 마력을 자유자재로 세분할 수 있어 이를 우리 교토의 각 공장에 사용해 지극히 편리할 예를 들어보면 큰 것은 각 회사의 제조소를 시작으로, 작은 것은 니시진오리西陣織 업자 같은 제사업자, 구리타栗田와 기요미즈清水를 다니는 화물열차, 각 인쇄소, 대장간, 목구 가공, 목재상의 목재 절단 같은 어떤 공업에도 맞출 수 있고, 또 수마력 혹은 1마력 이하라도 희망에 응해 자유자재로 나눠 보낼 수 있다.(『비와코유수

수력 배치방법 보고서琵琶湖疏水水力配置方法報告書』『일본 근대사상 대계 14』

수록)

    1887년(메이지 20년)에 고베전등, 오사카전등, 교토전등이 설립됐다. 같은 해 도쿄전등은 니혼바시日本橋에 직류 수력발전소를 설치하고, 영업용 전력 공급을 시작했다. 전기학회가 공학회에서 독립한 것이 1888년이고, 공부성 전신 부문을 모태로 한 체신성 전기시험소 설립은 1891년이다. 그해 교토의 게아게蹴上에 터빈형 수력발전소가 완공됐고, 1895년(메이지 28년) 일본 최초의 노면전차가 교토에서 운행을 개시했다. 1898년 나고야名古屋, 오사카와 도쿄에서는 1903년(메이지 36년) 노면전차가 각각 운행을 시작했다. '철도창가' 히트의 영향으로 도쿄의 시덴市電을 노래한 '전차창가'가 만들어진 것은 1905년이었다. 베를린 교외에서 세계 최초의 전기철도가 영업을 개시한 것이 1881년이니 일본은 서구보다 불과 20년 늦게 전기에너지의 본격 사용을 시작했던 것이다. 기술사가 호시노 요시로의 평가대로 "일본 공업의 전기화 템포는, 선진 자본주의국에 비해 상당히 빠른 것이었다."(호시노 1956)

프랑스 전기 조명의 보급을 묘사한 『전기의 힘과 파리電気の精とパリ』의 서문에는 "본서를 통해 전기가 승리를 거두는 데는 오랜 시간이 필요했음을 이해할 수 있을 것이다. 압도적인 힘을 가진 가스 조명과의 오랜 싸움도 있었다. 조명의 혁명에는 석유, 아세틸렌, 합성양초도 가세했기 때문이다. 적어도 프랑스에서 백열전등이 정착한 것은 20세기 초엽이다"라고 돼 있다. 일본에서는 가스등이 충분히 보급되지 않았던 것이 전등 보급에는 행운이었다. 어쨌거나 일본의 산업혁명은 서구에 크게 뒤처진 상태로 시작됐으나, 에너지혁명은 그다지 뒤지지 않고 달성됐다고 할 수 있다.

7. 여공애사哀史의 시대

기계화된 제사업이나 방적업에서 기계를 조작하는 주력은 젊은 여성 노동자(여공)였다. 서양 기술 이전과 습득을 위해 시작된 관영 도미오카 제사공장에서는 당초 8시간 노동이었다. 여공도 후일 각지에서 건설될 기계화공장 지도원 양성이 목적이어서 사족의 자녀를 다수 모집했다.

도미오카 공장은 이처럼 모범공장이긴 했지만, 경영은 그렇지 못해 적자가 지속됐다. 메이지 정부는 1880년(메이지 13년) 채산이 맞지 않는 관영 사업의 매각을 결정했지만, 실적이 나쁜 도미오카는 [입찰에] 응하는 기업이 없었다. 이 때문에 기업적 성격을 강화하면서 노동시간을 늘려 1883년에 약 8시간 반, 미쓰이三井에 매각이 결정된 1893년에는 약 11시간으로 늘어났다.

이후 민간 자본의 제사공장은 여공이 대부분 가난한 농가의 딸들로, 노동조건은 열악했다. 1899년(메이지 32년) 출판된 요코야마 겐노스케橫山源之助의 『일본의 하층사회日本之下層社会』에는 청일전쟁 후인 1898~1897년경 제사업의 상황이 리얼하게 묘사돼 있다.

노동시간 같으면, 바쁠 때는 아침에 침상에서 일어나 바로 일에 복무해 밤 12시에 이르는 날도 드물지 않았다. 식사는 빻은 보리 여섯 푼(60%-역주)에 쌀 네 푼(40%-역주), 침실은 돼지우리처럼 누추하고 불결해 바라볼 수 없을 정도다. 특히 놀랄 만한 것은 업무가 한가할 때는 기간을 정해 봉공奉公(남의 집 고용살이-역주)에 내보내고, 그 소득은 고용

주가 취한다. 그러나 1년 치 지불 임금은 많아야 12엔을 넘지 않는다. 그러나 그들 여공이 제사 지방에 오는 것은 직물 산지 또는 방적공장을 봐도 마찬가지로, 모집인의 손을 거쳐 오는 경우가 많고, 와서 2, 3년이 되더라도 인근 마을의 이름조차 알지 못하는 이도 있다. 그 지방 사람들은 여공이 되는 것을 술집여자茶屋女나 다름없이 타락의 경지에 빠지는 것으로 여겼다. 만약 각종 노동의 직공에서 가련히 여겨야 할 것을 들면 제사 직공이 맨 먼저일 것이다.(제3편 제3장 제3(당시 대졸 관리의 초임 월 40~50엔))

상황은 갈수록 더 나빠진다. 1903년(메이지 36년)에 농상무성이 출판한 『직공사정職工事情』에서는 "노동시간을 야간에 연장하는 바가 있다. … 이 방법을 행할 때에는 매일 노동시간은 결코 13, 14시간 밑으로 떨어지지 않고, 길 때는 17, 18시간에 달하는 것도 없다고 할 수 없다. … 특히 스와지방에서는… 생사공장의 노동시간이 긴 것은 전국 으뜸이고, 매일 평균 15시간을 밑돌지 않는다. …(호황 시에는) 18시간을 달하는 날도 잠깐이나마 있다"고 적혀 있다.

여성 노동력의 가혹한 수탈이라는 점에서는 "자본가적 합리성에 기초한 경영 방침"이 관철되고 있는 방적업도 뒤지지 않는다. 요코야마 겐노스케의 앞의 책에는 여공 연령에 대해 "〔방적 여공 가운데〕 연령이 많은 이는 조방기 혹은 제뉴기에 배치되고, 어린 이는 정방기에 속하는 것이 통례이지만, 많아야 16~17세, 대체로 12세 내지 14~15세, 심할 경우 7~8세의 여자아이를 정방기에서 보기도 한다"고 돼 있다.(제4편 제3) 마르크스의 『자본론』에는 "기계장치가 근력을 불필요한 것으로 만드는 한에서는 그것은 근력이 없는 노동자, 또는 육체 발달이 미숙하되 사지 유연성이 풍부한 노동자를 사용하기 위한 수단이 된다. 그러므로 부인 노동과 아동 노동은 기계장치의 자본주의적 사용의 최초 표현이었다!"고 돼 있지만 말 그대로의 상황이 메이지 일본에서 벌어졌던 것이다.

　『자본론』의 내용을 넘어서는 것조차 있다. 다이쇼 시대 호소이 와키조細井和喜蔵는 『여공애사女工哀史』에서 "대체로 방적공장 정도로 장시간 노동을 강요하는 곳은 없다"면서 특히 여성과 어린아이의 12시간 교대 심야노동에 대해 "이것은 어디까지나 근대 공업의 소산이고, 게다가 일본이 그 창시자인 것은 변명할 말이 없다"고 했다. 생산시설의 가동률을 올리기 위한 주야 2교대제는 산업혁명기의 영국에도 없었던 일이다. "일본 면사 경쟁력의 기본적 조건은 한마디로 아시아적 저임금과 서양의 최첨단 기술의 결합에 있다."(다카무라 1994) 이렇게 해서 1897년(메이지 30년)에는 일본의 면사 수출량이 수입량을 넘어서게 됐다. 이 무렵의 구체적 상황은 1893년(메이지 26년) 후쿠자와의 『실업론』에도 기술돼 있다. 후쿠자와가 이를 어떻게 보는지는 흥미 있으니 다소 길지만 인용하겠다.

〔방적〕공장의 질서 사무의 정리는, 우리나라 사람이 가장 중시하는 바여서, 점차 익숙해짐에 따르고 차제에 제사작업에 대해서는 영국의 공장과 비교해 큰 차이는 없지만, 우리나라 특유의 이익은 공사의 사업에 주야를 철해 기계의 운전을 중지하는 것이 없는 것과, 직공의 손끝이 기민해 능히 공사에 적합한 것과 이에 더해 임금이 싼 것, 이 세 가지는 영국이 일본에 미치지 못하는 바이다. 그 나라의 공장에서 작업시간은 매일 10시간으로, 밤에는 기계 운전을 중지하고 직공도 10시간을 근무할 뿐이다. 일본

은 주야 24시간 내내 기계를 운전하고 그동안 대략 2시간을 쉬니 22시간을 둘로 나누면 직공의 취업은 11시간이 된다. 고로 방추 1본에 대해 1년의 면화 소비량에서 큰 차이를 볼 수 있다.

후쿠자와가 이렇게 쓴 30년 뒤인 1923년(다이쇼 12년) 주일 프랑스대사 폴 크로델이 가네가후치鐘淵방적의 당시 세계 최대급인 고베 공장을 견학한 뒤 어린 여공의 노동 실태에 대해 "주야 2교대제로 각 팀이 10 내지 11시간 일합니다. 식사시간 30분, 3시간 반마다 15분의 휴식이 있습니다"라면서 그 인상을 이렇게 스케치했다.

산업 분야든, 교육 분야든 일본은 잇쇼켄메이一所懸命(본래 무사가 영지를 목숨을 바쳐 지키는 것에서 유래한 말로, 매우 열심히 일한다는 의미-역주)하고 있지만, 잘되지 않습니다. 두려울 정도의 희생을 치르고, 스스로의 피와 살을 깎아내야 간신히 서구와 근소한 차이를 유지할 수 있습니다. 맹서의 여름밤 내내 어린 여자아이들이 몽유병자처럼 물방적기의 움직임에 맞춰 쉴 새 없이 앞으로 갔다 뒤로 돌아왔다 하며 몸을 움직이는 것을 본 프랑스인인 나는, 깊은 동정을 금치 못했습니다. (크로델 1999, 주-'풀방적기'는 '링방적기'의 오기로 보임)

역사서에는 1899년(메이지 32년) 여자와 청소년의 심야노동 금지를 규정한 공장법안이 작성됐으나 의회에 제출되지 못했고, 1911년(메이지 44년)에 규제를 완화해 의회를 통과했지만 방적회사의 반대로 1918년(다이쇼 5년)까지 시행이 보류됐다. 현실에서는 크로델이 책에 쓴 것처럼 "일본 방적업의 심야노동은… 쇼와 초기에 이르기까지 전체 방적공장에서 행해지고 있었던 것"(호시노 1956)이다. 하지만 동일한 현실에 대한 후쿠자와와 크로델의 감상은 180도 다르다. 후쿠자와의 문명관의 여유 없음이 드러났다고 할 수 있다. 후쿠자와는 이 비인도적인 노동의 실태를 국제경쟁의 이점으로 평가하고 있었던 것이다.

어린 나이에 부모 곁을 떠나 구치소나 다름없는 기숙사에 들어간 농촌 출신 여공들은 열악한 조건에서 장시간 노동을 강요당하며 신체를 소진했다. 노동의 가혹함을 못 견뎌 도망치더라도 고향에 돌아갈 여비도 없어 작부나 창기로 전락하는 일이 많았고, 귀향해도 결핵을 앓다 죽는 이들이 적지 않았다. 메이지 말기에는 여공의 결핵이 사회문제가 됐던 것이다. 『직공사정』에는 "방적 여공 가운데 폐병 환자가 극히 많은데 그 원인이 면진綿塵 호흡과 철야 작업에 있는 것은 공장 경험 있는 자가 인정하는 바"라고 돼 있다. 일본에 본래 결핵이 없었던 것은 아니지만, 이 시대 공장과 기숙사에서의 비위생적인 집단생활이 결핵을 사회문제화한 것이다. 메이지 시대 외화 획득의 우등생인 제사업, 일본의 산업혁명을 대표하는 방적업은 적어도 메이지 후반에는 둘 다 '울트라 블랙기업(블랙기업은 일본에서 위법적 노동 착취를 일삼는 기업을 지칭하는 말로 최근에 등장한 신조어다-역주)'이었던 것이다.

덧붙이자면 방적업에서 어린 여성의 노동을 가능케 한 것이 링방적기의 발명이었다면 노동시간의 야간 연장과 주야 2교대제를 가능토록 한 것은 전등의 발명이었다. 방적공장은 솜먼지가 많아 불이 붙으면 큰 화재로 번질 우려가 있는 만큼 석유램프 야간 조명은 매우 위험한 것이었다. 오사카방적은 1887년(메이지 20년) 에디슨사로부터 발전기와 백열전등을 수입해 공장에 설치한 뒤 심야작업을 개시했다.

오사카방적으로 시작된 일본 방적업의 성공은 저임금 노동력과 함께 증기동력에 의한 대형 최신기계의 구동, 전력 조명에 의한 노동시간의 연장, 즉 에너지혁명에 힘입은 것이다.

일본 노동운동의 선구자인 다카노 후사타로高野房太郎는 1890년(메이지 23년)에 이렇게 썼다.

현 19세기의 문명이 세계의 노역자에게 미친 영향은 실로 위대한 것이고, 특히 기계의 발명이 노역자에게 미친 영향은 특히 놀랄 만한 게 있다. … 우리는 기계의 발명이 사회를 이롭게 하는 것의 지대함을 안다. 그렇다 해도 사회의 백성인 노동자로서는 손해 보는 바가 이로운 것보다 훨씬 크다는 것을 깨닫는다. … 확실히 기계의 발명은 자본가를 크게 이롭게 하는 것으로서 노동자로서는 그 이로운 바가 매우 적다. (다카노 1997)

구메도 『실기』(11)에서 1790년경 면화를 잣는 기계가 발명됐기 때문에 미국 남부 각주의 흑인 노예의 해방이 늦어졌다고 소개했다. 기계화는 그 자체만으로는 결코 인간의 노동을 경감시키지 않는 것이다.

8. 아시오 구리광산 광독사건

메이지 시대 후루카와古河광업의 아시오 구리광산足尾銅山 광독사건은 일본 공해 문제의 원점이다. 그 피해의 심각함, 농민 투쟁의 격렬함과 함께 다나카 쇼조田中正造(1841~1913, 일본 정치가로 아시오 광독사건의 참상을 알리기 위해 천황이 탄 마차 앞에 뛰어들어 직소한 사건으로 유명하다-역주)라는 둘도 없는 인격자를 배출한 것으로도 잘 알려져 있다. 다나타 쇼조는 1901년(메이지 34년) 천황에게 보낸 직소장에서 "도쿄의 북쪽 40리에 아시오광산이 있다. 근년 광업상의 기계 양식이 발달하는 것에 따라 유독流毒이 갈수록 많아지고, 채광 제동 때 생기는 독물과 독가루와 유독을 산골짜기에 묻고 계곡물에 쏟아 와타라세渡良瀬강에 흘러보내 연안이 그 피해를 보지 않을 수 없다"고 했다. "기계 양식이 발달하는 것에 따라 유독이 갈수록 많아지고"라고 돼 있듯이 광독 공해는 아시오광산의 근대화, 기계화와 함께 심각해졌다.

후쿠자와의 『실업론』에서는 아시오광산을 일본에서 전기를 이용한 최초 사례로 꼽고 있다. 실제로 아시오에서는 1890년(메이지 23년)에 수력발전소가 준공돼 전기에 의한 갱내 양수揚水(갱내에서 솟아나는 물을 퍼내는 작업-역주)와 권양, 조명이 시작됐다. 알려진 바로는 일본에서 처음으로 전기철도가 1892년경에 혼잔本山 종점에서 제련소까지 깔렸고, 1895년에는 광석 채굴용 권양기가 전기화됐다. 1897년에는 일본 최초로 전해정동電解精銅(전기분해를 이용한 동 제련법-역주)에 성공했다. "아시오광산의 한발 앞선 전기화는 국제적으로도 특필特筆할 일"(호시노 1956)이었다. 실제로 일본 공장의 주요 동력이 수력과 증기에서 전력으로 바뀐 것은 20세기 들어서였다. 구체적으로 보면 원동기 사용 공장에서 전동기의 마력수가 전체 마력수에서 차지하는 비중이 50%를 넘어선 것은 1910년대로 이는 탄광에서도 거의 마찬가지였다. 이를 고려하면 후루카와광업의 경영이 얼마나 선구적이었는지를 엿볼 수 있다.

후루카와 이치베古河市兵衛는 원래 오노구미小野組(에도시대에 창업한 상점으로 주로 생사 유통을 담당했다-역주)의 데다이手

代, 즉 중간관리직으로 생사 거래에 종사했으나 오노구미 도산 후 시부사와 에이이치의 지원으로 광산업에 손을 대 1877년(메이지 10년) 아시오광산을 인수했다. 기술의 중요성을 깨닫고 근대 기술을 솔선해 도입했다. 그런 점에서 보면 후루카와는 메이지 일본을 대표하는 '매우 유능한 산업자본가'였다.

야마오 요조가 1872년(메이지 5년)의 건백서에서 "구리는 황국皇国의 명산名産으로 종래 외국 무역에서 으뜸 품목에 있습니다"라고 했듯이 메이지 초기에 구리는 생사와 함께 주요 수출품이며 일본 근대화의 원동력 중 하나였다. 메이지 후기 들어서도 수출에서 점하는 구리의 중요성은 달라지지 않았다. "생사, 미곡과 나란히 1880년대에 수출이 크게 늘어난 것은 동과 석탄"이라고 하는데 후루카와의 아시오광산이 생산량을 급격히 늘려 스미토모住友의 벳시別子동산을 제치고 일본 최대의 동산이 된 것도 1880년대다. 1885~1895년대 아시오는 일본 국내 구리의 4할 이상을 생산하기에 이르렀다.

구리는 전기전도율이 좋고, 부드러워 세공이 쉽기 때문에 도선導線에 최적화된 금속으로 전력 사용 확대와 함께 수요가 증가했다. 다이어는 『대일본』에서 "일본에서 생산된 구리는 품질이 우수하고 불순물이 포함돼 있지 않아 전기 관계 용도에 매우 적합했다"고 했다. 아시오광산은 발흥기 전기공업의 요구에 부응하는 양질의 구리를 제공했고, 아시오의 근대화는 에너지혁명에 의해, 그리고 에너지혁명을 위해 추진됐던 것이다.

그러나 아시오광산이야말로 메이지 시대 가장 심각한 공해의 원흉이었다. 구리 정련 과정에서 배출되는 아황산가스 등이 주변 산괴山塊(산줄기에서 동떨어진 산덩어리-역주)를 오염시켰고 정련용 연료인 목재를 남벌하면서 주변 산림의 식생이 파괴됐다. 1908년(메이지 41년) 신문에 연재된 나쓰메 소세키夏目漱石(1867~1916, 소설가, 평론가이자 영문학자로 메이지 시대를 대표하는 대문호-역주)의 『갱부坑夫』는 아시오광산에서 일하는 인물의 실제 체험을 바탕으로 한 소설이다. 나쓰메는 소설에서 광산 주변에 대해 "보이는 것은 산뿐이다. 그러나 풀도 나무도 모두 빈약하다. 윤기 없는 산이다. 여름 햇볕을 쬐면 산속 깊은 곳도 덥다고 생각될 정도 벌겋게 헐벗은 채 자신을 감싸고 있다"라고 묘사했다.

에히메愛媛의 벳시동산에서도 기술 혁신으로 생산이 대

규모화하면서 유독가스 피해는 극히 심각한 문제가 됐다. 벳시동산에서 연수했던 제국대학 공과대학 야금학과 학생 이마이즈미 가이치로今泉嘉一郎(1867~1941, 일본강관(현 JFE홀딩스)의 창업자로 일본 제철산업 근대화에 힘쓴 인물-역주)는 1891년(메이지 24년)에 이렇게 지적했다. "우리나라 같은 지세, 산이 많고 평지가 적지만 가옥 등에 목재가 많이 필요한 나라의 특징으로 보면 산림 배양은 역시 큰 임무다. 그런데 각지 광산 근방에 들어가 조망해보면 산림은 물론 풀뿌리조차 멈출 수 없는 죽음의 세계가 보인다. 벳시 같은 오래된 광산에서는 그 현상이 특히 현저하다."(『이요광산론伊予鑛山論』『일본 근대사상 대계 14』수록)

게다가 아시오에서는 채광과 정련 과정에서 주로 황산동 때문에 생긴 산성화된 오염수와 광재鑛滓(광석에서 금속을 제거한 찌꺼기-역주), 분광粉鑛(광석 부스러기-역주) 폐기에 의한 유독 중금속으로 와타라세강이 오염됐다. 1878년(메이지 11년)경부터 강물에 들어가면 발가락 사이가 짓무르는 증상이 나타났고 물고기가 대량 폐사했다. 이 오염수가 관개용수를 통해 하류의 농지를 오염시켰고 광산 주변의 산괴가 보수력保水力을 잃으면서 이를 수원으로 한 와타라세강이 빈번히 범람을 일으켜 연안 농지에 심각한 피해를 주는 등 하류지역 농업을 파괴했다. "밭은 황폐해지고, 곡식은 익지 못하고, 가축은 폐사하고, 사람도 병으로 쓰러져 죽은 이가 몇 명인지 모른다"고 했다. 아시오광산은 당시 최신예 장비를 갖췄지만 유해 폐기물을 기체로든, 액체로든, 고체로든 그대로 흩뿌리고 흘려보냈던 것이다.

　농업 피해는 기록이 많으니 지금으로서는 상상하기 어려운 연안어업 피해를 살펴보자. 후루카와가 아시오광산을 매수한 것은 1877년(메이지 10년) 10월인데 그 한 해 전 연안의 어획 기록을 보면 "기리하라桐原촌 은어 3만 마리, 오마마大間々정 은어 80만 마리…"라고 돼 있다. 오염되기 직전까지 와타라세강은 "어업 이득이 실로 간토関東에서 비길 곳 없다. … 특히 은어의 향미香美와 크기는 다마多摩, 나가라長柄보다 훨씬 우수하다"고 할 정도로 풍요로운 하천이었다. 하지만 불과 2년 뒤에는 "메이지 12년 여름 와타라세강에서 어족이 사라지고, 물 위로 떠올라 죽은 것만 수만 마리"라고 기록돼 있다. 1890년(메이지 23년) 1월 27일의 유빈호치신문郵便報知新聞은 '와타라세강에 어족 끊겨'라는 제목으로 "지난 메이지 10년 도쿄의 호상 후루카와 이치베 씨가 수원인 아시오광산을 빌려 제동에 종사한 이래 이상하게도 점차 강의 어류가 감소했고 지금은 자취가 끊겨 연안 어부 등이 활로를 잃기에 이르렀다"며 연안 어업의 붕괴를 보도했다.

그해 8월의 대홍수로 광독 피해가 확대되자 아시오광산의 광독 문제가 일거에 폭발했다. 1898년(메이지 29년)의 대홍수로 도치기栃木, 군마群馬, 사이타마埼玉, 이바라키茨木, 지바千葉와 도쿄까지 오염이 번지면서 커다란 사회문제가 됐다. 이듬해에는 도치기현 출신 중의원 다나카 쇼조가 제국의회에서 아시오광산 조업 정지를 요구했다. 그러나 정부는 시종 기업 편에 서서 조업 정지를 요구하는 농민과 어민의 운동을 때로는 폭력적으로 탄압했다. 경찰은 네 차례에 걸친 농민들의 집단 상경 청원도 탄압했고, 1900년(메이지 33년)의 미나마타 사건에서는 "흉도소취凶徒嘯聚(폭도들이 주도한 집회-역주) 사건"이라며 참가자를 대량 체포했다. 역사서에는 "만성적인 수입 초과로 거액의 무역 적자를 떠안은 상황에서 수출 총액의 5% 이상을 점하는 산동産銅업은 중요한 외화 획득 산업이었고, 일본 최대의 산출량을 자랑하는 아시오광산의 조업 정지 조치는 취해

지지 않았다"(이즈카飯塚 2016)고 돼 있다.

1905년(메이지 38년) 1월 23일 농상무성 광산국장 다나카 다카조田中隆三는 중의원 광업법안 위원회에서 "광업은 국가의 공익사업으로 인식하고 있다. 따라서 사업의 결과로 다른 사람이 다소의 피해를 보는 것은 어쩔 수 없다"고 했다. 정부는 그리고 1907년 광독 침전과 와타라세강의 홍수 조절이라는 명목으로 유수지를 조성한다며 예정지인 야나카谷中촌을 촌민의 반대에도 불구하고 폐촌했다. 관민 공동의 '국익' 추구를 위해 소수자의 희생은 어쩔 수 없다는 논리는, 이후 오늘날에 이르기까지 미나마타, 산리즈카三里塚(나리타공항 건설 예정지로, 일본 정부의 밀어붙이기식 사업 추진에 주민들이 반발했고, 좌익활동가들이 결합하며 장기투쟁으로 이어졌다-역주), 오키나와沖縄 등 각지에서 되풀이되며 약자들을 희생시켰던 것이다.

경제학 서적에는 "일본 산업의 극히 빠른 근대화는 식산홍업 정책의 성과라고 해도 좋다. 그것은 세계사에서 거의 예를 찾을 수 없는 성공이었다고 해도 좋고, 그 때문에 종종 기적이라고 불릴 정도의 것이었다"고 돼 있다.(오시마·가토·오우치 1974) 일본의 급속한 자본주의화의 '성공'과

'기적'은 개국과 근대 과학기술 습득 개시의 적시성, 국가의 강력한 지도와 진취적 경영자의 출현, 에도 시대 이래 민중의 높은 문자해독률, 능력도 의욕도 있던 사족의 자제가 능력을 발휘토록 한 효과적인 교육제도의 형성, 재래 직인층 내부 '풀뿌리 발명가'의 탄생 등을 원인으로 열거할 수 있다. 하지만 농촌 노동력의 가혹한 수탈과 농촌 공동체의 무참한 파괴도 불가결의 요인이 됐음을 지적하지 않을 수 없다.

(좌)『과학지식』1932년 7월호 「지나支那의 자원과 문화」특집
(우)『과학지식』1928년 1월호 「타쿠쇼쿠拓殖과학」특집호

제3장 제국주의와 과학

1. 후쿠자와의 탈아입구脫亞入歐

'식산홍업·부국강병'을 슬로건으로, 근대적 상비군 형성과 병행해 추진된 메이지 시대 일본의 근대화와 경제성장은 아시아 각국에도 커다란 영향을 미치게 된다. 구로후네로 상징된 서구 문명의 군사적 우월성은 서구 문명의 지적 우위성을 각인시키는 것이기도 했고, 일본 지배층은 이를 위기감, 열등감을 안은 채 받아들였다.

1885년(메이지 18년) 초대 문부상에 취임한 모리 아리노리는 메이지 시기 주미 공사로 근무했을 당시 일본인 유학생에게 다음과 같이 훈시했다.

> 본래 일본어로는 문명개화를 꾀하는 것이 불가능하다. 따라서 일본어를 폐지하고 영어를 채용하는 게 바람직하다. … 또 일본을 문명개화의 경지로 나아가게 하려면 일본어 폐지만으로는 충분하지 않다. 우선 일본 인종을 개량하지 않으면 안 된다. 고로 일본인은 장래 서구인과 결혼할 필요가 있다. 군들은 유학 중, 미국 여성들과 교제하고 귀국 시에는 그 여자와 결혼해 귀국하는 것이 좋다.(가
>
> 네코 겐타로金子堅太郎 「메이지 5년부터 11년까지, 미국유학회구록懷旧録」

『지식』1940. 1.)

하버드에서 모리의 훈시를 직접 들었던 후일 이토 내각의 각료 가네코 겐타로의 만년 회상이다. 이런 류의 회고록에는 과장과 윤색이 섞이게 마련이지만, 완전히 지어낸 이야기는 아닐 것이다. 지금 생각하면 이런 인물이 문부상이라니 어처구니없는 일이다. 하지만 당시 서구 사정을 조금이라도 알게 된 일본 지식인들은 이렇게 극단적이지는 않더라도 서양 문명에 다소간 콤플렉스를 갖고 있었다. 메이지 초기『학문의 권장』(4편)에서 학술도 경제도 법률도 서구 각국에 미치지 못한다며 개탄한 후쿠자와 유키치는『개략』(6)에서도 "일본인과 서양인의 지혜를 비교하면 문학, 기술, 상업, 공업, 큰 일이나 작은 일, 하나부터 백 혹은 천까지 하나라도 그들에 견줄 만한 것이 없다"고 했다. '문명개화'라는 말에는 열등감이 배어 있었던 것이다.

그러나 아시아 각국보다 먼저 독립을 유지했고, 불완전하게라도 근대화의 윤곽이 어느 정도 잡힌 단계에서 서구에 대한 열등감-'열아劣亞'-이 근대화에 뒤처진 아시아 국가들에 대한 우월감-'멸아滅亞'-으로 바뀌기는 쉬웠다.

앞 장에서 살펴본 것처럼 1881년(메이지 14년) 일본철도
회사와 이듬해인 1882년 오사카방적회사 설립으로 일본
산업혁명의 길이 열렸다. 이 시대 민간에 매각된 후루카
와 이치베의 아시오광산이나 이와사키 야타로岩崎弥太郎
(1835~1885, 미쓰비시 재벌 창업자-역주)의 다카시마高島탄광이 생
산에 들어가면서 일본은 자본주의 사회로 성장하기 시작
했다. 경제 발전과 함께 그간에는 독립 유지의 수단이던
강병强兵이 아시아 각국으로의 국권 확장, 일본 경제의 해
외 진출을 뒷받침하는 것으로 변질돼갔다.

일찍이 1876년(메이지 9년) 일본은 미국이 막부에 불평
등조약을 강요한 것과 마찬가지 방식의 함포외교로 조선
에 일조수호조규日朝修好条規(강화도조약)을 밀어붙였다. 한
성(현 서울)에 공사관 설치, 부산·인천·원산 개항과 거류지
설정, 거류지 치외법권, 일본 상품 관세 철폐와 거류지 내
일본 화폐 사용을 인정토록 하는 극히 일방적인 조약으로
조선 영유領有(병합-역주)에 이르는 첫걸음이 된다.

일본의 진출에 반발하는 보수파 군인들의 반란에 민중
이 가세했던 1882년의 임오군란은 청나라의 발 빠른 군사
행동으로 진압됐다. 이 과정에서 일본 공사관이 습격당하

면서 일본 정부는 국내 여론에 떠밀려 군대를 파견했고, 거액의 배상금과 일본군 상시 주둔권을 조선 정부로부터 얻어냈다. 군의 대륙 진출의 제1보였다. 그리고 일본의 군사력을 배경으로 친일 급진개화파가 1884년 일으킨 쿠데타(갑신정변)가 청의 군사 개입으로 좌절하자 일본은 청을 가상 적국으로 삼아 군비 증강에 매달렸다. 조선의 시장과 지배권을 둘러싼 일본과 청의 쟁탈전이었다.

일찍이 '문명개화'를 열심히 설파해온 후쿠자와는 1882년(메이지 15년) 『조선의 교제를 논함朝鮮の交際を論ず』에서 "일본은 이미 문명으로 나아갔고 조선은 아직 미개하다. … 그들의 국세가 과연 미개하다면 그들을 권유해 이끌 수 있다"며 조선의 친일개화파에 대한 지원을 주장했다. 그러나 개화파가 패배한 뒤인 1885년 『탈아론脱亞論』에서는 "우리 일본의 국토는 아세아의 동쪽 끝에 있다고 해도 국민의 정신은 이미 아세아의 고루함을 벗어버리고 서양 문명으로 옮겨갔다"며 스스로를 '문명'에 둔 뒤 지나支那(중국)와 조선은 "고풍구습에 연연"할 뿐이라고 했다. 이어 "우리들이 이 두 나라를 보면, 지금의 문명동점 풍조에서 도저히 독립을 유지할 방도가 있지 않다"고 단정했다.

후쿠자와는 이 시점에서 중국, 조선의 근대화가 가망 없다고 단념한 것이다. 이런 자타에 대한 현상 인식에서 나온 결론이 '탈아입구脫亞入歐'였다.

오늘날 궁리해보니 우리나라는 이웃 나라의 개명을 기다려 함께 아시아를 일으킬 여유가 없다. 오히려 이 대열에서 벗어나 서구 문명국과 진퇴를 함께하고, 중국, 조선을 대하는 방식도 이웃 나라라고 특별히 대할 것 없이 바로 서양인이 그들을 대하는 식에 따라 처분할 수 있을 뿐이다.

이렇게 해서 메이지 중기 일본에서 열강주의 내셔널리즘이 태동했다. 일본은 1894~1895년(메이지 27~28년)의 청일전쟁을 거쳐 1890년대 본격화된 세계 분할 경쟁에 최후 멤버로 끼어들게 됐다.

2. 그리고 제국주의로

앞서 전신망과 철도 노선 부설이 국민 통합과 국내 시장 통일을 촉진했던 점을 살펴봤지만, 이는 일본의 아시아 침략을 준비하고 실현하는 것이기도 했다.

초기의 전신선 가설공사에 간여했던 공부대학교의 다이어는 "전신의 편리함과 중요성을 세간이 강하게 인식한 계기는 1877년 세이난전쟁이었다. 정부군은 전장에서 전신을 활용해 사이고의 반란군을 상대로 전쟁을 극히 유리하게 이끌 수 있었다"고 했다. 전장에 파견된 전신병이 전선 확대에 맞춰 전신선을 깔아 사쓰마군의 움직임을 세세히 본부에 전했다. 전신의 군사적 유용성이 이미 확인됐던 것이다.

철도 건설도 무게중심이 경제에서 얼마 안 가 군사로 옮겨졌다. 다이어는 "철도 건설에는 정치적인 배려와 군사적인 이유가 상당한 무게를 점하고 있었다"고 했다. 철도 부설구간에 대한 육군성의 관여권이 인정된 것은 1883년(메이지 16년)이었고, 메이지 중기에 접어들자 군사 목적이 앞서기 시작했다. 마쓰카타 총리는 1891년 정부에 의한 철도 일원화의 필요성을 주장하면서 "철도는 국방 및 경제 면에서 국유로 하고…"라고 했다. 정부는 이듬해인 1892년에 '철도부설법'을 제정하고 군사 및 경제적 관점에서 전국적인 관영 철도 건설 구상을 시사했다. 이듬해 후 쿠자와는 "지난 정부가 의회에 보고한 철도 노선처럼 군 사용 목적에만 집중해 산간을 선택하고, 이치에 맞지 않게 공비公費를 사용해 세간을 놀라게 한 적이 있었다"고 탄식했다.(『실업론』)

당시 군사력은 국내 평정에서 얼마 안 가 대외 진출을 위한 것으로 바뀌었고, 전신망과 철도 노선 확장도 제국주의적인 의미를 띠게 됐다. 통일국가 형성의 수단에서 아시아 진출 수단으로 변질된 것이다. 1900년 '철도창가'로 국내 통일을 노래한 오와다 다케키가 1904년 "하늘을 대신해 불의를 쳐부수는 충용무쌍忠勇無雙 우리 군은"으로 시작되는 '일본육군日本陸軍'을 작사한 것은 이런 점에서 상징적이다.

실제 임오군란 뒤 정부는 외국 회사에 의뢰해 규슈~부산 간 전신선을 부설했다. 전보국은 청일전쟁이 발발하던 1894년(메이지 27년)에 726개국이 있었고, 전쟁에서 전신은 중요한 역할을 한다. 청일전쟁 승리로 조선에 대한 지배력을 한층 강화한 일본은 부산, 한성, 인천에도 전보국을 개설했다. 러일전쟁 발발 직전인 1903년에는 전보국이 무려 2,190개국에 달했고 러일전쟁에서 전신은 한층 중요한 역할을 수행하게 된다.

　철도도 해외 진출, 아시아 침략을 위한 수단으로 '발전'해간다. 청일전쟁 발발 시 대본영(청일전쟁 이후 전시에 설치된 일본군 최고 통수기관-역주)을 히로시마広島에 둔 것은 우지나宇品항이라는 천혜의 항구와 가까웠던 것도 있지만 당시는 혼슈종관本州縱貫철도의 종점이 히로시마였기 때문이다. 철도의 사정이 군의 방침에 영향을 미쳤던 것이다. 1895년 청일전쟁에서 승리한 일본은 조선 지배권을 한층 확대해가고 있었으나 조선 지배의 중추는 철도 부설이었다. 청일전쟁 중 조선 정부와 일한잠정합동조관日韓暫定合同条款을 체결한 뒤 경성~인천 간 경인철도 건설(1898~1900년)을 시작으로 경성~부산 경부철도 건설(1901~1905년), 경성~평양~신의주 간 경의철도 건설(1904~1906년)이 추진된다. 이 실태를 한국 연구자 정재정鄭在貞은 『제국일본의 식민지 지배와 한국 철도』(국내에는 『일제 침략과 한국 철도』(서울대학교 출판부)로 출간돼 있다 역주)에서 다음과 같이 기술했다.

　일본은 경부·경의철도를 한국과 대륙을 침략하는 병참 간선으로 인식했던 만큼 조차장을 군대 주둔지이자 출발지로 사용할 계획이었다. 또 조차장을 일본인 상인과 농민의 집단 거주지로 조성해 한국을 정치적·경제적으로 제압하는 전초기지로 만들 구상이었다. 따라서 일본은 상상 못 할 정도의 광활한 철도 용지를 한국에 요구했고, 각종 조약을 구실로 이를 관철시켰다.〔주-조선은 1897년에 국호를 '대한제국'으로 개명했다.〕

　건설을 청부받은 일본 토건회사들은 일본군의 총검하에서 노동력과 건설 자재를 마음먹은 대로 싸게 조달할 수 있는 상황에서 공사를 했고, 건설비용은 일본의 대규모 건설업체에 환류됐다.

　철도 건설은 조선의 쌀과 목재, 광석 등을 수입하고 면포 등 제품을 한국에 수출하는 경제적 목적과, 대륙을 향해 군대를 신속히 수송하는 군사 목적으로 추진됐다. 청일전쟁 시 일본 내의 군대 이동에 철도가 지대한 역할을 한 경험도 있는 만큼 러시아를 가상 적국으로 군비를 증강해온 일본이 조선종관철도를 군사적으로 중시한 것은 당연했다.

조선반도 철도 건설에서 경제와 군사 중 어느 쪽에 더 비중을 두었는지, 재계와 군·관료 중 어느 쪽이 이니셔티브를 쥐었는지 등에 대해서는 일본 연구자들 간에 이론이 있는 듯하다. 그렇지만 "당시 한국에 대한 최대 투자였던 경부철도에 일본 자본가가 서구 자본가와 공동 대응하는 것은 결코 불가능하지 않았다. … 일본 정부 특히 육군은 이런 구상을 거부했다. 한국을 독점적으로 지배하려는 군사적·정치적 관점이 경제적 관점을 압도했기 때문"이라는 지적은 타당할 것이다. (이시이 2012)

경인철도와 경부철도 건설에 간여한 시부사와 에이이치는 "이 철도가 러일전쟁에 군사적으로 대단히 중대한 역할을 했다는 점은 나 스스로에게 조금 위안이 되는 바"라고 자서전에서 술회했다. (시부사와 1997) 정재정도 "조선반도를 남북으로 관통하는 경부선과 경의선은 한국의 정치, 군사, 경제, 문화의 중심을 관통했을 뿐 아니라 일본과 만주를 시·공간적으로 최대한 근접시키는 핵심 동맥이었다"고 정확히 지적했다. 일본의 조선반도 철도 건설의 목적은 기본적으로는 중국 대륙 진출에 있었다고 봐야 할 것이다.

더구나 시부사와는 "조선반도 철도 부설"이 "조선 개발에 다소 공헌했다"고 했는데, 이런 제멋대로의 시혜적 평가에 대해서는 정재정의 절제된 지적을 인용해둔다.

식민지의 철도는 대개 제국주의 국가의 자본, 상품, 군대, 이민을 침투시키는 한편, 식민지의 원료와 식료를 수탈하는 역할을 하는 경우가 많았다. 따라서 식민지·반식민지의 철도는 근대 문명 전파자로 기능한 측면도 있지만, 총체적으로는 국민경제 형성을 왜곡하고 현지인의 주체적 성장을 억압하는 역할이 컸다. 1892~1945년의 한국 철도도 예외는 아니었다. (정재정 2008)

어찌 됐건 러일전쟁 뒤 국내 군사 수송의 중요성이 다시 환기되면서 군이 철도망의 전면적 통일을 주장했다. 그 결과 1906년(메이지 39년) '철도국유법'이 시행됐고 각지의 간선을 국가가 사들여 '국철'을 탄생시킨다. 국철은 이후 1987년(쇼와 62년) 나카소네 내각에 의한 분할 민영화 때까지 약 80년간 존속하게 된다.

일본 근대화와 에너지혁명의 상징인 전신과 철도는 메이지 시대를 통해 중앙집권화된 신생 일본국 건설에 지대한 힘을 발휘했을 뿐 아니라 일본 제국주의의 조선·중국 진출을 위한 사람과 물자, 정보의 하이웨이 노릇을 한 것이다.

3. 에너지혁명의 완성

일본의 산업혁명에 대한 연구자들의 견해는 한결같지는 않다. 경제학자 가지니시 미쓰하야楫西光速 등은 『일본에서의 자본주의의 발달日本における資本主義の発達』에서 "메이지 20년대(1887년~) 들어 우선 면사방적업 등 경공업에서 산업자본 확립을 달성한 일본 자본주의는 메이지 30년대(1897년~) 중공업 부문의 확립으로 산업혁명을 완성했다"고 했다. 마찬가지로 역사학자 다카무라 나오스케高村直助도 『산업혁명産業革命』에서 "일본 산업혁명은… 시기적으로는 1880년대 중반에서 1890년대 말에 걸쳐 진전됐다"

고 했다.

한편 이시이 간지는 『일본의 산업혁명』에서 산업혁명 개시가 오사카방적 성공의 영향으로 기계제 방적업의 발흥이 보이는 1886년(메이지 19년)이라고 했는데 이 점에서는 다른 논자와 일치한다. 그러나 종료 시점에 대해서는 "산업혁명이 일국 차원에서 완료되려면 필요로 하는 기계와 그 재료인 철강의 국내 자급이 달성되지 않으면 안 된다"고 봤다. 이 판단하에서 후발 자본주의국에서는 기계와 철강의 수입이 가능했기 때문에 산업혁명의 완료 시기를 정하는 것은 곤란하므로 "수입이 전쟁 등으로 두절될 경우에 자급이 가능한 기술이 확보됐고 생산 주체가 출현한 것으로써… 후진국 나름의 산업혁명이 완료됐다고 생각한다"는 입장에서 "일본의 산업혁명은… 청일·러일 양대 전쟁을 경험한 뒤 1907년 공황 전후에 일단 완료됐다"고 결론지었다.

확실히 청일전쟁 때까지는 공장제 기계공업이긴 하되 제사나 방적 같은 경공업에서 선진 공업국의 기계를 수입해 썼던 것일 뿐 제철도 기계 제조도 크게 뒤처져 있었다. 청일전쟁 후 제2차 기업 발흥이 나타나지만 제사, 방적,

발화물(성냥 제조), 직물, 연초, 제지 등이 중심이었고 군 공창과 조선업을 제외하면 중공업과 기계공업은 육성되지 않았다. 중공업의 새로운 발전이 시작돼 궤도에 오른 것은 러일전쟁 이후다.

공업화에서 중요한 대형 기계 국산화를 추진하기 위한 조건은 철강 생산이다. 정부는 이를 위해 청일전쟁 배상금의 일부를 밑천으로 야하타八幡에 대규모 제철소 조성을 계획했다. 가지니시 등은 "〔1901년에 조업을 개시한〕야하타제철소는 경제적·군사적 필요에서 철강 자급을 위해 창설됐는데 러일전쟁 무렵 한층 확대돼 중공업의 발전에 크게 기여했다"고 했다. '철강 자급'이라고 표현됐지만 이 시기 철강 수요는 국유화 이후 철도 건설과 군수, 조선에서였고, 제철소 건설을 가장 앞장서 주장한 것은 군이었다. 존 바르트는 16~18세기 독일 역사에 대한 고찰을 토대로 쓴 『전쟁과 자본주의』에서 "자본주의적 제철업의 발전은 좀 더 우수한 포신砲身을 원하는 수요에서 발생했다"고 했는데 이 지적이 당시 일본에도 들어맞을 것이다.

육군조병창 장관이던 육군 중장 우에무라 하루히코植村東彦는 1935년(쇼와 10년)에 이렇게 회고했다.

청일전역(전쟁-역주)이 발발해 갑자기 군수관계 공업의 활약이 왔고, 전후 4억을 넘는 배상금이 유입되며 각종 공업이 발흥해 농업국에서 공업국으로 전화하는 제1보를 내딛었지만, 이를 개관하면 겨우 민간공업 독립의 서광을 인식하기에 이르렀던 것이고, 실제로 공업의 발달을 보게된 것은 러일전쟁 및 그 이후다. (「일로전역의 회고日露戦役の回顧」 『지식』1935. 3.)

실제로 일본은 1904~1905년 러일전쟁으로 만주의 철과 석탄을 확보하며 제철제강, 조선, 기계공업의 발전 조건을 확보했다. 또 관영 야하타제철과 민영 가마이시釜石제철소에서도 선강銑鋼 일관작업(철강 제조는 통상 철광석에서 선철을 만드는 제선 공정, 선철을 정련해 강괴를 만드는 제강 공정, 강괴를 압연 가공해 강재로 만드는 압연 공정으로 나눠지는데 이 3단계 작업을 통합 수행하는 것을 가리킨다-역주)이 궤도에 올랐다. 이런 점을 들어 이시이는 이 시기를 산업혁명 종료로 보고 있다.

그러나 후발 자본주의국 일본에서 산업혁명을 특징짓는 것은 산업자본에 의한 공장제 기계공업의 확립만이 아니라 에너지혁명을 동반한 기계제 공장 출현에 있다고 봐야 할 것이다. 이를 지적한 것은 공학자와 기술사 연구자였다.

이화학연구소 소장을 지낸 공학자 오코치 마사토시大河内正敏(1878~1952, 물리학자이자 실업가로 귀족원 의원을 지냄-역주)는 이미 전전에 이렇게 말했다.

열역학은 동력, 전자기학은 동력과 빛, 그리고 지금까지 쉽게 얻을 수 없었던 고열을 공학에 제공했다. 이들이 종래 산업과 운니雲泥의 차가 있는 대공업조직을 만들어 마침내 산업혁명으로 불릴 대변화를 산업계에 가져온 것이다. 종래 인력으로 움직였거나 소나 말의 힘을 이용하던 것이 모두 기계화돼 증기기관이나 전동기로 움직이게 됐다. 증기를 동력의 근원으로 한 것은 산업혁명 초기의 일이고, 전동기를 쓰기 시작한 건 후기이다. (「자본주의 공업과 과학주의 공업」『공업』1937. 12.)

기술평론가 호시노 요시로도 전후 출간된 책에서 이렇게 지적했다.

선진 자본주의 국가들, 특히 영국에서는 전력 기술은 산업혁명이 무르익어 증기동력이 충분히 보급된 뒤 등장했지만 우리나라의 산업혁명은 구미에서 제2차 산업혁명이 시작된 바로 그 시기 본격화했기 때문에… 전력 기술은 산업혁명의 본격화와 거의 병행했고 오히려 그 일환으로 발전했다. (호시노 1956)

일본의 산업혁명은 전기에너지의 동력 사용으로 완료됐다는 견해다. 세계적으로 전력 사용이 본격화한 것은 변동성이 적고 실용적인 3상교류 발전기와 고전압 장거리 송전 시스템이 만들어진 1890년 전후이다. 원거리 송전에 필요한 실용적 변압기는 1885년 발명된다. 이에 따라 도시에 소규모 화력발전소를 여기저기 지어 전기를 공급하던 것에서 산간 지역에 대규모 수력발전소를 짓고 고전압 케이블로 도시에 송전하는 광역 시스템으로 바뀌게 됐다.

일본에서 교류는 1889년(메이지 22년) 오사카전등이 처음 사용했지만 도쿄전등이 1895년 시내에 산재한 소규모 발전소를 아사쿠사浅草의 화력발전소에 집중시키고, 그곳에 3상교류 50사이클 발전기를 설치하면서 본격적으로 사용된다. 2년 뒤 오사카전등이 3상교류 60사이클의 교류 발전을 시작한다. 오늘날 일본 동서지역 간 교류 사이클이 서로 달라지게 된 연원이다.

원거리 송전은 1899년(메이지 32년)에 구로세黒瀬강의 수력발전소에서 히로시마까지 26km 구간을 11kV(킬로볼트)의 고전압으로 송전한 것이 최초다. 이는 청일전쟁으로 히로시마에 대본영이 설치됐고, 구레吳에 대해군기지와 급팽창하던 해군 공창이 있었기 때문이다. 늘 군이 우선이었던 것이다. 실제로 이 시기 대규모 전력 소비자는 군 공창과 군수 중심의 야하타제철소였다.

민간 부문에서 전력 사용이 일반화된 것은 20세기 들어서였다. 모리 오가이가 1909년(메이지 42년)에 쓴 소설『전차의 창電車の窓』에 "전등의 빛이 몰려 있다"라는 표현이 있다. 이 무렵에는 도회에 노면전차도 드물지 않았고, 전등이 이미 [가스등을 비롯한] 다른 종류의 등불을 압도했다.

그러나 전기에너지의 진정한 보급은 공장의 동력으로 봐야 할 것이다. 1910년대 산간지역에 수력발전소가 조성돼 전력이 싸게 공급되면서부터이다. 러일전쟁 후 수력

전원電源 개발 붐이 일어났다. 석탄 화력발전은 호황으로 전력 수요가 늘어나면 석탄 가격도 상승했기 때문에 이런 이유도 수력발전으로의 이행을 촉진했다. 1908년(메이지 41년) 도쿄전등이 야마나시山梨현 가쓰라가와桂川의 출력 1만5,000kw(킬로와트)의 고마하시駒橋발전소에서 와세다早稲田변전소까지 75km를 55kV로 송전하는 등 대용량의 수력발전이 본격화됐다.

메이지 말기인 1911년(메이지 44년) 기소가와木曽川발전소에서 나고야까지 47km 구간에서 66kV의 송전이 시작됐고, 대체로 이 시기 수력발전이 화력발전을 웃돌게 됐다. 그해 전기사업 촉진을 목적으로 하는 '전기사업법'이 제정됐다. 1914년(다이쇼 3년) 이나와시로猪苗代발전소가 완공돼 출력 3만7,500kw로 115kV의 고전압 송전을 실시했고, 이 듬해 도쿄까지 228km 송전에 성공하면서 대규모 송전선망 시대가 막을 연다.

이후 다이쇼 시대에 공업 부문의 동력이 증기에서 전기로 급속히 전환된다. 1919년에는 전기동력 사용 비율이 민영·관영 공장 모두 증기동력을 넘어섰다. 따라서 1910년대 중반, 즉 제1차 세계대전 초엽이 에너지혁명을 동반한 일본의 산업혁명 종료 시점으로 생각된다. "서구는 증기기관 발명으로 산업혁명을 달성해 공업국이 됐지만, 일본은 전력에 의해 농업국에서 공업국이 됐던 것이다."(우치다 1974)

일본은 청일·러일전쟁 승리로 만주의 이권을 손에 넣고, 조선을 식민지로 획득해 제국주의 국가가 된 시점에서 산업혁명도 달성했다. 이로써 '식산흥업·부국강병'을 슬로건으로 한 메이지 시기 근대화가 사이클을 일단 마쳤다고 볼 수 있다.

덧붙이면 교토제국대학의 탄생은 청일전쟁 배상금에 의한 것이고, 규슈제대와 도호쿠東北제대는 후루카와광업의 기부로 설립됐다. 후루카와 이치베의 기부는 아시오광독 사태에 대한 세간의 비판을 누그러뜨리기 위한 것으로 알려졌다. 제국대학은 제국의 발전과 함께 생겨난 것이 틀림없다.

4. 지구물리학의 탄생

막말, 유신 과정에서 태동해 제국대학 창설과 함께 성장한 일본의 물리학 연구도 제국주의화의 영향을 정면으로 받게 됐다.

앞서 제국대학의 이념을 국가제일주의와 실용주의라고 했는데 모든 교수들은 아닐지라도 이과계의 많은 교수들은 실용주의를 사실상 수용했을 것이다. 기술자 양성이 목적인 공과대학(공학부)은 말할 필요도 없고, 이과대학(이학부)에서도 받아들여졌다. 실제로도 화학과에서 가르쳐진 것은 응용과학이고, 물리학도 큰 차이가 없다. 이는 당시 물리학이 기술과 연관성이 커 기술의 보조학문처럼 간주된 탓이다. 또 고전물리학의 원리가 정돈되면서 더 이상 원리적으로 새로운 전개는 없을 것이라고 생각되면서 서구에서도 기술적 응용이나 지구를 대상 영역으로 하는 지구물리학이 중시됐던 것이다.

특히 지구물리학은 "원래 서구인의 식민지나 그에 준한 지역에서는 선교사이면서 지구물리학을 연구한 이가 매우 많다"(마쓰자와 다케오松澤武雄「남방권의 지진활동」『도해과학図解科学』1942. 5.)고 돼 있는 것처럼 식민지 획득과 함께 발전했고, 제국주의로 향하던 서구 각국에서 전략적으로 중시됐다. 미합중국 동인도함대 사령관인 페리는 원정 당시 항해 중 과학적 조사와 관찰을 부하에게 지시했는데 이 중에 수로학, 기상학, 지질학, 지리학, 지구물리학이 포함돼 있었다.

일본에서는 전기공학이 물리학의 기술적 응용의 중심이었고, 이 방면에서는 고용 외국인 과학자의 지도 등에 의해 활발하게 연구됐다. 그 외에도 고용 외국인 과학자에 의해 일본에 들어온 지구물리학, 즉 지진학, 기상학과 일본 주변의 중력 측정이나 전자기 측정이 주류의 위치를 점했다. 일본 물리학 연구의 기초를 만든 것은 1878년(메이지 11년)에 도쿄대학에 초빙된 토머스 멘덴홀(1841~1924, 미국의 물리학자이자 기상학자-역주)이다. 그는 도쿄대학 학생을 동원해 도쿄, 삿포로札幌, 후지산 꼭대기에서 중력 측정을 실시해 지구의 밀도 측정을 시도했으며, 지자기地磁氣 측정과 기상관측을 지도한 것으로 알려져 있다.

메이지 전반에 일본에서 발행된 종합 및 이학, 공학, 농학 학술잡지 40여 곳에 게재된 논문 전체를 조사한 바에 따르면 수학, 생물학, 의학, 약학 등을 포함한 '이학' 분야

에서 가장 많은 것이 지구과학으로 약 23%(생물학, 의학, 약학을 제외하면 약 36%)였다. 그리고 지구과학 중에서는 기상학과 기상관측이 도합 40%, 지진학이 24%를 차지했다. (와타나베 마사오渡辺正雄 「메이지 전기 일본의 과학과 기술明治前期の日本における科学と技術」 『연구』Ⅱ, 1972 봄호)

그러나 일견 수수하고 순수 학술적으로 보이는 지구과학 연구도 국가제일주의와 실용주의에 유인됐다. 앞서 기술한 『메이지문화사 5 학술』에는 이렇게 쓰여 있다.

대학 이외의 시험연구기관은 〔메이지〕 중기에 설립됐다. 지학地學 분야가 많았고, 게다가 육해군 관련이었다. 해군 수로부(1870년 메이지 3년), 중앙기상대(1875년 메이지 8년), 육군 측량부(1884년 메이지 17년) 등 국방 관련 부문이 일찍 문을 연 것은 일본 과학기술의 특징 중 하나일 것이다. 천문학, 기상학, 측지학 등이 국가 경영 실무와 연계되면서 조기 개발된 것이다.

일본은 섬나라이므로 서구 열강의 압력하에 놓인 메이지 정부에 국방이란 우선은 '해방海防'이었고 이 때문에 메이지유신 이후 일찌감치 해군이 창설됐다. "일본의 해양학은 막말에서 태평양전쟁에 걸쳐 항상 해군력의 기반이었고 군사적인 면이 중시됐다."(유아사湯淺 1980) 특히 해군 수로국, 이후 수로부의 해양 연구는 일본 제국주의의 아시아 진출의 밑바탕을 형성했고, 아시아 진출과 더불어 활동을 확대했다. 메이지 일본의 해외 출병은 1871년(메이지 4년) 대만 동남부에 표착한 류큐琉球(현재의 오키나와-역주) 주민이 약탈당한 뒤 살해된 사건과 1873년에 표착한 일본인이 강도당한 사건을 계기로 메이지 정부가 1874년 '문죄問罪'와 황위의 '발양発揚'을 명분으로 대만에 출병한 데서 시작한다. 그런데 전문서에 의하면 "일본 연안의 측량이 진척되지 않던 중 군사적인 요청으로 대만 근해(1873년)와 조선 연안의 측량을 실시하는 등 수로 업무는 외부로 확대된다"고 돼 있다. (고바야시 미즈호小林瑞穂 2015)

기상학은 "기상도를 만들어 날씨 예보를 학문적으로 하려고 한 것은 〔1853~1856년의〕 크림전쟁에서 프랑스함이 악천후로 침몰한 것이 동기였다"(『펜』1946. 4.)고 하듯 근대 기상관측은 처음부터 군과 관련돼 있었다. 1871년의 보불전쟁 승리로 프로이센을 중심으로 하는 군사국가 독일이

탄생했지만 전문서적에는 "기상학이라는 과학은 독일과 보조를 맞춰 발전했고 정찰은 물론 제국의 꿈을 위한 과학적 명분을 제공했다. 독일이 존속하는 한 기상학은 특별한 지원을 기대할 수 있었다"고 돼 있다. (우드 2001) 첨언하면 기상도의 '불연속선'(기온, 밀도, 습도, 풍향, 풍속 등 기상 요소가 다른 두 기층의 경계면이 지표와 만나는 선-역주)은 제1차 세계대전 중 군사 목적의 기상관측에서 발견된 것으로 전해진다. (「불연속선 이야기不連続線の話」『지식』1934. 9.)

일본에서의 첫 기상관측은 막말의 군함 조련操練소(이전의 나가사키長崎 해군전습소)에서 항해술 교육의 일환으로 이뤄졌다. 유신 이후인 1872년(메이지 5년) 하코다테函館에 최초로 상설 기후측량소(이후 측후소)가 설치되고, 1875년에 도쿄기상대가 창설됐다. 이후 기상관측은 내무성 지리국으로 계승되면서 측후소가 증설됐고, 1887년(메이지 20년) 도쿄기상대가 중앙기상대로 개칭됐으며, 1890년(메이지 23년) 중앙기상대의 관제가 확립된다. 이해 전국의 측후소는 약 40곳. 초대 중앙기상대 대장은 군함조련소에서 공부한 막부 해군 출신의 아라이 이쿠노스케荒井郁之助이다. 그는 보신전쟁(1868년부터 1869년까지 메이지 정부와 옛 막부 세력이 벌인 내전-역주) 때 에노모토 다케아키榎本武揚(1836~1908, 에도 막부의 군인으로 보신전쟁 때 신정부군에 저항하다가 항복했으나 메이지 정부에서 중용돼 외무상 등을 지냈다-역주)와 오토리 게이스케大鳥圭介(1833~1911, 막말 관료로 메이지 정부에 중용돼 식산흥업 정책을 추진했다-역주) 등과 함께 고료카쿠五稜郭(막말 홋카이도 하코다테시에 세워진 요새로 별 모양의 성곽-역주)에서 농성한 이력이 있다.

물론 기상관측이 처음부터 군사 목적이었던 것은 아니다. 예보는 1883년(메이지 16년)의 폭풍경보로 시작한다. 그러나 이런 인맥으로 봐도 알 수 있듯 군에 민감하게 반응해간다. 물리학자 데라다 도라히코寺田寅彦는 기상학, 기후학의 군사적 중요성을 1919년(다이쇼 7년)에 피력했다.

러일전쟁 때도 우리 군은 러시아 군과 싸웠을 뿐 아니라 만주대륙의 기후와 싸우지 않으면 안 됐다. 일본해 해전에서는 러시아 때문에 입은 손해도 적지 않았다. 이런 경우에 기상학이나 기후학의 지식이 얼마나 귀중한지 세인은 거의 알 수 없다. … 일본군이 시베리아에 출병할 경우에도 기상학 지식은 매우 필요하다. 그 땅에서 각 시절의 기온과 풍향, 맑고 흐림의 비율은 물론 세세한 점에서도 기상학 지식에 따른 준비 유무는 의외의 결과를 가져올 것이라고 생각된다. (『전쟁과 기상학戰争と気象学』『이과교육理科教育』 1918. 12. 10.)

잡지 『과학펜』 1941년 7월호 '일본 기상학사'에는 "메이지 27년 7월 청일전쟁이 일어나 대본영을 히로시마에 옮겼으므로 9월 16일 이후 전국의 기상 요소를 매일 히로시마측후소에 전보하고 기상도를 제작해 대본영에 올렸다"고 돼 있다. 1895년 청일전쟁에 승리한 일본은 대만을 식민지로 획득하고, 이듬해 대만총독부가 타이페이측후소를 설립하면서 외지의 기상사업이 시작된다. 또 같은 호의 '최근의 날씨예보술'에는 "〔메이지〕 37년에는 대러 관계가 악화됨에 따라 조선, 만주, 지나에 임시관측소를 급히 설치해"라고 돼 있다. 외지의 기상관측은 다가올 전쟁을 염두에 두면서 이뤄졌다. 일본은 러일전쟁 때 조선에 7곳, 중국 본토에 6곳, 만주에 5곳, 가라후토樺太(사할린-역주)에 3곳의 측후소를 증설했다. 근대 일본의 해양 연구와 기상관측 사업은 전쟁, 식민지 획득과 함께 그 영역을 확대했고 내실을 채워나갔던 것이다.

5. 다나카다테 아이키쓰田中館愛橘에 대해

해양 조사와 기상관측 사업은 현업의 성격이 짙고, 본래부터 군인이나 기술관료가 담당하면서 군과의 관계를 강화했는데 이는 대학도 피할 수 없었다.

세이난전쟁 때 정부군은 포위된 구마모토성과의 연락을 위해 기구 사용을 검토해 육군성이 공부대학교에 제작을 의뢰했다. 메이지 초기에는 막부로부터 계승한 해군 요코스카조선소에서 수준 높은 기술교육이 이뤄졌으나 1877년(메이지 10년) 해군은 기술교육을 도쿄대에 위탁하게 된다. 1884년에는 해군성의 요청으로 도쿄대에 조선학과가 설치됐다. 해군성이 해군 기술사관의 양성을 대학에 위탁한 데 따른 것이다. 1887년에는 제국대학교 공과대학에 조병造兵학과와 화약학과가 증설됐다. 나카야마 시게루中山茂에 따르면 이는 "서양 대학에도 거의 예가 없는 일"이었다. (나카야마 1995) 조병학과에서는 1902년까지 전임교관 없이 육군과 해군으로부터 강사를 초청했다. 육군은 1889년(메이지 22년) 포·공병의 장교 양성을 위해 포병학교를 설치했으나 1900년에 졸업생 중 우수학생을 도쿄대 이과계의 학과에서 배우도록 하는 원외학생 제도를 만들었다. 일찌감치 군과 학의 협력관계가 시작된 것이다.

앞서 언급했듯이 일본 군사력의 용도가 국내 평정에서 메이지 시기를 거치며 대외 침략으로 바뀌어가지만, 학자들은 이에 아무런 의문 없이 추종했다. 그 예를 다나카다테 아이키쓰에서 볼 수 있다.

다나카다테는 1856년(안세이 3년)에 이와테岩手의 병법사범 가문에서 태어나 1882년 도쿄대학 이학부를 졸업한 뒤 영국과 독일에 유학했다. 이어 1891년부터 1917년까지 도쿄제국대학 교수를 지냈고, 도쿄대 이학부 물리교실의 창설자이기도 하다. 참고로 도쿄대학 물리학의 첫 일본인 교수는 1854년에 아이즈会津번 가로家老(무가의 가신 중 최고 직급-역주)의 가문에서 태어나 미국에 유학하고, 후일 도쿄대 총장이 되는 야마카와 겐지로山川健次郎다. 야마카와와 다나카다테 그리고 1856년에 히젠肥前 오무라大村번 번사 가문 출신으로 제국대학 이과대학에서 공부한 나가오카 한타로 등 3인이 메이지 시대의 도쿄대 물리학을 대표한다.

러일전쟁이 시작될 때 다나카다테는 지자기 측정 데이터를 인쇄 단계에서 군에 보낸다. 자침은 정확히 북을 향하지 않고 자오선에서 동서로 조금씩 흔들린다. 이 흔들림(편각)의 정도는 지구상의 각 지점에서 서로 다르기 때문에 이 시대 항해에서 매우 중시됐다. 이 측정은 일본에서는 고용 외국인 연구자의 중요한 연구 테마였다. 일본의 지자기 측정은 뮌헨대학 출신 독일인 지질학자 에드문트 나우만의 지시로 시작됐고, 이어 에든버러대학 출신의 물리학자 카길 노트에 의해 1887년 본격적으로 수행됐다. 처음에는 나가오카, 이후 다나카다테가 노트에 협력했다. 다나카다테는 러시아와의 일본해 해전을 앞두고 이 데이터를 일본 해군에 제공했던 것이다. 이를 기초로 해군 수로부는 1911년 이래 10년에 한 차례씩 다나카다테의 지도로 전국적인 지자기 측정을 하게 됐고, 그것은 1942년까지 계속됐다.

다나카다테와 군의 관계는 지구물리학에 국한된 것이 아니다. 어떤 의미에서는 메이지 학자의 전형인 만큼 좀 더 거슬러 올라가 살펴보자.

일본에서 기구 사용을 가장 먼저 생각한 것이 군부였던 만큼 비행기가 출현하자 군이 즉시 주목한 것은 극히 자연스러운 일이다. 라이트 형제가 인류 최초로 동력 비행에 성공한 것은 1903년(메이지 36년)이고, 6년 뒤인 1909년 7월 25일에 프랑스인 비행가가 도버해협 횡단 비행에 성공했다. 그로부터 5일 뒤인 7월 30일에 일본 정부 일각에서 비행기의 군사적 이용 가능성이 검토되면서 육군성, 해군성, 문부성 공동의 임시 군용기구연구회가 발족했다. 여기에 다나카다테를 비롯해 도쿄대와 중앙기상대 교관과 기사가 위원으로 참가했다. 1915년(다이쇼 4년) 다나카다테는 귀족원 의원의 유지로 '항공기의 발달 및 연구의 상황'이라는 제하의 강연을 하면서 모두에 "항공기관은 최근 군사 및 교통에 중요한 존재가 됐다"며 도쿄대에 항공학 강좌와 연구소를 설치할 것을 주장했다. 이를 계기로 1918년 도쿄대 부속 항공연구소가 창설됐으며, 동시에 공학부에 항공학과(4강좌), 이학부에 항공물리학 강좌가 신설됐다.

참고로 당시 도쿄대 총장이던 야마카와 겐타로도 항공기 연구에 열심이었던 것으로 알려진다. 1942년의 『도쿄제국대학 학술대관 공학부 항공연구소』에는 "다이쇼 4년부터 7년까지의 [제1차] 세계대전에서 항공기는 무기로 눈에 띄는 활약을 보였고, 비상한 진보를 이뤘다. … 항공에 관한 대규모 학술 연구기관을 설치해 항공공업의 기초를 학술의 바탕에 둬야 한다고 평가됐고, 특히 야마카와 총장이 솔선해 필요성을 역설했다"고 돼 있다. 실제로도 야마카와의 일기에는 1915년 3월 4일 '항공술 강좌 설치의 건'으로 다나카다테 및 이후 도쿄대 항공연구소의 초대 소장이 되는 공과대학 교수 요코타 세이넨橫田成年과 협의했고, 4월 8일에는 '비행기연구소의 건'에서 오쿠마 시게노부大隈重信(1838~1922, 일본의 정치가이자 교육자로 내각 총리를 두 차례 지냈으며 와세다대학을 설립했다-역주) 총리 관저를 방문한 것으로 기록돼 있다.

메이지 초기 일본 고등교육의 기초를 국학·한학으로 할 것인가, 양학으로 할 건가를 둘러싸고 논란이 있었지만 이 논쟁에서 양학파가 승리한 것으로 알려져 있다. 아시아·태평양전쟁이 한창이던 1943년 88세의 다나카다테는 이 건에 대해 다음과 같이 회고했다.

만약 메이지의 교육에서 과학 등은 순전히 기술이라 배울 것이 못 되니 외국인을 고용해 시키고 일본의 고전, 역사, 중국의 문학만을 배웠더라면 오늘날의 전쟁뿐 아니라 청일전쟁, 러일전쟁에서도 전과를 거두는 것은 불가능

했을 것이라고 생각합니다. (『다나카다테 박사와 함께 메이지 초기
의 우리 과학을 회상한다田中館博士を囲みて明治初期の我が科学を偲ぶ』『연구』
1943. 6.)

당시 과학이 기술로 인식됐던 것을 엿볼 수 있지만, 주
목할 것은 다나카다테가 과학의 성과를 오로지 '전과戰果'
에서 찾고 있는 점이다. 1978년에 쓰인 윌리엄스의 『20세
기 기술문화사』에도 메이지 일본의 과학기술 교육의 성공
이 "1905년 일본이 러시아를 이겼을 때 명백해졌다"고 돼
있다. 대외적으로도 그렇게 비쳤던 것이다.

다나카다테는 전시하인 1944년에 지구물리학과 항공학
연구로 문화훈장을 받았다. 학술적 업적뿐 아니라 군에
대한 적극적인 협력도 평가된 것으로 추측된다.

6. 전쟁과 응용물리학

물론 다나카다테가 특별했던 것은 아니다. 1912년(다이
쇼 1년)의 사쿠라이 조지는 '메이지의 과학'에서 "본국에서
물리학의 최근의 진보를 대표하는 것은 이과대학 교수 다

나카다테 아이키쓰, 학장 나가오카 한타로 두 이학박사이다"라고 했다. 나가오카의 제자이자 광학 연구자인 야마다 고타로山田幸太郞는 "[선생은] 국방에 절대적인 관심을 갖고 계셨다. … 해군 촉탁으로 그 다망한 시간을 쪼개이따금 해군 조병창에도 가서 기술 지도를 하셨다"고 했다.(「우리나라의 광학공업과 학장 나가오카 한타로 박사我が国の光学工業と長長岡半太郎博士」『일본과학기술사 대계 13』수록)

응용물리학과 응용화학은 당연히 군사에 직접적으로 쓰였다. 총과 포, 선박, 차량, 폭약, 통신수단의 개량과 개발이 이에 해당한다. 산업 근대화가 군의 근대화와 동시병행으로 추진된 일본에서 과학기술은 처음부터 산업과 군사를 동시에 떠받치고 있었다.

19세기 말 발명된 무선통신을 세계 최초로 실전에 사용한 것은 러일전쟁 때의 일본군이었다. 이탈리아의 마르코니가 코히러 검파기를 이용한 무선통신장치를 발명한 것은 1895년인데 일본에서는 1900년(메이지 33년)에 해군 무선통신조사위원회가 설치돼 도쿄대 물리학과 출신 해군 기사 기무라 슌키치木村駿吉를 중심으로 실험을 착수했다. 1902년에 기무라는 유럽 각국의 무선기술 연구를 시찰했을 때의 경험을 후일 회고했다.

이 시찰여행에서 참으로 가치 있는 수확은 어떤 나라에
서도 우리 해군 무선통신조사위원회가 얻은 연구 성과 이
상의 것을 볼 수 없었고, 러일전쟁이 시작되더라도 불의
의 기습에 놀랄 염려가 없음을 확인함으로써 자신과 안심
과 보증을 안고 귀국했다는 점이었다. … 어디든 송신이
불꽃방전식(간격을 둔 전극 사이에 고전압을 흘려 불꽃방전으로 전파
를 발생시키는 방식-역주) 수신도 코히러식의 인자印字수신기
또는 탄소 음향수신기인 이상, 이거나 저거나 비슷한 도
토리 키재기인 것은 당연할 것이다. 일본은 러일전쟁에서
실제 사용했다는 점에서 [수준이] 어쩌면 머리 하나쯤 더
높을지 모른다.(『일본 해군 초기 무선통신 회고담日本海軍初期無線電信
思出談』『연구』 1945. 5.)

회고담이라 미화되거나 과장된 대목도 있겠지만, 이 방
면에서는 일본이 이미 세계 수준에 닿아 있었음을 알 수
있다. 러일전쟁에서 일본 연합함대는 기무라식 무선장치
를 장착했던 것이다. 참고로 기무라 슌키치는 후쿠자와

유키치가 처음 방미했을 때 탔던 간린마루咸臨丸의 함장 기무라 세쓰노카미요시타케木村摂津守喜毅의 차남이다.

이 시기 일본 해군의 무선장치 전원은 GS배터리로 불리는 축전지인데 이를 좀 살펴보자. 일본에서 처음 다니엘 전지(황산아연 용액 속에 넣은 아연을 음극, 황산구리 용액 속에 넣은 구리를 양극으로 하며 두 용액을 염류 용액으로 이어 만든 전지-역주)를 만든 것은 안세安政 연간(에도 말기-역주)의 사쿠마 쇼잔佐久間象山이라고 한다. 하지만 충전 가능한 축전지는 1885년(메이지 18년)에 공부대학교와 공부성 전신국 전기시험소의 히로세 아라타広瀬新가 군용으로 만든 것이 처음이다. GS배터리는 교토의 대장간에서 출발한 시마즈島津제작소의 창업 2세 시마즈 겐조島津源蔵(1869~1951, 일본 10대 발명가로 GS배터리를 개발하고 X선 장치를 상용화했다-역주)가 만든 축전지(GS는 Genzo Simazu의 영어 이니셜)로 러일전쟁에서 성능이 입증되면서 세계적으로 알려지게 됐다.

참고로 건전지는 시계 수리공으로 도쿄물리학교(현 도쿄이과대학) 부속 직공이던 야이 사키조屋井先蔵가 1887년(메이지 20년) 세계 최초로 만들었다. 1885년 전지로 움직이는 연속 전기시계를 발명한 야이는 전지가 손질이 필요하고 겨울에 전지액이 얼어붙는 불편함 때문에 건전지 개발에 착수했다고 전해진다. 가정에 전기제품이 없던 시대라 민간 수요는 사실상 기대할 수 없었지만, 어려운 형편에서도 제조를 계속했고 1894년(메이지 27년) 육군이 전신기 전원으로 500개를 발주하면서 보상을 받게 됐다. 야이 건전지는 혹한의 중국 대륙에서도 무리 없이 작동하면서 성능을 인정받았고, 이후 육군이 계속 사용했다.

야이도 시마즈도 고등교육을 받지 않았다. 이들을 자극한 것은 직인 기질, 즉 모노즈쿠리에 대한 정열이었다. 앞서 정방기에 대해서도 살펴봤지만, 이 시기 일본에서의 기술 개발이 재래 직인층에서 등장한 '풀뿌리 발명가'에게도 힘입은 바 크다는 점은 주목해야 할 것이다.

이와 함께 첨단 기술 다수가 맨 처음 평가받은 곳이 적어도 메이지 시기에는 군이었다는 점도 인정하지 않으면 안 된다. 요컨대 당시 시장은 군수시장뿐이었던 셈이다. 이 점은 대학 연구도 마찬가지다. 제국대학 이념이 국가제일주의와 실용주의라고 하지만, 민간에 첨단 산업이 존재하지 않았으며 군사기술로 발 빠르게 근대화를 꾀하던 일본에서 실용주의의 협력 대상은 우선 군부였다. 물론

이는 국가제일주의 이념에도 가까운 것이어서 이 시대 제국대학 연구자가 평소부터 군에 협력한 것은 별난 일이라고 할 수도 없다.

메이지 이후 청일·러일 두 전쟁을 거쳐 제1차 세계대전까지, 일본은 조선과 대만을 식민지로 획득해갔고 이에 보조를 맞춰 학과 군의 협력도 진전됐던 것이다.

(좌)『주오코론中央公論』1943년 8월호
(우)『과학펜科学ペン』1940년 4월호

제4장 총력전 체제를 향해

1. 제1차 세계대전의 충격

청일·러일 두 전쟁에서 승리하고 1910년(메이지 43년) 조선을 식민지화한 일본은 국내적으로는 '대역사건'(천황 및 그 가족에 위해를 가하거나 가하려던 사건으로, 여기서는 1910년 메이지 천황 암살을 꾀했다는 혐의로 사회주의자와 무정부주의자들을 대거 체포해 최고 사형까지 시킨 고도쿠사건을 가리킨다-역주) 명목 아래 사회주의자 말살을 꾀했다. 대외적으로는 제국주의 열강그룹에 최후 멤버로 끼어들면서 '연합국' 일원으로 제1차 세계대전(이하 제1차 대전)에 참가했다. '영일동맹의 인연'으로 참전했다는 것은 표면적인 이유일 뿐, 실제로는 중국 진출의 발판을 마련하기 위해 서구 열강이 아시아에 힘을 기울일 수 없던 틈을 파고든 것이다. 독일에 대한 선전포고는 1914년(다이쇼 3년) 8월이고 그 직후인 9월 산둥山東반도에 상륙해 중국의 중립을 침범했다. 10월에는 적도 이북의 독일령 남양군도(미크로네시아)를 점거했고 11월 칭다오青島의 독일 조차지를 침략했다. 제1차 대전의 '참전'과 '승리'로 이후 시베리아 출병, 중일전쟁과 아시아·태평양전쟁으로 향하는 길이 열렸다.

제1차 대전은 최초의 과학전으로 불린다. 첫째 당시 최첨단 고도 과학기술이 전면적으로 전쟁에 사용됐다는 점, 둘째 과학자가 전쟁에서 중요한 역할을 수행했다는 점 때문이다.

둘째 이유와 관련해 과학과 기술이 본래는 별개이던 서구에서는 학자란 속세와 동떨어져 공상적인 일에 몰두할 뿐 실제에는 대체로 도움이 안 되는 집단으로 간주됐다. 하지만 서구에서 과학자에 대한 평가를 180도 바꾼 것이 이 전쟁이었다. 독일에서는 암모니아합성법을 개발한 프리츠 하버(1868~1934, 공중질소고정법을 발명해 1918년 노벨화학상을 수상했지만 대량살상무기인 독가스를 개발해 지탄을 받았다-역주)와 후일 핵분열 반응을 발견하는 오토 한 등 노벨상을 수상하게 된 일류 화학자들이 모두 독가스 연구에 종사했다. 영국에서도 조셉 존 톰슨과 어니스트 러더퍼드 같은 초일류 물리학자들이 무선전신과 잠수함 탐지 등 군사 연구에 종사하며 모두 '유능함'을 증명해 보였던 것이다.

그뿐 아니다. 전쟁 직전까지 서구 각국의 자연과학자들 사이에서는 국제 협력이 이뤄졌다. 외국 대학에서 공부하고 외국 교수의 지도로 학위를 취득했다. 외국의 연구자와 공동 연구하는 것은 당연하고, 연구자들의 국제회의도

종종 열렸다. 국적을 초월한 '과학자공화국' 일원으로 연구에 종사하는 듯 행동했다. 그러나 개전과 동시에 아인슈타인 같은 극소수의 예외를 제외하면, 일제히 '애국자'가 돼 자국의 전쟁에 솔선해 협력했던 것이다. 서구 각국은 이로써 과학자가 전쟁에 도움이 된다는 점을 알게 됐고, 이에 따라 '국가에 의한 과학 동원', 즉 '국가에 의한 과학자의 과학기술 연구 동원' 정책이 생겨났다.

그러나 일본에서는 막말 이래 과학은 군사에 편중된 과학기술의 부속물로 간주됐고, 메이지 시대에 이미 군학 협동이 시작된 만큼 과학자가 전쟁에서 중요한 역할을 수행할 수 있다는 점은 특별히 새로운 발견이라곤 할 수 없다.

반면 일본은 과학 자체가 전쟁에서 중요하다는 점을 제1차 대전을 통해 재인식했다. 물리학자인 데라다 도라히코寺田寅彦는 당시 일본에서 '구주대전'으로 불린 대전의 말기인 1918년 수필 '전쟁과 기상학'에서 "구주대전이 시작된 이래 모든 과학이 징발됐다"고 했다. 실제로 제1차 대전은 군용 자동차, 중포전차, 군용 항공기, 비행선, 잠수함, 기관총, 무연화약, 소이탄, 독가스 등이 처음 사용된 전쟁이었다. 근대적인 과학전의 시작으로 불리는 까닭이다. 이미 기마와 다이하치구루마 시대가 아니라는 점을 일본은 통감했던 것이다.

이에 따라 일본에서는 전시부터 각종 연구기관이 잇따라 설치됐다. 1915년(다이쇼 4년)에 해군 기술본부, 1918년 해군 항공연구소, 임시질소연구소, 오사카공업시험소, 섬유공업시험소, 1919년에 육군 기술본부, 육군 과학연구소, 1920년에 연료연구소, 해양기상대, 고층기상대, 1922년 도호쿠대 부설 금속재료연구소, 1923년 해군 기술연구소, 1925년 도쿄대 지진연구소, 1926년 교토대 부설 화학연구소 등을 들 수 있다.

모두 국립이지만, 1917년(다이쇼 6년)에는 이화학연구소(리켄理研)가 반관반민 형태로 창설됐다. 공부대학교 제1기 졸업생 다카미네 조키치高峰讓吉 등이 제창하자 시부사와 에이이치가 발 벗고 나섰고, 국가도 적극 지원한 결과다. 1918년에는 '대학령'이 공포돼 제국대학 외에 관립·사립 대학 설치가 허용됐고, 전문학교이던 고등교육기관이 단과대학으로 승격됐다. 1920년에는 학술연구회의가 설립됐다. 과학과 그 응용에 관한 연구 연계, 통일 및 촉진 장려를 목적으로 한 학술연구회의는 아시아·태평양전쟁 패배 후 일본학술회의가 발족할 때까지 과학행정에서 중심 역할을 했다. 다만, 일본학술회의와 달리 위원은 임명제이고 인문과학, 사회과학 분야는 포함되지 않았다.

이렇게 해서 일본은 국가에 의한 조직적인 과학기술 연구, 공학 연구의 첫걸음을 내디뎠다. 1917년 도호쿠제국대학의 혼다 고타로本多光太郎(1870~1954, 야금학·재료물성학 연구의 세계적인 선구자-역주)에 의한 KS강, 1925년 도호쿠제국대학 야기 히데쓰구八木秀次(1886~1976, 전기공학자로 후에 중의원을 지냈다-역주)에 의한 극초단파 발신기용 지향성 안테나(야기안테나), 1928년 일본전기의 니와 야스지로丹羽保次郎(1893~1975, 도쿄전기대학 초대 학장을 지낸 공학자-역주)에 의한 NE식 사진 전송방식 발명이 이뤄진 것은 그 직후의 성과다.

물론 연구기관의 창설 러시와 공학 연구 진전은 일본 경제의 발전이 배경이 되기도 했다. 제1차 대전으로 물자 부족에 시달린 나라들을 상대로 한 수출이 급증했고, 서구 각국이 아시아 시장에서 후퇴했다. 이 때문에 국내 시장이 서구 자본에 휩쓸리지 않은 것은 물론 중국을 시작으로 아시아와 인도, 아프리카 동해안까지 일본 섬유제품과 잡화 등의 수출이 급증했다. 이에 더해 해운업과 조선업의 활황으로 일본은 공전의 호황을 맞이하면서 전쟁 전의 채무국 신세에서 벗어나 채권국이 됐다. 한마디로 경제적으로 여유가 생긴 것이다.

　과학기술이 절대적인 역할을 수행한 제1차 대전을 배경으로 연구기관 창설 러시가 이뤄진 데는 군의 그림자도 짙게 드리워져 있다. 다카미네는 리켄 창설의 취지로 "세계 열강 대열에 합류한 일등국 지위를 보유"하기 위해 공업을 진흥하고 "우리나라 산물을 세계에 널리 판매해 세계의 부를 흡수하는" 것이 필요하다는 등 기본 목적을 국가의 지위 유지와 교역 증진, 즉 정치와 경제에 두었다. 그러나 1940년 『과학펜』 1월호의 기사 '점묘·이화학연구소'는 "이화학연구소는… 〔제1차〕 세계대전 후 신속히 공업과 기타 국내 생산의 융성을 기하고, 산업 및 국방 자원의 자급자족을, 물리학 및 화학의 독창적 연구와 응용에 요구하며… 창립됐다"고 했다. 산업과 국방은 나란히 붙어 있었던 것이다.

　제1차 대전은 '3차원 전쟁'으로 불린다. 즉 항공기, 잠수함의 등장으로 지상은 물론 공중과 해양도 전장이 됐다. 다테노館野 고층기상대와 고베의 해양기상대 설치는 그 직접적 영향이다. 육군 기술본부와 육군 과학연구소가 창립된 1919년에는 군무국에 항공과가 설치됐고 항공학교가 개설됐다. 1923년에는 기상대 관제가 개정돼 항공기상의 관측 조사 및 예보가 업무에 추가됐다. 이처럼 제1차 대전 후 기상학과 해양학은 크게 발전하게 된다. 1921년에는 도쿄대 항공연이 부설 항공연구소로 승격하고 육해군 군인과 기술자를 임용할 수 있게 되면서 군학 협동으로는 일본 최초의 연구시설이 됐다. 그리고 1931년(쇼와 6년) 도쿄대 항공연구소와 중앙기상대, 육군 항공본부, 해군 항공본부, 해군 수로부 대표자로 구성된 항공기상조사위원회가 발족한다. 물론 중요성이 커진 항공전력 증강을 위한 조치다.

제1차 대전으로 과학 연구와 기술 개발은 국가 주요 기능으로 간주됐고, 산업에 대한 군사의 비중도 현격히 커졌다.

2. 근대 화학공업의 탄생

막말에서 메이지 시대에 걸쳐 일본은 서구 군사력에 의해 서구 제1차 산업혁명이 낳은 기술혁신과 동력혁명에 눈을 떴다. 그리고 제1차 대전에 의해 서구 제2차 산업혁명에 의한 기술혁신, 즉 새로운 화학공업 발전과 내연기관 발명이 가진 중요성을 역시 군사적 측면에서 먼저 인식하게 된다. 독가스와 항공기, 잠수함과 전차 등 당대 '최신예무기'의 출현이 충격을 가져왔지만 특히 일본에 깊은 인상을 안긴 것은 독일의 화학공업이었다.

전쟁 중 독일 참모본부에서 근무했던 장군 에리히 루덴도르프가 1차 대전의 군사적 총괄로 1935년 저술한『총력전』의 한 대목이다.

> 화학산업은 금속 가공 관련의 군수산업과 함께 특별한 지위를 차지한다. 화약, 폭발물, 연료 생산과 의료품 생산이 이 영역에 포함된다. 독가스가 전투수단으로 되면서 그 중요성은 더 커졌다. … 세계대전에서는 독일의 화학산업은 모든 자원의 자립 상태는 아니었다. 그러나 독일 화학산업은 육군의 수요를 충족시켰고, 전대미문의 성취를 이뤘다. (루덴도르프, 2015년)

이 '전대미문의 성취'란 카를스루에공과대학 교수인 하

버가 전쟁 직전 공중질소고정법을 발명한 것을 가리킨다. 질소는 식물의 생육에 필요한 3대 요소 중 하나이며 비료의 중요한 성분으로 농업에는 필수적이다. 한편으로 질소는 화약의 중요 성분이기도 하다. 즉 장기전이 될 경우 질소는 이중의 의미로 필요불가결한 물질인 셈이다. 그런데 질소는 초석(초산칼륨) 형태로 땅에 소량으로만 존재해 일부 국가에서만 확보할 수 있었다. 그러나 대기의 80%가 질소인 만큼 이를 고정할 수 있다면 문제는 해결된다. 1909년 하버가 대기 중 질소와 수소가스에서 암모니아를 합성하는 방법을 개발하고, 독일의 카를 보슈(1874~1940, 독일의 화학자로 1931년에 노벨화학상을 수상했다-역주)가 1913년에 공업화함으로써 이를 가능케 했다. "이는 획기적인 기술로 현대적인 대규모 화학공업의 길을 열었다"고 평가된다.(우치다 1974) 암모니아는 황산암모늄 형태로 비료에 쓸 수 있고, 초산으로 만들면 화약 원료가 된다. 사실 여부는 확인할 수 없지만 이 소식을 접한 독일 황제가 "이로써 우리나라는 전쟁을 할 수 있게 됐다"며 환호성을 질렀다고 한다.

한편 청일·러일전쟁 후 군수공업 중심의 중공업 발전

과정에서 원료 자원의 부족을 겪던 일본은 제1차 대전으로 인한 수입 두절로 자원 부족을 통감하면서 '자원소국'이라는 강박관념에 사로잡히게 됐다. 1918년(다이쇼 7년) '이화학연구소 설립에 관한 건의'에는 "이번 유럽 전란은 금후 군사 재료의 독립, 공업물자의 자급을 긴급히 기획해야 하는 점을 일깨웠다"고 돼 있다. 하버와 보슈의 성공담은 비슷한 자원소국인 독일이 연합군 포위하에서 장기전을 견뎌냈다는 스토리와 함께 일본인들에게 호소력 짙은 이야기가 됐다. 이 성공담은 이후로도 군민을 불문하고 되풀이됐다. 즉 자원 문제 타개의 열쇠가 화학공업 본격화에 있다고 간주된 것이다. 서구 화학에 대한 메이지 일본인의 특이한 과잉 관념이 엿보인다.

가라쿠리(옛 일본에서 발달한 기계장치로, 자동으로 움직이는 인형 등을 가리킨다-역주), 즉 기계장치 분야의 과학기술은 원리는 몰라도 현물과 도면으로 시각적으로 구조를 파악할 수 있는 만큼 처음 보더라도 이해하고 납득할 여지가 있다. 증기기관과 정방기 등은 작업 능력의 방대함이나 움직임의 신속·정확함에 감탄하긴 하되 불가사의하다는 느낌은 크지 않았을 것으로 보인다. 이런 사정이 일본 풀뿌리 발명가들이 정방기와 기계 개량에 성공했던 배경이기도 하다. 반면 화학반응은 그 원리가 직접 보이지 않는 만큼 상당히 불가사의하게 받아들여진 듯하다. 메이지 초기 도쿄대학 전신인 대학남교에 고용된 외국인 교사가 교단에서 시험관 안의 물질의 색이 점차 변화하는 화학반응 실험을 시연하자 수강생이 "마법이나 기독교 선교사들의 사술이 이런 건가 하는 느낌이었다"는 감상을 털어놓은 에피소드가 전해지는데(쓰카하라塚原, 1978년), 그럴 만하다고 생각된다.

이미 하버의 발명이 이뤄지기 20년쯤 전인 1888년(메이지 21년) 나카에 조민은 말했다.

무릇 화학공업이 산출한 물질은 소다나 중탄산소다나 각종 강산류 같은 것인데 없어서는 안 되어, 목하 수요가 날로 확대되고 판로도 다달이 확대되어 지대한 경제적 영역을 점한다. 그리하여 이것이 원품은 공기와 햇볕으로 극히 얻기 쉽고 무진장 있어, 한번 학술의 솥에 들어가서 일변해 유용품이 된다면 산과 바다가 풍부한 우리 일본과 같은 곳은 거의 이들 물질의 신천지(성경에 나오는 새 하늘과 새 땅-역주)라고 해도 좋지 않을까. (「공족工族 제군에게 고함」 『일본

화학은 무에서 유를 만들어낸다고는 할 수 없어도, 공기
와 햇볕처럼 거의 무진장 있는 원료에서 유용물질을 만들
어내니 그 점에선 마술에 가까운 재주라고 여긴 듯하다.
하버와 보슈의 업적은 이런 생각을 정확히 뒷받침한 것이
다.

참고로 재래 화학공업은 염색업, 도자기업, 주조업, 제
당업, 제지업 등으로 모두 소규모 가내공업 수준이었다.
게다가 구메 구니타케도『실기』에서 "일본의 인민도 화학
의 한구석을 경험으로 얻어 스스로 그 이용을 받아들여도
그 원유原由〔원리〕를 알지 못한다"고 한 것처럼 과학기술이
라고 할 만한 것은 아니었다.

일본의 근대 화학공업은 군의 화약·폭약 자급화 정책
에서 시작했다. 육군은 이미 1875년 이타바시板橋, 1882
년 이와하나岩鼻에 화약제조소를 각각 설치했다. 해군도
1885년 메구로目黒에 화약공창을 설치했지만, 이들은 군
공창에 의한 직접 생산이 목적으로 산업 발전을 기대할 것
이 아니었다. 한편 메이지 정부는 1871년 신화폐 조례를

제정해 1엔을 1달러로 하는 금본위제를 채택하고 조폐기술 이식을 위해 오사카에 조폐국을 설치했다. 이곳에 황산, 소다(탄산나트륨), 가스, 코크스 제조공장을 건설한 뒤 1885년에 민간에 매각했다. 이것이 일본 근대 화학공장의 사실상의 출발점이다.

메이지 시기 민간에서 태동한 화학공업으로는 성냥과 비누 등의 제조를 들 수 있지만 중소 내지 영세기업이었다. 당시의 민간 화학공업의 주축은 화학비료 제조로, 일본 농촌과 중국 대륙의 농업을 시장으로 크게 성장하게 된다. 메이지 중기에 생겨난 카바이트(탄화칼슘) 공업도 기본적으로는 비료 생산을 위한 것이었다. 요컨대 성냥과 비료를 제외하면 당시 일본은 많은 화학공업 제품을 수입에 의존했던 것이다. 이러던 차에 전쟁 발발로 독일로부터 수입이 끊기자 합성염료와 의약품 부족이 심각해지면서 화학공업을 촉진해야 할 필요성이 커진 것이다.

정부는 1915년(다이쇼 4년)에 '염료의약품제조장려법'을 공포했다. 아니린, 염료 등 합성염료와 화약 원료를 신규 생산하는 회사에 연 8%의 배당을 보장하는 것이다. 이듬해 정부 주선으로 '국책민영'회사 일본염료제조주식회사가 발족됐다. 물론 군사적 목적이 깔려 있었다. 화학사 연구자 다나카 미노루田中実가 논문에서 "〔제1차 대전 중의〕 독일군의 독가스전을 가능케 한 것이 염료공업의 전시 편성 전환이라는 점은 너무도 잘 알려져 있다"('전쟁과 화학에 대한 단편' 『연구』 1944. 5.)고 한 것처럼 염료공업이 잠재적 군사력임을 일본 군부는 제1차 대전 당시부터 인식했던 것이다.

3. 총력전 체제를 향해

앞서 거론한 루덴도르프의 책에도 있지만, 일본의 군인이 제1차 대전에서 배운 가장 중요한 사실은 향후 전쟁이 군대뿐 아니라 정치, 경제, 사상, 문화 전면에서 전개되는 장기지구전, 총력전이라는 점이다. 정규군끼리 개전 시 보유한 전력으로 전선에서 싸우다가 비교적 단기간에 승패를 결정짓는 그간의 전쟁과 달리 제1차 대전은 전선과 총후銃後(후방이라는 뜻-역주)의 구별도 희미해졌다. 무기와 탄약을 후방에서 생산하면서 몇 년씩 지속하는 전쟁, 즉 민간의 생산 능력, 대학과 연구기관의 연구개발 능력, 물적·인적자원 등 국력 전체를 걸고 장기간 싸우는 물량전, 소모전이 되었던 것이다.

향후 전쟁이 총력전이 되면 평시의 산업 생산 능력과 연구개발 능력은 잠재적 군사력을 뜻하고, 평시부터 능력을 높여 전시에 국력을 얼마나 유효하게 사용하는지가 전쟁 승리의 조건이 된다. 바꿔 말하면 평시란 다가올 전쟁의 준비기간이고, 평시 생산 능력의 향상과 자원 비축, 과학 연구와 기술 개발은 전쟁 준비의 의미를 띠게 된다. 평시부터 총력전을 겨냥해 형성된 정치체제가 총력동원 체제인 것이다. 이를 위해 평소부터 산업의 합리적 편성이 요구되고, 평시에도 군이 관료와 나란히 중요한 역할을 하게 된다.

이렇게 해서 "〔제1차〕 대전은 군수를 근대화하고, 전쟁 형태를 국가 총력전으로 이행해야 한다는 두 가지 측면에서 군부를 뒤흔든"(구로사와黑沢 2000) 것이다. 화학공업의 육성과 함께 육군은 우선 신흥 산업인 자동차산업 육성에 나섰다.

독일 기술자 니콜라우스 오토가 최초의 가솔린기관을 개발한 것이 1860년대 초이고 가솔린엔진을 4행정의 내연기관으로 실용화한 것이 1870년대 중기였다. 고틀리프 다임러가 1880년대 들어 가볍고 효율 높은 고속 가솔린엔진을 개발한 뒤 1880년대 중기에 엔진을 자동차에 장착했으며 1890년대에 자동차 제조회사를 설립했다. 카를 벤츠가 가솔린기관의 자동차 생산을 시작한 것도 1880년대 중기였다. 당시 석유로 움직이는 증기자동차와 전기자동차도 고안됐지만 1890년대 중엽에 들어 가솔린 자동차가 우위를 확립했다. 루돌프 디젤이 고능률 디젤기관의 실용화에 성공한 것은 1890년대 말이다. 가솔린 자동차가 마침내 실용화된 것이 대략 1900년경이고, 1903년 라이트 형제가 첫 비행에 성공할 당시 비행기 동력은 가솔린기관이었다. 그리고 자동차 제조가 대규모 산업으로 성장한 미국에서 승용차가 대중화된 것은 제1차 대전 직전이다. 1903년 자동차회사 포드 모터사를 설립한 헨리 포드가 1913년 유동작업 방식(컨베이어 시스템-역주)으로 경량 소형의 포드 T형차 양산을 시작한 것이다.

내연기관의 유용성은 제1차 대전에서 군용 자동차, 전차, 항공기, 잠수함의 활약에 의해 극적으로 입증됐다. 이렇게 해서 자동차산업은 20세기 대표적 산업으로 성장한다.

　당시 일본에서 일부 정치가나 부유층의 사치품 느낌을 주던 승용차가 중요성을 뚜렷이 한 것은 제1차 대전이다. 일본 자동차산업의 후진성을 통감한 육군이 최초로 동원한 수단은 1918년(다이쇼 7년)의 '군용자동차보조법' 제정이었다. 규격에 맞춘 자동차를 제조하면 보조금을 주고, 대신 군이 전시에 징발토록 규정한 것이다. 이 법률은 제정된 시점에는 그다지 효과는 없었다. 일본에서는 1920년대 중기에 택시와 승합버스의 영업이 시작됐지만 군의 보호 대상이 아닌 일반 승용차의 경우 미국 기업에 밀려 일본의 민간자본은 상대가 되지 못했다. 포드가 1925년 녹다운 방식(자동차를 부품 단위로 분해한 뒤 현지로 가져가 다시 조립해 생산하는 방식-역주)의 공장을 요코하마에 지었고, 제너럴모터스는 2년 뒤 오사카에 공장을 지어 자동차를 양산했던 것이다. 이 때문에 국내 기업의 기술 발전은 봉쇄됐다.

　이야기를 앞으로 좀 진전시키면 일본의 자동차산업이 실질적인 궤도에 오르기 시작한 것은 만주사변으로 일본이 준전시체제에 들어간 1936년(쇼와 11년)으로 "국방의 정비 및 산업의 발전"을 목적으로 한 '자동차제조사업법'이

제정된 때다. 이 법률은 군용 국산차의 양산체제를 구축하기 위한 것이자 포드와 제너럴모터스에 대한 일본 정부의 공공연한 추방선언이기도 했다. 이로써 닛산日産과 도요타, 미쓰비시중공업 등이 본격적인 자동차 생산에 나서게 됐다. 1939년 3월 내각정보부가 발행한『주보週報』127호의 육군 기술본부발 기사 '전차와 군의 기계화'에는 "우리나라가 뒤늦게 출발한 자동차공업을 확립해 열강 대열에 서게 될 호기는 다시 오지 않을 것"이라고 돼 있다. 같은 해 육군성 정비국 전비과장이 "군의 기계화와 함께 국방에서 자동차의 중요성은 해마다 증대해왔다"고 시작하는 '국방과 자동차'에서 "민간이 보유하고 있는 자동차는 재향 무기이므로 국가의 무기를 맡아두고 있다는 생각으로 애호에 진력하기 바란다. 자동차 생산에 임하는 사람은 무기를 제조한다는 생각으로 혼신하기를 바란다"고 했다.(『공업』1939. 11.) '재향무기'라는 이제는 낯선 단어를 포함해 이 구절은 사업법의 목적과 실태를 잘 나타내고 있다.

서구에 비해 크게 뒤처진 일본 자동차산업의 성장을 촉진한 것은 시장 원리가 아니라 군사 요인이었다. 육군은 자동차에 "집념을 불태웠던" 것이다. (나카오카中岡 2013) 요컨 대 화학공업과 자동차산업, 즉 제2차 대전 후 일본의 고도 성장기에 크게 발전한 산업들의 출발점은 전간기(1차 대전 과 2차 대전 사이 기간-역주)의 군사적 요청에 의해 형성된 것이 다. 군에 의한 총력전 체제의 추구는 일본의 산업 근대화 를 진전시켰다고 할 수 있다.

한편 당시 민간 수요를 기대하기 어려웠던 항공기산업 에서는 처음부터 군의 비호 아래 1910년대 말 나카시마中 島비행기제작소, 이후 미쓰비시내연기(후일 미쓰비시항공기) 가 설립됐고 군이 두 회사를 경쟁시키는 방식으로 기술 이 고도화되고 축적됐다. 외국기의 라이센스 생산, 즉 특 허사용료를 지불하고 제품 개발 기업의 인가를 받아 제 품 설계와 기술을 사용하는 생산에서 시작한 군용기 산업 은 1930년대 엔진 국산화를 달성했다. 미쓰비시중공업은 1934년(쇼와 9년)에 미쓰비시항공기를 병합한 뒤 1935년에 96식 함상전투기를 제작해 중일전쟁에서 "우수성을 실증" 했고, "이 시점에서 일본 전투기는 세계 수준을 따라잡았 다"고 평가됐다. (마에마前間 2004)

결국 일본에서는 자동차산업도 항공기 생산도 무기 생

산 차원에서 육성됐던 것이다. 다시 제1차 대전으로 돌아가면, 1918년(다이쇼 7년) 육군은 평시의 생산력과 비축자원을 조사해 '전시에 즈음'해서는 필요에 응해 국가가 공장을 수용하고, 자원을 접수하고, 업무명령을 내릴 수 있도록 한 '군수공업동원법'을 기안했다. 다가올 총력전을 위해 기업을 군의 통제하에 두고, 생산구조를 군사적으로 재편성해 총력전 체제를 형성하는 것이 근본 의도였다. 그러나 이는 이윤 추구라는 개별 기업의 목적을 전쟁 수행이라는 국가 목적에 종속시킨 것으로 이 시점에서는 기업들의 찬동을 얻을 수 없어 중일전쟁이 시작되는 1937년까지는 적용되지 않았다.

총력전을 위한 통제경제가 실행되기 위해서는 정당정치가 후퇴하고 군과 관료기구가 전면에 나서야 했던 것이다.

4. 식민지에서의 실험

일본에서는 순조롭지 않았던 군 및 관료기구와 기업의 긴밀한 연계는 식민지 조선에서 시작됐다. 조선에서의 경험은 총력전 체제 형성에서 하나의 모델케이스가 됐다.

이 책에서는 메이지 시대에 서구 과학기술의 이전을 에너지혁명이라는 관점에서 살펴봤지만, 화학공업에서 에너지혁명은 전기에너지 사용에 의한 화학반응 실현과 그 공업화에 있다. 그 시작을 특정하면 1840년대 전기 도금의 발명이지만, 공업이라고 하긴 소규모다. 1870년대 발전기가 실용화되면서 화학공업에서 전력 사용이 본격화됐다. 1890년대 초 프랑스와 캐나다가 전기로에서 석회와 탄소로 카바이트(탄화칼슘)를 합성하는 방법을 발명했다. 그로부터 10년도 지나지 않은 1901년(메이지 34년) 미야기 방적전등회사 주임기사 후지야마 쓰네이치藤山常一가 센다이에서 수력발전의 잉여전력으로 카바이트 제조에 성공했고, 이듬해 고오리야마郡山에 카바이트 제조소를 설립했다. 이 무렵 수력발전 개발이 진전되고 있었지만 초기 수력발전은 물 흐름에 의한 발전이었기 때문에 수급 조절이 쉽지 않아 전력 잉여가 발생했던 것이다.

1906년 도쿄제대 공과대학 전기공학과 출신 노구치 시타가우野口遵(1873~1944, 일본질소비료를 설립했으며 일제강점기 조선의 함경남도 흥남에 거대 콤비나트를 조성했다-역주)와 후지야마가

가고시마에 소기曾木전기를 세웠고, 그 잉여전력으로 카바이트를 제조하기 위해 일본카바이트상회와 공장을 구마모토현 미나마타에 건설한다.

"메이지 말년 2,500호, 인구 1만2,000명, 촌 예산 2만 엔에 불과한 미나마타촌"이라고 이시무레 미치코石牟礼道子 (1927~2018, 일본 작가로 미나마타병의 참상을 다룬 논픽션을 발표했다-역주)가 『고해정토苦海浄土』에서 묘사한 이 한촌에 노구치는 전기화로 상징되는 '개화'를 들여온 것이다. 그 개화가 반세기 뒤 미나마타병을 초래한 것은 뒤에서 다루기로 한다.

카바이트는 아세틸렌의 원료로 본래 조명에 쓰였지만 이를 석회질소 비료에 이용할 수 있게 되자 1908년(메이지 41년) 노구치가 소기전기와 일본카바이트상회를 합병해 일본질소비료를 설립했다. 1950년 신일본질소비료로 명칭를 바꾼 이 회사가 칫소チッソ의 전신이다. 벤처기업인 일본질소비료는 석회질소 비료를 황산암모늄으로 변성하는 기술로 국내 농업에 막대한 시장을 확보했다. 제1차 대전으로 수입이 단절되자 황산암모늄 가격이 폭등해 막대한 수익을 거둠으로써 신흥 노구치 콘체른(재벌-역주) 형성의

기초를 다졌다. 노구치의 성공은 사업 기회를 놓치지 않았던 때문만이 아니라 높은 기술력이 뒷받침된 것이 사실이다. 노구치는 1921년(다이쇼 10년) 이탈리아 카자레의 암모니아 합성기술 특허를 사들여 최초의 합성암모니아공업을 가동시켰다. 와타나베 도쿠지渡辺德二와 하야시 유지로林雄二郎가 편집한『일본의 화학공업(제4판)』의 한 대목이다.

합성암모니아공업의 성립은 일본 화학공업 사상 중요한 기원(epoch)으로 생각된다. 그것은 이 공업이 고온·고압으로 촉매를 사용하는 대표적인 중공업적 화학공업이기 때문이다. … 합성암모니아공업을 사업화한 기업이 적어도 제2차 대전 후에 이르기까지 일본 화학공업계의 중심기업이었다는 역사는 이 부문이 일본 화학공업 형성사에서 차지하는 중요성을 시사하는 것이리라. 우리나라 합성암모니아공업의 최초 기업도 카바이트, 석회질소의 경우와 마찬가지로 노구치 시타가우가 거느린 일본질소비료였다.

기술사 서적에는 '암모니아 합성의 기술적 의의'는 "장치 설계가 모두 물리화학의 이론적 계산에 기반한다는 점, 소재·중간원료·제품이 시종 가스이고, 완전한 연속 공정이라는 점"을 들어 "혁명적"인 것으로 평가되고 있다.(우치다 1974) 이로써 화학공업은 과학기술이 된 것이고, 일본질소비료는 당시 일본 화학공업의 최첨단에 위치했던 것이다.

나아가 일본질소비료는 조선총독부가 1920년대부터 추진한 '산미 증식계획'으로 조선의 비료 수요가 확대할 것을 예상하고 1926년(쇼와 1년) 조선수전水電, 이듬해인 1927년에 조선질소비료를 설립했다. 또 조선총독부의 권력을 배경으로 공업화 정책의 추진 역을 맡아 중국과 조선의 국경을 흐르는 압록강 전력 개발을 베이스로, 조선 북동부 흥남(현재의 조선민주주의인민공화국 함흥)에 전력과 화학공업을 결합한 거대 콤비나트(기술적 연관이 있는 여러 생산 부문이 근접 입지하여 형성된 기업의 지역적 결합체-역주)를 건설했다.

첨언하면 이 시대 노구치 외에도 도쿄제대 공과대학 기계공학과 출신의 아유카와 요시스케鮎川義介가 창설한 닛산 콘체른과 도쿄제대 공과대학 조병학과(군수산업 관련 과학기술을 가르치던 학과로 패전 후 정밀공학과로 개칭됨-역주) 출신의 오코치 마사토시에 의한 리켄 콘체른 등 '혁신적' 기술자에 의한 신흥 콘체른이 메이지 이래 구 재벌의 외곽에 등장했다. 이들은 군의 의향에 적극적으로 부응했고 솔선해 식민지 정책을 지원했다. 아유카와는 중일전쟁 때 만주 닛산 콘체른의 본사인 일본산업을 개조한 만주중공업개발을 세워 총재가 된다. 오코치는 1921년(다이쇼 10년) 이래 이화학연구소의 소장을 맡지만, 같은 도쿄제대 공과대학 조병학과 출신이자 자원국 기술관료인 후지사와 다케오藤沢威雄와 함께 만주에서 자원 개발과 산업 진흥을 위한 대륙과학원을 준비했던 것으로 알려졌다.

이야기를 돌리면 일본질소의 자회사인 조선질소비료 흥남공장을 축으로 한 콤비나트의 실태가 당시의 조선산업투자소 소장 가다 나오지賀田直治의 리포트에 등장한다.

근년 가장 현저한 발전이 있었고, 공장 다수의 설립을 봤지만, 특히 주요한 것은 조선질소회사와 그 자매회사가 흥남, 본궁(현재 함경남도 함흥시), 영안(현재 함경북도 화성군), 아오지 등 북선北鮮(북한지역-역주) 지방에 건설된 일군의 화학공업이다. 즉 흥남 및 본궁 간 공업지대에는 황산암모늄·과인산석회·석회질소 등 인조비료공업, 경화유·지방산·글리셀린·비누 등 유지가공업, 카바이트·소다·염산·쇄분曬粉(차아염소산칼륨으로 표백제로 쓰임-역주)·황산·아세톤 등 제조업, 약품공업, 화약공업(조선질소화약회사), 전극공업, 알루미늄·마그네슘 등 경금속공업, 합성연료 등 근대 화학공업의 정수를 모아놨고, 영안에는 북선의 갈탄을 원료로 한 저온건류공업 및 합성수지·포르말린 등의 제조공업이 발달했고, 아오지에서는 조선석탄공업회사의 석탄직접액화공업이 우리나라 액체연료 문제 해결에 절대적인 공헌을 하고 있다. (「조선의 공업 건설과 그 특수성」 『공업』 1940. 5.)

'화약류의 백화점'으로 불리는 완전 자급의 대규모 콤비나트인데, 거의 제로 상태에서 단기간에 이렇게까지 사업을 확대할 수 있었던 것은 경이적이다. 물론 기술력뿐 아니라 조선총독부와 현지 주둔군의 강력한 뒷배가 있었다. 식민지에서는 군이 압도적인 힘을 갖고 있고, 또 기업은 사실상 독점이므로 군의 힘을 배경으로 기업이 군의 현지 지배 목적에 부합하는 형태로 사업을 전개하고 확대하는 것은 쉬운 일이었다. 원래 일본 화학공업은 '국책산업'으로서 시작했던 것이지만, 특히 질소를 다루는 비료공장은 곧바로 폭약공장으로 전환할 수 있는 만큼 비료산업은 '국방산업'이었던 것이다. 이처럼 군과 관료와 신흥 콘체른에 의해 식민지는 총력전 체제의 실험장이 됐다.

이 대규모 콤비나트의 전력원으로 압록강 상류의 지류인 부전강, 장진강과 압록강에 발전용 댐이 속속 지어졌다. 도쿄제대 공과대학 토목공학과 출신으로 조선질소비료 수전본부 공무부장을 거쳐 압록강수전의 사장에 오르게 되는 구보타 유타카久保田豊(1890~1986, 일본의 실업가로 조선 북부에 수풍댐 등을 건설했다-역주)는 이렇게 적었다.

조선반도는 동쪽 변에 등뼈 격인 산맥이 있고 서쪽의 집수면적이 큰 하천은 기울기가 완만해 발전에 적당하지 않은 반면 동쪽의 경사가 급한 하천은 유역이 작다. 즉 수량이 적고 저수지를 지을 장소도 없다. 그래서 조선의 큰 수력발전 지점은 서쪽으로 흐르는 하천을 저수하고, 유역을 변경해 동쪽으로 흐르도록 하는 게 정석으로 되어왔다. (『조선에서의 일본 최대의 수력발전공사』 『지식』 1930. 10.)

분수령의 서쪽에 있는 평탄하고 넓은 지역에 댐을 짓고, 분수령의 산맥을 관통하는 수로를 이용해 기울기가 급한 동쪽에 물을 떨어뜨려 그 낙차로 발전하는 것이다. 압록강과 지류의 흐름을 바꾼 이 무시무시한 자연 파괴를 동반한 대토목 공사는 하자마구미間組 등 일본 토건회사가 현지 조선인과 중국인을 동원해 시행했다. 특히 영하 35~40℃에 달하는 극한의 산악지대의 공사는 상상을 초월할 정도로 힘들었다. 동결된 다이나마이트 불발탄에 의한 사고도 빈발하는 등 많은 희생자가 나왔을 것으로 추정된다.

1929년(쇼와 4년) 완성된 부전강발전소는 최대출력 20만㎾, 1935년 완공된 장진강의 발전소는 33만㎾, 중일전쟁 발발 뒤인 1941년 송전을 개시한 압록강 수풍댐은 저수호의 면적이 비와코의 절반에 달할 정도로 컸으며 발전소 최대출력은 당시 세계 최대급인 70만㎾였다. 1963년 준공한 '구로욘黑四', 즉 구로베가와 제4발전소가 33만5,000㎾이니 그 거대함을 짐작할 수 있다. 사와이 미노루沢井実의

『제국일본의 기술자들』에 따르면 만주 측 3,000평, 조선 측 3,000평인 이 댐을 짓기 위해 1만수천 가구, 수만 명의 현지 조선인과 중국인을 강제 이주시켰다고 한다. 물론 군의 힘을 배경으로 함으로써 가능한 일이었다.

일본질소 사사社史에는 흥남공장 용지 매수에 있어서도 "인정풍속을 달리하는 조선인의 토지 매수 등에도 상당히 번거로움이 있었다"라는 구절이 있지만, 댐 건설에 대체 얼마만큼의 '번거로움'이 있고, 그 '번거로움'을 '해결'하기 위해 강권이 얼마나 휘둘러졌던 것일까.

현지에서 일했던 일본인 기술자는 "저렇게 전력이 풍부하지만 전기가 들어오는 곳은 일본인 주택지역뿐이었다. 흥남만 반짝하고 전기가 들어오지만 산 하나만 넘어가면 전기는 없었다"고 했다. (사와이 2015) 거대 발전소의 전력은 콤비나트와 일본인 주택지에만 사용됐던 것이고, 토지를 빼앗기고 강제 이주를 당하거나 가혹한 노동에 내몰린 현지 조선인과 중국인에게는 어떤 혜택도 없었다. 에너지혁명에 의한 최신 화학공업의 발전은 한편으로 식민지의 자원과 노동력 수탈에 의해 지탱되었던 것이다.

5. 테크노크라트의 등장

구로사와 후미다카黒沢文貴는『대전간기大戰間期의 일본 육군』에서 "총력전의 충격은 군의 근대화뿐 아니라 국가 전체의 근대화도 강하게 요청했다"고 했다. 전쟁으로 향하던 이 시대 국가 경영 합리화 차원의 근대화를 추진한 세력은 군과 관료기구였다.

1930년대 초 자본주의 각국이 세계 공황에 시달린 반면 소련에서는 일국사회주의 계획경제하에서 1928년 시작된 제1차 5개년 계획이 나름대로 성과를 보이자 자본주의 국가는 일국 사회주의의 계획경제를 모범으로 국가의 경제 개입을 강화했다. 독일의 국가사회주의(나치즘), 미국의 뉴딜, 일본의 통제경제가 그것이다. 육군은 1931년(쇼와 6년)의 만주사변 이래 정치세력 성격을 강화해 1934년 10월 국가 총동원 체제로 국방을 떠받쳐야 한다는 팸플릿 '국방의 본의와 그 강화의 제창国防の本義と其強化の提唱'을 발표했다. 다가올 전쟁이 장기지구전, 총력전이라는 차원에서 부족한 자원의 개발, 저장, 대용품 연구, 해외자원 취득계획 등의 필요성을 제기하는 한편 군부독재에 의한 통제경제를 제창한 것이었다.

"본래 고도자본주의 단계에 상응하는 전쟁 형태"(구로사와 2000)인 20세기 총력전은 국가 전 기능의 기술적 합리화를 필요로 하고, 전시의 물적·인적자원의 유효한 배치·동원은 물론 평시의 합리적인 제도 편성과 경제의 계획적인 실시를 위한 유능한 관료기구를 필요로 했던 것이다.

일본의 기술관료는 원래는 공부대학교에서 교육받고 배출됐지만, 중화학공업이 발흥하고 몇몇 연구기관이 탄생한 제1차 대전 이후 국가 정책에 영향을 미치려는 전문 기술관료의 조직적인 등장이 이뤄진다.

1918년(다이쇼 7년) 제국대학 공학부와 관립 전문학교의 교관, 육해군 기술자와 중앙관청 기술관료, 민간기업 기술자들이 사단법인 공정회工政会를 결성했다. 멤버로는 오코치 마사토시, 이노우에 타다시로井上匡四郎(1876~1959, 공학자이자 정치가로 귀족원 의원을 지냄-역주), 시바 추자부로斯波忠三郎(1872~1934, 선박공학자로 도쿄제대 교수와 귀족원 의원을 지냄-역주), 이마이즈미 가이치로, 가모 마사오加茂正雄(1876~1960, 공학자로 도쿄제대 교수를 지냈다-역주) 등이 이름을 올렸다. 모두 도쿄대 공학부 출신에 공학박사 학위를 지닌 엘리트 기술자다. 강령에는 "우리나라 발전의 기초는 공업에 있다는 신조하에 단결하고, 공업의 독립을 확보하기 위해 공업가의 연계를 완수한다. 공업 관련 조직 및 행정의 쇄신을 수행하고, 공업교육의 진흥에 힘쓴다. 국가적 긴급 문제를 연구 토의해 국민을 지도하고, 당국을 보좌하는 임무를 맡는다"고 돼 있다.

저변에는 사무관료에 비해 냉대를 받아온 기술관료의 지위 향상 요구가 있었다. 체신성의 한 기술관료는 말한다.

기술관이 차별대우를 받는 근본 요인은 문관임용령에 기인하고 있다고 인식된다. 왜냐하면 그들은 고등문관시험을 거치지 않았기 때문이다. 일부만이 고등시험위원의 전형에 의해 임용된 것이다. 그들이 기사 자격이 있는지는 법학박사나 법과 출신 고급문관 높으신 분들의 전형으로 판단된 것이다. (시라이 다케시 「복수가 두드림을 멈추는 것은 불가능하다叩き大工に止まることは出来ない」 『펜』 1938. 4.)

그런 의미에서 공정회 운동은 '기술자의 스이헤이샤水平社(1920년대 일어난 부락 해방운동을 주도한 단체. 부락(마을) 주민들은 일본 사회에서 각종 차별을 받아왔다-역주) 운동'으로 불리기도 했지만, 실은 초엘리트 기술자 모임이고 그 목적은 민중 위에 군림하고 행정에 간여하는 것이었다. 그러나 1942년 기술자와 과학자의 좌담회에서 도쿄공업대 연구자가 "공정회 회원 명부를 보면 사장과 공장장, 임원밖에 없습니다. 요컨대 말하자면 중역의 사교단체라는 인상을 받기 십상입니다"라고 토로했다.(『공업』 1942.3) 결국 공정회는 결성 20여 년이 지나며 회원들이 기득권층에 편입되면서 친목회 성격으로 변질된 것으로 보인다.

오히려 실질적으로는 공정회 창설 2년 뒤인 1920년(다이쇼 9년)에 도쿄대 공학부 출신 공학박사로 내무성 기술관료인 미야모토 다케노스케宮本武之輔가 결성한 일본공인구락부日本工人俱樂部가 좀 더 중요한 의미를 갖는다. 이 역시 기술자의 지위 향상을 꾀하는 직업조합 성격에서 출발해 한때 노동운동에도 접근한 듯하지만 1935년(쇼와 10년)에는 국책 협력을 지향하며 일본기술협회로 모습을 바꾼다. 그 계기는 전쟁이었다.

앞서 언급한 시라이 다케시의 1938년 에세이는 "최근 이 문제(기술관료의 냉대)가 또 새롭게 불거진 것처럼 보인다. 그 원인은 뭐라고 해도 시세의 힘이다. 세상이 기술의 중요성을 새롭게 인식한 것이다. 특히 지나사변〔중일전쟁〕이 발발하면서부터인 점, 전쟁에도 고도의 기술이 필요하고, 승부의 갈림길은 일국의 기술 수준에 달린 점의 극히 심대함을 알았던 것이다"라고 했다. 기술의 중요성에 대해 미야모토는 당시 이렇게 지적했다.

　기술은 자본 운용의 길을 열 수 있지만, 역으로 자본은 기술을 낳는 것이 불가능한 것이다. 우리나라 예를 보더라도 산업이 발달하고 공업이 진흥한 것은… 기술의 발달과 기술가의 노력의 결과에 다름 아니다. 그곳에 가장 중요한 산업 개발의 요소가 있고, 국력 진전의 요건이 감춰져 있는 것을 과연 누가 부정할 수 있을까.(「대륙 발전과 기술」『공업』 1938. 4.)

　대단한 자신감이다. "생산 확충을 개념상의 정책이 아니라 실감 있게 하려면 전문 기술자가 정책 수립의 이니셔티브를 쥐는 것 외에 방책이 없다"(『공업』 1940. 3.)는 것이 미야모토의 신념이었다. 마찬가지로 공학박사이자 체신성 기술관료인 마쓰마에 시게요시松前重義는 "생산력이 국력을 좌우하며 정책의 중요 부분을 차지한 오늘날, 기술은 정치의 중요한 요소가 됐다"고 했다. (『공업』1940. 2.) 메이지 초기 공부대학교 도검 헨리 다이어가 "기술자는 혁명가이어라"라는 훈시를 통해 일본 기술관료에 주입한 DNA가 맥을 잇고 있는 것이다.

게다가 그것은 미야모토 자신이 1940년 '기술국책론'에서 "기술이 국방국가에서 가장 중요한 자원 중 하나라고 인식된다"고 한 것처럼, 국방국가 일본의 군사력 강화, 전쟁 수행의 협력자 또는 솔선수범자라는 입장에서였다. 같은 에세이에서 미야모토는 이를 분명히 했다.

기술의 활용이 자유주의적 목표하에서 이뤄지는가, 또는 전체주의, 국가주의적 목표하에서 이뤄지는가는 전혀 별개의 이념이지만, 현재의 국가적 요청으로 본다면 일국의 가장 중요한 자원의 하나인 기술의 활용이 후자를 택해야 한다는 것은 필연이다. (『기술국책론』『개조』1940. 11.)

사회공학적인 상상을 지니고 국가 기술정책의 사령탑

을 지향하는 전문 기술관료가 군부의 세력 증강에 발맞춰 전체주의 체제 형성의 협력자이자 설계자로 등장한 것이다.

  '기술국책론'에서 미야모토는 "기술이 국방국가에서 가장 중요한 자원의 하나로 인식되는 한 이를 국가적 자원으로서 국가적 차원에서 활용해야 함은 당연한 국가적 요구이다. 기술의 국가 관리는 이런 이념에 입각한다. 그것은 종래의 자유주의 경제 이념에서 기술이 해방되는 것을 의미한다"고 명확히 했다. 또한 마쓰마에는 기술행정 사령탑인 "기술참모본부 설치"와 함께 "기술가 총동원에 의한 기술대평의회 설치, 기술의 적절한 국가 관리, 기술 통제에 기반한 물자 동원계획 및 생산 확충계획"을 제창하고 있다.(『공업』1940. 3.) 도쿄공대 조교수 나카하라 도라오中原虎男는 잡지의 같은 호에 게재된 수필 '기술관리'에서 "오늘날의 관리라는 것에는 일찍이 생각해본 적 없는 위대한 힘이 부여돼 있는 것이다. 그리고 오늘날 기술관이라는 것이 어떻게 해서 중요한 지위에 오르게 됐는가를 생각해본다면 오히려 두렵지 않은가"라며 감개무량함을 내비쳤다.(『공업』1940. 3.)

자유주의 경제 대신 통제경제를 선택하고, 기술행정을 국가가 일원적으로 관리하고 지도하는 것이야말로 나치 독일의 국가사회주의와 스탈린의 계획경제에 얼마간 영향을 받은 이들 테크노크라트의 목표였다. 그 목표는 총력전 체제에 의한 고도 국방국가의 건설이라는 군의 목표에 합류해갔다. "토목, 전기통신 등의 테크노크라트는 과학기술의 질과 수준이 승패를 결정하는 총력전 체제하에서 군사 테크노크라트와 이해관계뿐 아니라 사고의 주파수마저 일치시키며 권력 중추에 편입된"(신도新藤 2002) 것이다. 기술관료는 1940년(쇼와 15년) 전일본과학기술단체연합회(전과기련)를 발족시켰다. 이후 '기술보국' 슬로건과 함께 그해 10월에 성립한, 총력전과 총동원을 정치적으로 강제하는 대정익찬회大政翼贊會운동에 깊숙이 간여하게 된다.

6. 총력전 체제로 향하는 길

제1차 대전의 교훈으로 부상한 총력전 체제는 쇼와 시대에 접어들어 "국가의 총력을 다해 세계 재분할 투쟁의 승리를 보장하는 체제"(고바야시 히데오小林英夫 2004)로 인식되면서 현실로 나아가기 시작했다. 1927년(쇼와 2년) 육군 요청으로 내각에 자원국이 설치돼 물적 자원의 배분이 군의 요망에 부응해 국가 관리하에 놓인 것이 실질적인 출발점이다. 일본 경제는 그해 금융 공황을 거쳐 쇼와 대공황에 시달리며 극히 심각한 상황이었지만 1931년 만주사변이 발발하자 시장을 거치지 않고 정부가 직접 구매하는 대규모 군수시장이 일본 자본주의 앞에 출현하게 된다.

정부의 산업통제, 즉 국가의 경제 과정 개입의 제1보로 '중요산업통제법'이 1931년(쇼와 6년)에 5년간의 한시 입법으로 제정됐고, 카르텔 결성이 유도되면서 경제가 준전시 체제로 이행하기 시작됐다. 1934~36년에 영업 허가제 도입, 사업계획 제출과 정부 지휘권 등을 수용하는 대신 세제와 금융 우대를 보장한 '사업법'이 석유 정제, 자동차, 제철, 공작기계, 항공기 분야 산업에서 잇따라 시행됐다. 군수산업과 이를 위한 기초산업을 국가가 강력히 감독하고 보호·육성하기 위한 것이다. 이는 민간 경제활동에 대한 관료 개입을 한층 강화하는 결과를 초래한다.

총력전은 군사와 정치, 경제의 일체화를 요구했던 것이었다. 군과 혁신관료의 기대를 짊어진 제1차 고노에近衛

내각(귀족원 의장 고노에 후미마로를 총리로 1937년 6월부터 1939년 1월까지 존재한 내각-역주)이 성립한 직후인 1937년(쇼와 12년) 7월 중일전쟁이 시작되면서 경제의 직접 통제는 한층 강화됐다. 9월에는 제1차 대전 때 제정된 '군수공업동원법'이 드디어 시행돼 군수 관련 주요 공장이 육해군의 관리하에 놓이게 됐다. 법 조항에는 '전시에 즈음하여'라고 돼 있으나 일본은 중일전쟁을 선전포고 없이 시작했고 '지나사변'이라는 기만적인 호칭을 사용한 탓에 "지나사변에도 이를 적용한다"고 보완하는 법 개정을 해야 하는 해프닝이 벌어졌다.

그해 10월, 육군의 강력한 요청으로 자원국과 기획청이 '국가 총동원의 중추기관'인 기획원으로 통합돼 전시 통제 경제의 참모본부 격으로 경제 정책 입안과 물자 동원계획 작성을 담당하게 됐다. '혁신관료'로 불리던 경제관료, 미야모토 다케노스케 등 기술관료, 군의 중견장교들이 주축이 돼 기획원을 이끌어갔다. '혁신관료'들은 후일 전력의 국가 관리를 주장하게 된다.

기획원은 군의 강력한 압력하에 경제활동뿐 아니라 출판·보도활동과 노동운동도 규제 대상으로 하는 '국가총동원법'을 발의했고, 이는 1938년 4월에 공포됐다. 나치 독일 '수권법(전권위임법)'의 일본판으로, "전시 국방 목적 달성을 위해" 모든 "인적 및 물적 자원"을 "통제 운용"하는 권한을 입법기관인 의회가 행정기관인 정부에 부여하고, 자본과 수입자재를 군수산업에 우선·집중 할당하도록 했다.

이 시기 통제경제의 초점은 전력의 국가 관리였다. 기획청의 이데 다이지로出第二郎가 1937년 에세이 '전쟁과 전력 동원'에서 "군수공업과 관련이 큰, 전기를 원료로 하는 화학공업, 전로電爐공업 등의 발달은 최근의 일이다"(『공업』1937. 10.)라고 한 것처럼 제1차 대전 후 특히 카바이트 제조와 알루미늄 정련 등 전력이 많이 필요한 전기화학공업 발달로 전력 사용이 급속히 확대했다. 내각정보부가 발행하던 『주보』1938년 81호에는 "〔제1차〕 세계대전은 우리나라 전기사업에 경탄할 만한 약진을 성취토록 했다"고 돼 있다. (1938. 5. 4.)

메이지 시대 전력사업이 태동할 당시에는 누전과 화재 위험성 때문에 사업자는 경찰의 면허를 받아야 했다. 1896년(메이지 29년) '전기사업 단속규칙' 시행으로 전기사업에 면허를 부여하는 권한은 체신성으로 이전됐지만, 전기요금은 신고 의무만 있을 뿐 기본적으로 자유경쟁이었다. 1911년(메이지 44년) '전기사업법' 이후 전기사업자는 계속 증가했다. 1930년경 도쿄전등, 다이도大同전력, 도호東邦전력, 니혼日本전력, 우지가와宇治川전기가 전국 총 발전량의 40%가량을 점하는 5대 전력회사였다.

만주사변이 발발한 1931년(쇼와 6년) 국가는 '전기사업법'을 대폭 개정해 전기요금을 신고제에서 허가제로 바꾸고, 정부가 결정하도록 했다. 전력의 국가 통제가 시작된 것은 물론 지금도 시행 중인 총괄원가 방식(공급에 필요한 제반 비용에 일정 비율의 이윤을 붙이는 원가 산정 방식으로, 항상 이익이 보장되기 때문에 무분별한 설비 투자 우려가 있고, 비용 절감 노력이 행해지기 어려운 단점이 있다-역주)의 원형이 탄생한 것이다. 1937년에는 전력 국가 관리를 위한 전력 국책요강이 각료회의에서 결정됐다. 이데 다이지로는 앞의 에세이에서 "현재 일본에서는 전기가 민영으로 돼 있는 한 어떻게 하더라도 국방 목적과는 상이한 결과를 보게 될 것"이라는 인식하에 "전시, 즉 국방 목적에 부합하도록 하려면 전기사업 조직을 근본적으로 개조해… 적어도 발전 및 송전은 전국적으로 일원화해 하나의 조직 아래 통제하지 않으면 안 된다"

고 직설적으로 결론짓고 있다. 전력의 국가 통제 목적은, 오로지 국방, 즉 군사 목적이었던 셈이다.

그 후 우여곡절 끝에 1938년(쇼와 13년) '전력국가관리법'이 공포됐고 이듬해인 1939년에 관의 지도로 전력회사가 대부분 통합돼 '국책회사'인 일본발송전発送電주식회사(닛파쓰)가 창설됐다. 1942년에는 홋카이도에서 규슈까지를 9개 블록으로 나눠 각 지구에 배전사업을 담당하는 배전회사가 설립됐다. 이렇게 해서 일본의 전력사업은 1개의 발전회사 닛파쓰와 9개사의 송전회사로 정리·통합되면서 일원화된 국가 관리 체제가 완성됐다. 관료가 주도하는 통제경제의 본격 가동으로 볼 수 있다.

1938년『주보』81호에는 "일세一世의 눈과 귀를 모은 전력의 국가 관리에 관한 법률안은 이번 73회 제국의회에서 의회 사상 전례 없는 61일간의 긴 심의를 거쳐 성립을 보았다"고 돼 있다. 97호에는 "지난 3년 동안 조야에서 갑론을박하며 중대한 정치 문제가 됐고, 경제계의 심각한 동요를 빚어 귀추를 쉽게 단정하기 어려웠던 전력 문제도 국책으로 결정된 지 5개월, 지금은 이미 그 기초를 확립하기에 이르렀다"고 돼 있다. 전력회사들이 군과 관료의 준사회주의 정책에 집요하게 저항했음을 엿볼 수 있다.

과학사가 오카 구니오岡邦雄가 이 경위를 '전력 국영안 논쟁'에 기술한 것을 보면 "〔우지가와전기 사장〕 하야시 씨를 비롯한 반대론의 중심 논리는 이 안이 국가사회주의 적으로, 이런 사상적 배경을 가진 법안이 통과된다면 유사 한 통제안이 속속 만들어져 모든 산업이 국가 통제로 들 어가게 된다. 이는 간단치 않은 일이다"라고 돼 있다. (『펜』 1936. 10.) 사기업 입장에서 사적 권리와 자유주의 경제 옹 호를 주장하며 반대론을 편 것이다.

반면 전력국가관리법을 입안한 '혁신관료' 오쿠무라 기 와오奧村喜和男는 소유와 경영의 분리를 강조하는 '민유국 영론'에 의거해 "현재 국책 수립의 기본적 지도방침인 통 제경제는 자본주의 기구 위에 서서 이를 부정하지 않으면 서도 그 특질인 경제의 자유성을 국가 권력으로 제한하고 폐해를 잘라내 좀 더 큰 전체의 발전을 추구하려는 것으 로" 그렇기 때문에 국영화가 국가사회주의라는 비판은 맞 지 않다고 반론했다. (『펜』 1936. 10.)

'혁신관료'는 자유주의 경제가 이미 한계에 달한 만큼 사회주의 계획경제나 국가사회주의의 강력한 행정지도를 본떠 관료의 합리적이고 계획적인 지도로 산업을 발전시켜야 한다고 생각한 것이다. 이는 군이 추구하는 총동원 체제와 친화적이기도 하다. 군과 관료는 이윤 추구를 우선으로 하는 기업과 자유주의자의 저항을 억누르고 총동원 체제를 완성했던 것이다.

이 배경에는 급속히 파시즘으로 기울어가던 쇼와의 역사를 들 수 있다. 1928년(쇼와 3년) 3·15와 1929년의 4·16 등 두 차례에 걸친 공산당원 일제검거, 1930년 5·20의 미키 기요시三木淸(1897~1945, 교토학파 철학자로 호세이대학 교수를 지냄-역주) 등 공산당 동조세력 검거 같은 일련의 탄압으로 좌익이 힘을 잃었다. 그해 11월에는 런던회의에서 해군 군축조약을 체결한 총리 하마구치 오사치浜口雄幸(1870~1931, 관료이자 정치가로 내무상과 총리를 지냈다-역주)가 도쿄역에서 우익에게 피격됐다. 1931년 만주사변 이후 대륙에서 군이 폭주하던 1, 2년간 일본 사회는 일거에 우경화했고 광신적인 우익 국수주의가 세력을 확대했다. 1932년 혈맹단 사건(승려 이노우에 닛쇼가 테러에 의한 국가 개조를 주창하며 청년들을 조직해 사회 주요 요인들을 암살한 사건-역주)으로 전 대장상인 이노우에 준노스케井上準之助와 미쓰이합명회사 이사

장인 단 다쿠마団琢磨가 살해됐다. 그해 발생한 5·15사건

(일본 해군 급진파 청년장교와 육군 사관 후보생 등이 정당과 재벌 타도를

내걸고 일으킨 집단테러 사건-역주)에서는 총리인 이누카이 쓰요

시犬養毅가 살해됐다.

1936년(쇼와 11년) 2월 26일에 청년장교에 의한 쿠데타(일

본 육군 청년장교들이 병력 1,483명을 동원해 일으킨 반란으로 2·26사건

으로 불린다. 도쿄 주요 기관을 점거하고 정부와 군의 주요 인사 4명을 살

해하며 천황의 직접통치를 요구하다 사흘 뒤 진압돼 주모자 17명이 처형

됐다-역주)로 대장大蔵상인 다카하시 고레키요高橋是清가 살

해됐다. 쿠데타는 진압됐지만 피비린내 나는 테러리즘의

횡행은 정계와 재계 지도자들을 위축시켰다. 이 사건을

계기로 정당정치가 힘을 잃었고 육군에 대항할 정치세력

이 사실상 소멸되면서 일본은 파시즘으로 치달았다. 통제

경제에 최후까지 맞섰던 다카하시 고레키요가 살해된 것

은 잇따른 테러로 초래된 공포심과 맞물려 국가 총동원 체

제에 대한 재계의 저항을 소멸시켰다.

한편 1933년(쇼와 8년)에는 교토제대의 다키가와 유키토

키瀧川幸辰의 저서가 위험사상으로 낙인찍히며 문부상이

교토대학장에게 다키가와의 사직을 권고토록 한 다키가

와 사건이 발생한다. 1935년에는 학계의 정설로 평가됐던 미노베 다쓰키치美濃部達吉(1873~1948, 헌법학자이자 정치가로 도쿄제국대학 명예교수를 지냈다-역주)의 천황기관설(통치권은 국가에 있으며 천황은 국가의 최고기관으로서 다른 기관의 도움을 얻어 통치권을 행사한다는 논리-역주)이 제국의회에서 '국체명징国体明徵'을 부르짖는 우익 천황주의자들의 공격을 받았고, 그러자 내각은 '국체명징성명(천황이 통치권의 주체이고, 일본은 천황이 통치하는 국가임을 공표한 성명-역주)'을 내 공식적으로 천황기관설을 부정했다. 천황과 국체를 내세우면 어떤 부조리도 당당히 통하는 시대가 된 것이다.

(좌) 『과학주의공업』 1941년 8월호
(우) 『주보』 1943년 2월 3일 329호

제5장 전시하의 과학기술

1. 과학자들의 제언

쇼와 초기에서 만주사변, 중일전쟁에 이르는 과정은 공업화가 어느 정도 달성된 시기였다. 내무성의 기술관료 오니시 기요하루大西淸治가 1938년(쇼와 13년) 작성한 리포트의 한 대목이다.

과거 우리[나라의] 산업의 중심은 방적, 제사 등 소위 섬유공업이었지만, 대체로 쇼와 8년[1933년]경을 계기로 중심이 점차 이동해… 오늘날 우리 산업의 중심은 이미 기계공업, 금속공업, 화학공업으로 완전히 이동했다.(『지식』1938. 12.)

이 무렵, 과학자 진영은 과학기술 진흥을 강력히 주장하기 시작했다. 이는 중화학공업의 발흥, 각종 연구기관 탄생에 의한 과학기술 연구의 발전을 반영하는 것이며 한편으로는 쇼와 대공황에 따른 심각한 불황, 열강 간 경쟁 격화로 초래된 위기감에서 촉발한 것이다.

만주사변이 발발한 1931년(쇼와 6년)에 화학자 사쿠라이 조지와 공학자이자 토목학회 초대 회장 후루이치 고이古

市公威, 정치학자 오노즈카 기헤이小野塚喜平 등이 학술 연구 진흥기관 설립을 호소했다. 이에 호응해 수학자로 도쿄대 이학부장을 지내기도 한 후지사와 리키타로藤沢利喜太郎가 귀족원 본회의에서 일장 연설을 했다. "〔메이지에 있어서〕개국진취의 국시는 일관해 바뀌지 않았고… 그리하여 열국에서 우리가 현재 지위를 유지하기에 이르렀다"며 선대의 공헌을 평가한 뒤 이렇게 이어간다.

열국 간의 경쟁이 격렬한 오늘날, 진전하지 않는 것은 퇴보를 의미합니다. 그런고로 우리들은 지금 새로운 국책을 세워, 개국진취開國進取의 국시에 대신할 새로운 국시로 국운의 발달 향상을 꾀하지 않으면 안 되는 중대한 시기에 직면해 있습니다. (1931. 2. 14. 『귀족원 의사속기록』 제15호)

학자들도 대국의식과 성장의 강박관념에 완전히 사로잡혀 있었던 것이다. 메이지 초기에는 열강에 둘러싸인 상황에서 독립을 달성하기 위해 과학기술을 익혀왔다. 하지만 청일·러일전쟁에서 제1차 대전을 거쳐 식민지를 획득한 당시 시점에서는 열강과 어깨를 견주며 제국일본을 유지해가기 위한 수단의 측면이 강조됐다고 할 수 있다.

후지사와는 지금까지의 학술이 구미로부터의 수입이자 모방이었다고 총괄하면서 일본이 직면한 '국난 타개책'으로 "쇼와유신의 국시는 모의(모방)를 경계하고, 창조에 힘써 첫째도 학술 연구, 둘째 셋째도 학술 연구가 아니면 안 된다고 믿어 의심치 않습니다"라며 학술 연구의 중요성을 강조했다. 그는 구체적 내용으로 "독창적인 능력을 가진 인재 양성과 연구에 필요한 자금 공급"을 호소했다.

후지사와의 연설은 상당한 반향을 불러일으켰다. 귀족원과 중의원에서 연구 장려 건의가 의결돼 1932년 12월 천황 하사금 150만 엔, 정부 보조금 100만 엔, 재계 기부금이 모아졌고 내각 총리를 회장으로 하는 문부성 외곽단체인 '재단법인 일본학술진흥회'(통칭 '학진', 2003년 이후 독립행정법인)가 연구 장려기관으로는 일본 최대 규모로 발족해 이듬해인 1933년에 활동을 개시했다. 설립 취의趣意서에는 "학술의 진흥은 국운 융창隆昌의 기초를 이루는 것"이라고 강조했다.

일본의 대학은 등장한 지 반세기 남짓 지나면서 동맥경화가 시작됐다. 1893년(메이지 26년) 제국대학령 개정으로 대학 자치의 확대가 일부 인정됐지만 이는 평의회 권한의 소폭 확대 등에 그쳤다. 대학들도 국가 권력으로부터 독립을 추구하려는 의지는 미약해 "대학 자치라고 해도 학문보다는 제국대 교수의 특권 옹호 쪽에 역점이 두어지던"(히로시게 1937) 실정이었다. 교수들은 '대학 자치'라는 명목으로 강좌제의 보호막에 안주했고 엄격한 상호 비판이나 다른 영역과의 자유로운 교류도 없었다. 강좌의 도제식 후계자 양성 시스템과 본래 많지 않은 연구비가 강좌 단위로 지급된 점 등으로 유능한 젊은 연구원이 새 분야에 도전하거나 독창적인 아이디어를 추구하기도 곤란했다.

대학 외부, 특히 공업화를 달성한 재계는 대학의 '자기 만족적' 연구가 산업 진흥에 기여하지 못하는 '폐해'를 지적했다. 학진 발족 당시 설립 취의서에도 "유능한 연구자도 연구비 부족으로 업적을 충분히 쌓지 못하고 있고, 게다가 연구 성과를 산업화하는 시설에서는 거의 이것(업적-역주)이 결여돼 있다. 또 각 연구소, 실험소는 상호 연계가 없고 연구자들도 할거의 폐해에 빠져 능률을 향상하는 경우가 적다"고 되어 있다.

학진은 이 결함을 대폭 개선하는 역할을 했다. 사업 내용에 "연합연구를 장려·원조", "유능한 연구자의 양성 원조"라는 항목이 있다. 학진은 종래의 강좌제 틀에서 벗어나 복수의 강좌와 여러 연구기관에 걸친 종합연구를 장려하는 한편 유능하고 의욕적인 젊은 연구자에 대한 직접 지원을 목표로 했던 것이다.

이 성립 과정에 대해 이사들이 작성한 학진의 개요 '일본학술진흥회의 사업'은 "〔만주사변이 발발한 직후인 1931년〕 10월에 이르러 국방 및 산업 분야 유력자가 학술 산업 진흥에 대한 연구에 공명하고, 학계 방면의 주창자와 서로 제휴·합류해 목적 달성에 힘쓰겠다는 의향을 피력했기에"라고 밝혔다. (『지식』 1933. 6.) 학자 측의 문제 제기에 군과 재계가 호응하면서 한때 좌절할 뻔했던 사쿠라이 등의 구상이 실현된 것이다. 연구 테마와 자금 배분을 결정하는 위원회에는 대학과 국립연구기관 연구자들뿐 아니라 육해군과 기업에서 광범위하게 위원이 결집했다. 학진의 창설은 과학기술 연구를 생산과 군사의 요청에 맞춰 편성하는 데 큰 영향을 미치게 됐다. 실제로『과학주의공업』 1942년 3월호 좌담회 '과학·기술 체제를 어떻게 확립하는가'에서 참석자들은 "기술적·과학적인 면에서 구두선처럼 거론되는 군관민 일체-이는 학진 소위원회에서는 실현됐다"고 말했다.

물론 개별적인 국면에서는 과학 주도의 학술 연구에 군이 협력한 케이스도 있다. 교토대 교수 마쓰야마 모토노리松山基範는 『과학지식』 1935년 3월호의 중력 측정에 대한 보고에서 "작년 10월 우리 제국 해군이 문부성 측지학위원회의 요청을 수용해 특히 장기간 잠수함을 출동시켜 일본 해구의 중력 측정을 실현했다"고 했다.

학자 진영에서도 과학기술 연구를 군과 산업계의 요청에 맞추도록 하는 것을 특별히 꺼려하지는 않았다. 본래부터 일본의 과학기술 연구가 국가제일주의와 실용주의를 이념으로 하는 한 국가의 요청에 저항이 있을 리가 없었다. 국가적 요청에 군의 의향이 강하게 포함돼 있는 한, 이는 군의 요청에도 무비판적으로 따르는 것을 의미했다.

1939년 학진 이사장에 취임한 물리학자 나가오카 한타로는 취임 인사말에서 이렇게 말했다.

지금 우리나라는 지나사변을 즈음해 국운 융성을 꾀하는 호기에 도달해 있습니다. 따라서 본회의 사업 수행에 순풍쾌조의 시기를 맞이했다고 하지 않을 수 없습니다.
… 특히 지나사변에 조우해서는 국방 방면에서 특히 이런
종류의 연구가 필요해 여러 위원회를 설치해-1934년입니
다만-열심히 연구를 진행하고 있습니다.(『지식』 1946. 5~6.)

학진 발족 후 종합연구는 공학 분야가 압도적으로 많
이 선정되면서 공학 관련 연구비가 1933년에는 전체의 약
40%였던 것이 1942년에는 무려 67%를 차지했다. 첫 10
년간 가장 많은 연구비가 배분된 상위 세 분야는 항공연
료, 무선통신, 원자핵·우주선 연구였다.

결국 학진은 일본 과학 연구의 근대화를 군과 산업계의
요청에 종속되고 유착되는 방식으로 실행한 셈이다. 히
로시게 데쓰는 '학진의 설립'을 "일본 과학사의 한 획을 긋
는 사건"으로 평가하고, 나아가 "일본 과학 근대화의 비극
은… 군국주의의 진전이라는 사회적 조건에서만 근대화
가 시작된다는 점에서 찾아야 할 것"이라고 예리하게 총
괄했다. (히로시게 1973) 거꾸로 말하자면 군의 의향 안에 일
본 근대화를 추진하는 요소가 포함돼 있었던 것이다. 이
문제는 메이지의 철도 국유화에서 쇼와의 전력 국가 관리

에 공통하는 것으로 이후에도 마주치게 된다.

2. 전시하의 과학 동원

　전쟁을 향한 총동원의 일환으로 과학 동원은 1937년 7월 중일전쟁 발발과 함께 가속화됐다. 그해 11월 학진은 과학 동원에 대해 일반산업과 군수공업을 위한 원료·재료의 연구, 전지戰地 자원 조사, 유효한 신무기 개발에 대한 조사 등을 건의했다. 이듬해인 1938년 4월에는 기획원의 제안으로, 총리를 회장으로 육해군 차관과 군수산업 관계자, 제국대학 이학부장과 공학부장, 이공학계 권위자를 멤버로 하는 '과학심의회'가 내각에 설치됐다. 기획원 과학부의 후지사와 다케오藤沢威雄 심의회 간사는 "현대는 과학시대다. 과학 동원은 국민정신 총동원과 함께 국가 총동원의 핵심을 이룬다"「과학 동원과 과학심의회」『공업』1938. 6.)고 했고, 심의회 발족 직후 이를 좀 더 구체적으로 설명했다.

　예를 들어 신무기를 개발하거나, 특수한 과학적 방법을 작전에 사용하거나, 전혀 새로운 방법으로 새로운 무기를 만드는 것도 과학 동원의 한 부문이지만, 앞서 밝힌 **부족한 자원의 과학적 보전**이 과학 동원의 가장 큰 임무이고, 유럽대전 시대에도 독일이 수입 단절로 군수 원료 자원 보전에 어려움이 컸지만 독일 과학자가 해결했다. 공중질소로 화약을 만든다든가, 점토에서 알루미늄을 만든다든가, 여타 원료자원을 과학적으로 합성한다든지, 새로운 자원에서 이것을 만들어내면서 군수 자재 보급 면에서는 오히려 연합군보다 나았을 정도이다. (「과학심의회에 대해」 『지식』 1938. 6.)

여기에서도 공중질소 고정이 사례로 등장하고 있다. 같은 시기 도쿄공업대 교수이자 화학자인 가토 요고로加藤与五郎는 '오늘날 자원 연구의 의의는 중대하다'라는 제목의 에세이 모두에서 "우리나라는 가진 게 없는 나라"라고 단언하면서 제1차 대전의 독일을 들어 "인력이 유능해 자연을 극복했다는 느낌을 깊게 받았다. 화학자가 국민국가를 위해 노력해 어떻게 성과를 거뒀는가 하는 모범이 제시되었다"(『공업』 1938. 6.)고 했다. '부족한 자원의 과학적 보전'이야말로 제1차 대전 이래 아시아·태평양전쟁에서 일본이 남방에 군을 진주시키고 점령지 자원을 약탈하는 데 이르게 한, 과학 동원의 요체였다. 일본 자본주의와 군이 과학기술에 기대한 가장 중요한 과제이기도 했다.

과학은 자원 문제 해결을 위한 전능자(almighty)로 간주되었다. 오코치 마사토시의 저서 『자본주의 공업과 과학주의 공업』의 선전문에 "과학은 자원을 창조한다. 미지의 자원을 개발하는 것 역시 과학이다. 가진 것 없는 나라라도 만약 과학이 있다면 가진 나라이다. 과학이 없다면 만사 헛일이다"라고 돼 있다.(『공업』 1938. 10.) 과학의 힘으로 자원 부족을 극복한다는 것이 오코치의 신념이었다. 1941년 철학자 후네야마 신이치舩山信一(1907~1994, 철학자, 마르크스주의자로 마르크스, 엥겔스, 포이어바흐 연구를 통해 인간학적 유물론을 확립했다-역주)는 다음과 같이 말했다.

과학기술은 사물에 대해 창조적인 의미를 갖고 있다. 특히 사물이 적을 - 혹은 없을 - 때는 과학기술은 한층 창조적이지 않으면 안 된다. 과학기술이 요구된다는 것은 어떤 의미에서는 무에서 유를 창조하는 것이 요구된다는 것이다.(「과학기술론에의 철학적 반성」 『공업』 1941. 8.)

도무지 철학자로 생각되지 않을 정도로 조잡하고 주관적인 언술이다. 과학기술에 대한 비현실적인 과대평가이지만, 당시 과학기술은 그 정도로까지 기대를 모았던 것이다.

기획원이 주도한 과학심의회 발족 직후에 문부성도 움직이기 시작했다. 제1차 고노에 내각의 1938년 5월 개각으로 육군대장 아라키 사다오荒木貞夫(1877~1966년, 일본의 정치군인 중 가장 급진적 분파의 지도자로, 패전 후 A급 전범으로 수감된 바 있다-역주)가 문부상에 취임하면서 문부성은 과학행정에 적극 나서 8월에 자문기관인 과학진흥조사회를 발족시킨다. 위원에는 육군 차관 도조 히데키東條英機(1884~1948, 군인 겸 정치가, 1941년 현역 군인 신분으로 총리가 된 뒤 태평양전쟁을 강행했다. 패전 후 A급 전범으로 분류돼 처형됐다-역주), 해군 차관 야마모토 이소로쿠山本五十六(1884~1943, 2차 세계대전 당시 연합함대 사령관으로 일본의 진주만 기습공격 시 현장을 지휘했다-역주) 같은 유력 군인이 포함되는 등 군의 의향이 강하게 반영됐다. 일본에서 과학기술은 처음부터 군사 목적에 편중됐지만 이 시점에서 군과의 관계는 한층 직접적이고 밀접해졌다.

여하튼 조사회가 주장한 대학 내 이공계 확대, 대학원과 연구시설 확충, 연구비 증대 등은 이후 실행에 옮겨졌다. 주목할 점은 조사회의 건의로 지금도 유지되고 있는 문부성 과학연구비(통칭 '과연비')가 창설됐다는 것이다. 이는 당시 문부성 연구비의 수십 배에 달하는 것이었다. 과연비 신설이 신속하게 결정된 배경에는 군인이던 아라키 문부상의 영향력이 컸던 것으로 알려졌다. 아라키 문부상은 대학교수와 학장의 인사권을 대학에서 빼앗아 정부 임명제로 하는 방안을 계획하는 등 대학 자치 반대론자로 알려졌지만 연구비 근대화와 연구체제 확충을 꾀한 문부상이기도 했다. 즉 대학 연구체제의 확충과 근대화가 대학 자치에 대한 침범과 맞물려 추진됐던 것이다. 그리고 연구자들은 이를 수용했다.

이렇게 해서 전쟁 수행을 목적으로 과학 진흥과 기술 개발의 일원적 지도가 이뤄졌다. 본래 군사는 본질적으로 명령계통 일원화와 이를 위한 조직의 통합을 요구하게 마련이다. 이 때문에 군의 논리가 관철하는 한 경제 활동이건 학술 연구이건 모두 통제 대상이고, 그런 의미에서 합리화를 추진한다. 군의 요구가 연구체제의 충실을 기하고 능률화·합리화한 전형적인 사례를 해양학과 기상학에서 볼 수 있다.

이미 청일전쟁 승리로 타이완 호코제도澎湖諸島를 수중
에 넣은 일본은 제1차 대전 때 한발 더 나아가 남태평양제
도를 지배하게 됐다. 해군에 의한 해양 연구는 군사 지배
확대와 궤를 같이하며 진행됐다. 해군 대좌 시게마쓰 료
이치重松良一는 1933년(쇼와 8년) "쇼와 4년부터 우리 해군
수로부가 시작한 구로시오黑潮(일본 근해를 흐르는 난류로 남중
국에서 북상해 일본열도 남단을 따라 흐르며 물빛이 청흑색을 띤다-역주)
조사로 우선 타이완 동안부에서 보소房総반도(일본 지바현
의 반도-역주) 앞바다까지의 구로시오의 정체가 명확하게 됐
다"고 했다.(『지식』 1933. 8.) 구로시오를 포함한 남방 해양 연
구는 타이완에 대한 식민 지배가 이뤄지면서 추진된 것이
지만 해양 연구 진전이 역으로 침략 가속화에 공헌하게 된
다.

군의 지배 영역 확대에 발맞춰 연구 조사 영역이 확대된
것은 기상관측 사업도 마찬가지다. 1935년(쇼와 10년) 중앙
기상대 오타니 도헤이大谷東平는 "최근의 수십 년간 우리
기상계의 전보는 실로 눈부신 것이다. 백수십의 측후소
가 남쪽은 북위 5도 팔라우에서 북쪽은 북위 50도의 야스

베쓰安別〔가라후토樺太(사할린-역주) 중부〕까지, 서쪽은 동경 114
도의 한커우漢口(중국 허베이성-역주)에서, 동쪽은 동경 170도
〔미크로네시아의〕 야루트섬(마셜제도의 잴루잇 환초-역주)까지
의 광대한 면적에 관측망을 펼쳐…"라고 했다.(『올여름부터
개정된 폭풍경보, 기상특보에 대해』『지식』1935. 9.)

　해군은 1935년 9월 서태평양에서 미국을 가상 적국으
로 하는 대연습을 실시했는데 산리쿠三陸 앞바다(일본 동
북지방 아오모리에서 미야기현까지의 앞바다-역주)에서 태풍의 눈
에 휩쓸리면서 구축함 2함이 함수부터 절단돼 56명이 죽
고, 여타 전함들이 큰 피해를 보는 대사고가 발생했다. 이
에 대한 반성에서 해군은 1938년부터 치시마千島(쿠릴열도-
역주)와 남양에 20곳이 넘는 자체 측후소를 설치했다. 이후
해군 수로부는 서태평양의 광대한 해역에 대해 조직적인
대규모 해양 조사와 기상관측을 계속했다.

　청일전쟁, 러일전쟁, 제1차 대전의 일련의 과정을 보면,
일본이 전쟁으로 지배권을 확대하는 것과 함께 지구물리
학 연구의 대상 영역도 확대됐음을 알 수 있다. 기다 준이
치로紀田順一郎는 "외지의 관측소가 충실했던 전전, 일본의
일기예보는 세계 제일의 정밀도를 자랑했다"고 했으나(기

다 1992) 사실이라고 해도 이는 일본 제국주의 발전의 '하사품'이라고 해야 할 것이다.

일본의 기상사업은 이처럼 메이지 이래 발전하면서 각지에 측후소가 설치됐다. 하지만 국내의 많은 측후소는 도도부현(일본의 광역자치단체-역주)이 제각각 운영하면서 통일되지 않은 상태였다. 이런 상황은 전시하의 군에는 바람직하지 않았다. 결국 군의 강한 요구로 일원화됐다. 조금 길지만 전문서적의 내용을 인용해둔다.

쇼와 12년(1937년) 7월 7일 루거우차오盧溝橋에서 시작된 일화日華사변〔중일전쟁〕은, 확대하지 않는다는 방침이 거론되면서도 화북에서 화중으로 들불처럼 번졌고, 국내에서는 국민정신 총동원의 기치 아래 전시 상태가 정비되었다. 선전포고는 없었다고 해도 군은 전투 상태에 들어간 만큼 군의 작전과 공군의 활동을 위해 기상 상황을 파악하는 것은 극히 중요한 일이다. 정부는 군사 목적을 위해 통일되지 않은 기상사업을 서둘러 정비하는 방안을 검토하도록 기획원에 지시했다. 쇼와 12년이 끝날 무렵, 기획원에 설치된 기상협의회에서는 육해군, 문부성, 기상대,

대만対満사무국, 흥아원 등이 매일같이 회의를 열어 격렬한 토론을 이어갔다. … 2개월가량의 토론 끝에 기상사업은 전면 국영화하고, 중앙기상대장 통제하에 중요한 사명을 완수해야 한다고 결의하는 데 이르렀고, 그에 동반해 여러 가지 계획이 수립됐다. 그러나 70곳 이상인 측후소를 일거에 국영화하는 데는 너무 많은 경비가 소요돼… 군사적 요구가 강한 곳부터 차례차례 이관하게 됐다. 이렇게 해서 쇼와 13년(1938년)에 30개의 관측소가 국영화됐고 그 이듬해에는 남은 43곳이 이관돼 그토록 어려웠던 국영화가 일화사변이라는 정세하에서 말끔이 해결됐다. (기상학사연구회, 1956)

1937년(쇼와 12년)에 중일전쟁이 시작되자 기상사업은 일차적으로 과학 동원의 대상이 되었다. 이듬해인 1938년 육군 기상부가 설치되고 기상기관이 전면 국영화한 뒤 치러진 제2차 대전을 통해 일본 기상학은 비약적으로 진보하게 된다. 아시아·태평양전쟁이 개막된 1941년(쇼와 16년) 일본해양학회가 창설됐다. 이는 대학과 민간의 연구자를 군에 동원하기 위한 것이었다. 그해 12월 8일 일본군의 진

주만 기습공격이 발생했다. 이듬해인 1942년 후쿠오카福
岡관구기상대의 대장은 다음과 같이 말했다.

　　우리 무적 해군은 남태평양은 물론 인도양까지 제해권
을 확보했고, 영·미·네덜란드의 해군 함대는 완전히 괴
멸됐다. 이런 혁혁한 전과는 천황폐하 아래 생사를 초월
한 장병들이 역투해 얻은 은사품이지만, 이 방면의 해류
지식이 크게 공헌한 점도 놓쳐서는 안 된다. 해류가 함대
의 행동과 도양작전, 상륙작전, 기뢰의 표류 또는 항공작
전에 얼마나 큰 영향을 미쳤는지는 전과 발표를 자세히
보면 알 수 있다. 전사에 다시 없을 하와이의 대쾌첩도 우
리 해군이 수십 년간 묵묵히 구로시오의 연구를 계속했던
것과 관련이 크다. (『해류 이야기』 『아사히』 1942. 7.)

　'하와이의 대쾌첩'이란 물론 전년, 즉 1941년(쇼와 16년)
12월 8일 진주만 공격의 '대승리'를 가리키는 것이지만, 하
루 전인 12월 7일 중앙기상대와 군이 극비리에 하와이 부
근의 기상 예상을 협의했던 것이다. 12월 8일부터 기상사
업은 완전히 군의 관제하에 들어가 패전 때까지 모든 기상

예보는 군 기밀이 됐다. 연구가 군의 관제하에 놓여 완전한 군사기밀 취급을 받은 것은 군에 의한 합리화의 최종 형태라고 할 수 있을 것이다.

육군과학학교 교관 유아사 미쓰토모湯浅光朝는 대전 중에 전시 기상학이 지향해야 할 방향을 다음과 같이 밝혔다.

군관민에 산재하는 모든 기상학자, 기상 기술자, 기상기계 제조업자를 조직적으로 긴밀히 결집시키고 결전 체제를 확립한다. 종합적 연구에 의한 항공기상학의 비약적 발전과 그에 따른 항공기술의 획기적 응용을 개척하고, 항공전력의 비약적 증강을 기한다. (『항공기상학』『지식』 1943. 6.)

유아사가 전후 집필한 『일본의 과학기술 100년사』를 보면 해군 수로부의 직원 수는 메이지 이후 조금씩 증가해 쇼와 10년경에는 500명을 조금 넘는 정도였지만 "태평양전쟁 시기 5,000명으로 증가"했고, 중앙기상대의 예산도 1938~1941년의 5년간에 80만 엔에서 700만 엔으로 부풀었다. 전쟁은 해양 연구를 강력히 추진했고 기상관측과

기상연구 체제를 비약적으로 확대하면서 일원화·합리화
도 달성했던 것이다.

3. 과학자의 반응

이 시대는 과학 동원, 과학 진흥의 구호가 드높던 것과
동시에 학문의 자유가 침해되고 반문화주의와 반지성주
의가 횡행하기도 했다. 예를 들면 문부상 마쓰다 겐지松田
源治가 1934년(쇼와 9년) 수학 교육을 "서양 문명에 너무 물
들었다", "편지偏知(편향-역주) 교육"이라고 공격한 데서 드
러나듯 지육知育 경시 풍조가 강해졌다. 권력이 적대시한
마르크스주의와 유물론 철학 보급 책임의 일단이 자연과
학과 서양 근대과학에 씌워졌던 것이다. 당시 서양 문명
에 대비된 것은 정서적인 고래의 순풍미속醇風美俗(미풍양
속-역주)이었고, 몽매하고 편협한 일본정신이었다.

1937년에는 '국체명징'의 관점에서 중등학교의 교수요
강이 대폭 개정됐다. 또 문부성이 교학 쇄신을 위해 편찬
한 『국체의 본의本義』 120만 부가 전국에 배포됐고, 국민
정신 총동원 실시요강이 각료회의에서 결정됐다.

천손강림天孫降臨(아마테라스오미카미의 손자인 니니기가 아사하라노나카쓰쿠니를 통치하기 위해 강림했다는 일본 신화-역주)류의 신화적 역사관, 만세일계万世一系(일본 황실의 혈통은 한 번도 단절된 적이 없다는 주장-역주) 천황을 품은 신국神國 일본의 우월성 따위가 널리 울려 퍼졌고 이런 국수주의에 대한 비판은 물론 의문을 품는 것조차 불경사상이라고 공격당했다. 1935년부터 1937년에 걸쳐 전시 색채가 깊어지면서 사상·문화 통제가 엄격함을 더해갔다.

철학자 다니카와 데쓰조谷川徹三는 1938년(쇼와 13년) 반지성주의의 확산에 대한 우려를 다음과 같이 에둘러 표명했다.

최근 풍조 중 내가 위험하다고 생각한 것 중 하나는 과학에 대한 멸시다. 일부의 극단적인 사람을 제외하면 노골적으로 과학의 권위를 부정하는 데 이르는 것은 아니다. 그러나 언설을 요약하면 결국 그렇게 돼버리는 것이 매우 많다. 오늘날처럼 모든 세계에서 신화가 위력을 발휘하는 시대는 서구 세계에서도 최근 1세기 동안에는 없었을 것이다. (「일본 문화와 과학정신」 『공업』 1938. 2.)

다니카와는 나아가 "현대에서 신화의 의미를 여러 각도에서 인식하면서 그것에 과학을 대립시켜 과학에 대한 존중심을 설파하지 않으면 안 된다고 생각하는 까닭이다"라고 맺는다.

철학자인 다나베 하지메田辺元도 시대 움직임에 민감하게 반응하면서 과학적 정신의 중요성을 강조하고, 분명한 태도로 위험성을 호소했다. 2·26 사건이 발생한 1936년(쇼와 11년)에 발표된 에세이 '과학정책의 모순'에서 다나베는 "문화과학, 사회과학에 관한 지식을 제한하고 지식 대신 정보와 신앙을 고취하는 데 힘쓰며 한편으로는 국방의 충실을 목적으로 자연과학의 장려에 극력 힘을 쏟는 모순"을 지적했다.(『개조』 1936. 10.) 다나베는 여기서 "민중의 지식을 제한하고, 사회 진전에 대한 법칙을 감추고 비판을 봉쇄하더라도, 위정자 자신이 정치적 시설에 과학적 지식을 필요로 하고, 특히 경제 재정에서 정론의 지식을 가진 자가 정부 수뇌로 되는 것이 필연임은 어찌할 수 없는 것 아닐까"라며 자연과학뿐 아니라 사회과학과 문화과학 교육의 중요성을 논하고 "교육의 반지식주의를 고무하는 것은 명백한 시대착오가 아니고 무엇인가"라고 맺었다.

다나베의 창끝은 상황을 묵인하고 있는 과학자로도 향했다. 즉 "전문 분야 연구에서는 현저한 업적을 쌓고" 있지만 "일반 사물에 대해서는 전혀 과학적 사고를 적용할 줄 모르고, 과학적 정신과는 정반대의 몽매주의가 설치는 것을 보고도 지나친다"고 지적했다. 또 "국가와 사회의 결함에 주의를 기울이고, 그 원인을 실증적으로 인식하려는 요구는 전혀 없고, 오로지 연구비만 풍족히 지급하는 정부라면 어떠한 불합리를 행해도 굳이 관여하지 않는" 연구자를 비판하고 있다.

다나베의 호소에 민감하게 반응한 것이 수학사 연구자 오구라 긴노스케小倉金之助였다. 프랑스에 유학했고 마르크스주의에도 공감하며 단순한 학설사를 넘어 사회사로서의 수학사를 일본에 도입한 그는 1936년 '자연과학자의 임무'를 발표했다. 오구라는 협소한 전문 영역에 갇혀 있는 당대 자연과학자에 대해 "그들은 자신의 전문적 연구가 수행해야 할 사회적 역할은 의식하지 않는다. 단순히 자신의 몸을 지키려는 에고이스트가 됐다(그렇기 때문에 자연과학자만큼 권력자가 다루기 쉬운 것은 없다)"고 지적하면서 자연과학자들에게 반지성주의와 반문화주의에 저항할 것을 호소했다. (『중공』 1936. 12.)

오구라는 모두에서 일본의 자본주의화가 반봉건적인 농촌을 기초로 했고, 전쟁에 의한 식민지 획득을 조건으로 했다면서 그로 인한 일본 과학의 문제점을 네 가지로 열거했다. 즉 (1) 서구과학 이식으로 출발하면서 모방주의가 심화된 점, (2) 과학이 군사 분야에 과도하게 편중된 점, (3) 대학 및 자연과학자의 농후한 관료성, (4) 봉건적이고 길드적인 학벌과 영역의 존재 등이다. 오구라는 또 "게다가 지금은 파시즘의 중압이 더해지고 있다"는 인식을 토대로 당시 문교정책의 문제점으로 기초과학의 경시, 대학 이외 학교의 빈곤화, 문화 통제와 반과학주의를 지적했다.

오구라는 동시에 대학에 대해 "상아탑은 경직되고 있다. 그렇지 않더라도 부패하고 있다. 게다가 비판을 봉쇄당한 세계에 남는 것은 보수와 반동뿐이다. 젊고 우수한 재능은 소멸하고 새로운 사색은 저지된다. … 노련한 선비는 대개 보수적이거나 반동적이고, 게다가 각 세력들의 우두머리다"라며 "대학의 타락"을 묘사했다. 이어 "오늘날처럼 과학적 비판이 요청되는 때는 없다. … 자연과학자는 무엇보다 과학적 정신에 투철하지 않으면 안 된다"고

244

결론짓는다.

오구라는 파시즘의 온상으로 간주돼온 일본 사회의 봉건성, 전근대성과 그로부터 유래된 비과학적 정신, 보스 교수와 장로가 지배하는 대학과 학계의 전근대적 인간관계를 규탄했다. 그리고 과학적 정신에 기반한 합리적 비판과 그에 의한 학문과 문화의 건전한 발전을 대안으로 제시한 것이다.

그러나 이런 논리로는 파시즘과 맞서 싸울 수 없을 뿐 아니라, 당시 추진되던 과학 동원, 과학 통제에도 대항할 수 없음이 얼마 안 가 명확해진다.

4. 통제와 근대화

군인들이 대중 동원 과정에서 몽매한 신화적 역사관과 허술한 정신주의를 과다하게 이용했지만 그들도 그것만으로 근대전을 치를 수 있다고 믿었던 것은 아니다. 고도의 과학기술과 대량의 물자가 필요한 20세기 전쟁에서 자연과학(물리학과 화학) 및 사회과학(경제학과 사회공학)이 요구하는 합리성 앞에서는, 신화 선전의 정치의 정신주의적 전투는 금세 한계를 드러낸다. 근대전이 물량전이자 과학전인 한 그들도 과학 진흥, 생산력 증강에 힘을 기울였다. 실은 "국수주의자들의 난폭한 반과학주의도 과학 진흥에 이르는 길을 닦는 불도저 같은 것에 불과했다"(히로시게 1973)는 것이다. 광신적 국가주의자의 거친 정지작업 결과 전쟁에 협력하지 않는 목소리가 사라진 뒤, 반지성주의는 무대 뒤로 물러나고 과학과 기술의 냉철한 합리성이 전면에 등장했다.

앞서 기술한 대로 총동원 체제를 법적으로 강제한 '국가총동원법'은 1938년(쇼와 13년) 4월 공포됐다. 기획원은 그해 『주보』 112호의 '과학 동원에 대해'라는 글을 통해 "국가총동원법 제25조"가 "과학 동원에 관한 규정"이고 "연구자에 대해 연구항목 지정과 변경을 명하는 것에 의해 연구를 총동원 목적하에 통제하는 한편 연구 촉진을 적절히 지도하고 도울 수 있게 됐다"고 강조했다. 군과 관료는 자신들의 입장에서 연구의 방향 설정, 능률화·합리화에 손을 댄 것이다. 이듬해 1939년에는 기획원 내부에 독립적으로 과학 동원을 담당하는 과학부가 설치되면서 과학 연구가 완전히 국가의 관리에 들어갔고, 군 간부와 기술관료 간부들이 과학자와 기술자를 전쟁 수행에 동원하는 체제가 구축됐다.

한편 1939년(쇼와 14년) 5~9월 일본 육군이 외몽골과 만주국 국경지대 노몬한에서 소련·몽골 연합군과 충돌했는데 정예부대임을 과시하던 일본군(만주군)이 소련의 기계화 부대에 참패했다. 반면 같은 해 9월에 군대와 대포 이동을 고도로 기계화한 독일군이 폴란드를 어렵지 않게 침공하자 과학기술 중시를 향한 움직임은 한층 가속화된다. 노몬한 사건에 대한 육군 보고는 말미에 사실상의 패배를 인정하는 극히 이례적인 기술을 싣고 "군의 기계적 정비의 충실"을 호소했다. 이를 수용해 육군 중장 가와무라 교스케河村恭輔도 '군 기계화와 기술국방'이라는 글에서 "전쟁에서 혁혁한 승리를 얻으려면 나라의 공업력 및 국민의 발명심은 극히 중대한 관계가 있다. 그 가치는 과학문명 또는 기계문명의 진보와 함께 갈수록 중요해져 아무리 정신력이 탁월해도 군의 기계 등 물질적 방면의 진보 충실을 기하지 않는다면 소기의 전승을 획득할 수 없다"고 했다.(『공업』 1939. 12.)

육군 내부에서는 2·26 쿠데타 패배로 국체론과 일본정신을 소리 높여 제창하던 황도파(1920~30년대 전체주의, 팽창주의 등에 입각한 정치체제 변혁을 꾀하던 육군 내 과격파-역주) 세력이 일소된 뒤 군부독재로 총력전 체제, 고도 국방국가 건설을 꾀하는 도조 히데키 등 통제파(육군 내 파벌로 황도파와 달리 육군상을 통해 정치적 요구를 실현하는 합법적 방식으로 고도 국방국가 건설을 지향했다-역주)가 헤게모니를 장악했다. 이들과 혁신관료의 목표는 통제경제에 의한 생산력 증강이었고, 이를 위해 연구 통제를 동반한 연구자의 동원, 인적 자원의 유효한 활동을 위한 사회 전체의 합리적 재편성을 필요로 했다.

군이 진지하게 과학 진흥과 과학 동원에 나서자 봉건성·전근대성에 대해 단순히 합리주의와 과학적 정신을 대치시켰을 뿐이던 당시의 비판들은 무력해졌다. 예컨대 1940년 사회학자인 간바 도시오樺俊雄는 다음과 같이 말했다.

최근까지의 우리나라 자본주의 체제 성장이 저임금을 기초로 해왔다고 하지만, 그것도 결국은 봉건적 잔존요소가 이를 가능케 했던 것으로 보인다. 그런데 최근의 통제 강화는 이러한 봉건적 잔존요소를 그대로 존속시킨 채 자본주의적 합리화를 강화하고 있는 것이다. 그러므로 이런 합리화는 그만큼 불합리를 증대시키고 있는 것이다. 여기에 통제주의가 한층 진전될 필연성과 새로운 사회질서를 가져올 것이라는 희망을 가지면서도 이러한 진보적 방향으로 나아갈 길이 저지되는 원인이 있다고 할 수 있다.

（『우리나라에 있어서 문화와 기술』『공업』1940. 2.）

　문제는 "봉건적 잔존요소"에 있지만 "통제주의" 자체는 "새로운 사회질서를 가져올 희망"을 갖는, 긍정적 요소로 평가되고 있다.

　구 좌익이나 근대주의자는 일본 사회 곳곳에 잔존하는 전근대적·봉건적 요소와 '일본정신'을 광신적으로 부르짖는 우익 국수주의자의 반지성주의에 대한 저항의 발판을 통제경제가 가진 기술적 합리성에서 찾았던 것이다. 앞서 살펴본 전력의 국유 관리에 대한 오카 구니오의 논고에서는 "전력의 국영 통제는 요금 저감을 위해서만이 아니라 국방상, 기술상으로도 중요한 합리화 안이고, 이 원리는 아무도 반대할 수 없다"고 돼 있다. 실제로도 뉴딜형이건 파시즘형이건 총력전을 위한 체제 구축은 잔존하는 전근대성을 도려내고 근대화를 꾀하려는 충동을 간직하고 있던 것이다. 이 때문에 통제경제가 가진 기술적 합리성을 평가하는 입장은 군이 추진하는 총력전 체제에 가담하고, 때로는 강력한 후원으로 이어지는 경향이 있었던 것이다. 많은 지식인들이 제2차 고노에 내각의 신체제 운동에 협력하거나 적극 참가하면서 이런 위험성은 현실이 된다.

5. 경제 신체제와 경제학자

군과 관료의 통제경제 실험은 식민지에서 시작됐다. 사실상 일본의 식민지였던 괴뢰국가 만주국이 만들어졌을 때 국내 각 부처에서 유능한 젊은 관료들이 군의 요청에 호응해 참가했다. 만주국은 '국가'라곤 하지만 의회도 정당도 언론도 존재하지 않는, 군과 관료만의 '국가'이고, 관동군이 사실상 지배자였다. 이 때문에 관료는 군을 업고 거의 마음먹은 대로 정책을 실시할 수 있었던 것이다. 관료기구도 생긴 지 얼마 안 돼 답습해야 할 전례나 의사소통을 어렵게 하는 부처 간 벽도 없는 만큼 자유롭게 횡단적 조직을 만들어 과감한 정책을 실행할 수 있었다. 그들은 관동군 참모와 손을 잡고 합리적으로 경영되는 국가 건설을 목표로 강력한 통제경제 실험에 착수했던 것이다.

일만재정경제조사회는 1935년(쇼와 10년)에 '만주산업개발 5개년계획 요강'을 제정했다. 1937년부터 5년간 25억 엔을 투입해 광공업, 특히 군수공업의 기초가 되는 철강, 석탄, 인조석유(석탄 등을 가공해 만든 액체 연료-역주), 경금속공업을 확대하고 자동차, 항공기산업 육성을 꾀하는 내용이다. 명칭부터 5년 단위로 하는 소련의 계획경제를 연상시키지만, 내용도 소련의 계획경제와 다른 점이 거의 없다. 이를 도맡은 이가 '혁신관료'로 만주국 실업부 차장이던 기시 노부스케岸信介(1896~1987, 일본의 관료이자 정치가. 패전 후 A급 전범으로 분류됐으나 사면된 뒤 정계에 진출해 총리에 올랐으며 자민당을 결성해 전후 보수정치 체제를 구축했다. 아베 신조 현 총리가 그의 외손자다-역주)였다.

이 수법은 1940년(쇼와 15년) 6월에 시작한 고노에 후미마로의 '신체제운동'이 답습한다. 군의 목표인 국가 총동원을 위한 거국일치를 추진하는 운동으로, 분립적 정당정치의 혼란과 대립에 실망한 민중들도 이를 호의적으로 받아들인다. 강력한 지도에 의한 일원적 정치 지배는 군이야 두말할 것 없이 바라는 바였다. 신체제운동은 관료와 군이 주도한, 전쟁 수행을 위한 사회의 합리적 재편운동이었다.

신체제운동의 두 축은 '경제 신체제'와 '과학기술 신체제'이다. 1940년 7월 성립한 제2차 고노에 내각은 12월 각료회의에서 고도 국방국가 완성을 위해 '소유와 경영의 분리 및 후자의 우위', '배당 제한과 이윤 통제', '지도자 원리에 의한 기업 경영', '보장금 제도 실시' 등 기업 형태의 합리화 방안, 산업별 조직에 의한 동업조합 결성 등을 골자로 하는 '경제 신체제 확립요강'을 결정했다. 요강의 원안은 1939년(쇼와 14년)에 귀국해 상공차관이 된 기시 노부스케가 작성한 것으로, 한 해 전 제정한 '전력국가관리법'의 '민유국영론'을 전 기업 부문으로 확대한 것이다.

'경제 신체제'는 이윤 추구라는 기업 목적을 전쟁 수행이라는 국가 목적에 종속시키려 했던 것이어서 기업 측은 강력하게 반발했다. 이 때문에 '경제 신체제'는 반드시 군과 관료의 생각대로 실현되지는 않았다. 전쟁으로 막대한 이익을 챙기려던 기업들은 관료에 의해 기득권이 위협받게 될 것을 우려했던 것이다.

그러나 합리성에 가치를 둔 학자와 특히 마르크스주의 영향을 받은 학자나 지식인의 반응은 달랐다. 자본주의 국가들이 세계 공황을 경험하면서 국가사회주의나 뉴딜정책의 수용에 긍정적이던 이 시대에는 소장군인과 혁신관료뿐 아니라 좌익 지식인에 이르기까지 통제경제-일국사회주의나 국가사회주의와 종이 한 장 차이인 경제 통제-가 사회적 진보로 받아들여졌다. 앞에서 본 것처럼 '통제'라는 단어가 반드시 부정적으로만 받아들여진 것은 아니다. 유물론연구회 멤버로 1930년대 마르크스주의 입장에서 기술론을 논했던 아이카와 하루키相川春喜는 1940년의 『과학주의공업』 9월호 에세이 '기술의 성격과 기술 통제'에서 "고도 국방국가 체제" 확립을 위해 "계획경제를 향한 생산 통제의 일원적 강화가 필요하다"면서 "기술 통제 확립이 요망된다"고 주장했다. 이 잡지 1941년 11월호에 실린 아이카와 관청 및 기업 기술자 간 좌담회에서는 "강력한 기술 통제"의 필요성이 언급됐을 뿐 아니라 나치 독일이 "경제의 실제 지도를 기술자가 장악하고 있는" 점을 칭송했다.

1918년(다이쇼 7년)에 출범한 도쿄대 신입회는 요강에서

"1. 우리들은 세계의 문화적 대세인 인류 해방의 신기운에 협력하고 이의 촉진에 힘쓴다. 2. 우리들은 현대 일본의 합리적 개조운동을 따른다"고 밝혔다. 다이쇼 데모크라시(1910~1920년대 일본에서 일어난 민주주의 발전과 자유주의적 운동, 사조 등을 총칭한다-역주) 영향하에서 시작된 운동은 사회주의에 기울어 있었지만 멤버 중 일부는 얼마 안 가 국가사회주의를 지향하게 된다. 창립회원인 아소 히사시麻生久는 후일 사회대중당 국회의원이 됐는데 통제를 사회주의 진전으로 평가하면서 '국가총동원법'에 찬성했다.

미타니 다이치로三谷太一郎는 최근 저서 『일본의 근대란 무엇이었던가日本の近代とはなんであったか』에서 "당시 일본에서 마르크스 경제학은 이데올로기가 아니라 대국 소련의 경제 건설 과정에서 단련된 가장 실용적인 계획경제 이론으로 간주됐다"고 했다. 통제경제는 이런 입장에서 오히려 긍정적으로 평가됐던 것이다. 이는 일본 자본주의에 잔존하는 봉건적 요소를 항상 강조해온 강좌파 연구자에 국한되지 않았다. 노농파 경제학자이자 도쿄대 교수인 쓰치야 다카오土屋喬雄는 1940년 9월 다음과 같이 지적했다.

〔고노에 신내각의〕 통제경제는 자유경제 체제를 지양하고 국체 관념에 기반해 공익 우선의 신경제 윤리를 지도이념으로 한다. 생산보다 유통, 소비, 가격은 물론 이윤 배당, 이자, 지대, 임금도 모두 통제하에 두려는 것이다. 필시 하나의 커다란 전환이고 혁신이다. 유신변혁 이래의 대전환, 대혁신이라고 하지 않으면 안 된다. … 냉정히 관찰하면 일본의 생산 및 과학이 세계 최고 수준에 달했다고 할 수는 없다. 세계 최고 수준과 약간의 갭이 있는 것은 유감이지만 국민 스스로 인정하고, 채찍질하지 않으면 안 된다. 그런데 오늘날 같은 세계적 전국戰國시대에는 국방력에서 약간의 차이가 나도 가공할 결과가 예견된다. 우국의 식자가 고도 국방체제 확립을 위한 혁신을 목하의 긴급 요무要務로 생각하는 것은 당연하고 또 필연이어야 한다. (「메이지 산업혁신의 현대에의 교훈」 『공업』 1940. 9.)

마르크스주의자가 군과 관료의 독재를 자본의 자의적이고 무정부주의적인 이윤 추구를 억제하고 사회 전체 생산활동의 합리화와 생산력의 고도화를 추진하는 힘으로 인식했던 것이다. 이로써 일본 산업과 학술이 후진성에서 벗어나리라는 희망을 걸었다.

6. 과학기술 신체제

1941년 5월 각료회의에서 결정된 '과학기술 신체제 확립요강'은 "고도 국방국가 완성의 근간인 과학기술 국가 총력전 체제를 확립하고, 과학의 획기적 진흥과 기술의 약진적 발달을 꾀하는 동시에 그 기초인 국민의 과학적 정신을 진흥한다. 이로써 대동아공영권 자원에 기반한 과학기술의 일본적 성격을 완성하는" 것을 목표로 내세웠다. 과학기술에 부과된 "과학기술의 일본적 성격의 완성"이란 임무는 과학심의회의 경우와 마찬가지로 점령지역에서 획득한 자원을 효과적으로 활용하기 위한 자체 기술의 개발을 가리킨다. '자원소국' 관념에 사로잡힌 일본 지배층에게 자원 확보는 최우선 사항으로 간주됐던 것이다. 만주국 건설과 남방 진주, 대동아공영권 건설 모두 자원 수탈이 가장 큰 목적이었다.

'과학기술 신체제 확립요강'은 기술원과 과학기술심의회 설치 및 과학기술 연구기관의 종합 정비를 기본 내용으로 했다. 목적은 연구 전반에 대한 단일사령부의 형성과 더불어 연관성 없이 파편적으로 진행되던 제반 연구를 통일화·종합화함으로써 연구의 합리화·능률화를 꾀하는 것이었다.

신체제운동 추진과 요강의 입안에 중심적인 역할을 한 인물이 미야모토 다케노스케다. 그는 앞서 인용한 에세이에서 "연구의 조직화·종합화"에 대해 "매우 중요한 방책"이라고 했다.

이를 위해서 그는 연구기관과 행정기관, 생산기관, 교육기관 간에 유기적 연계를 강화할 것, 각종 기관의 연구에 전체성을 유지토록 해 다면적이면서 종합적 연구 효과를 발휘토록 할 것, 통제 없이 소규모로 분립한 연구기관의 종합 관리를 행할 것, 국가가 요구하는 당면의 중요 연구항목에 따라 모든 연구를 중점화할 것, 기초연구, 이론연구와 응용연구, 공업화 연구를 종합적이고 관련성 있게 병진시킬 것 등을 주장했다. (「기술국책론」 『개조』 1940. 11.)

이 같은 방안의 요체는 연구의 일원화와 통제에 의해 연구의 조직화·능률화가 진전된다는 것이었다. 과학기술 신체제의 중추인 기술원 개청은 1942년(쇼와 17년) 1월로 총재는 이노우에 다다시로, 기술계의 포스트 몇 자리는 기술계 군인으로 채워졌다. 이전에 마쓰마에가 말했던 "기술참모본부"에 해당하는 것으로 구상됐을 것이다. "중앙 각 부처의 기술관들은 능력을 발휘할 수 있는 새로운 시대의 도래를 실감했던 것이다."(신도 2002)

'경제 신체제'는 재계의 비판을 불러일으켰지만 '과학기술 신체제'에 대해서는 이런 반발이 보이지 않았다. 일본 물리학의 수령 나가오카 한타로는 1941년(쇼와 16년)에 '과학기술 신체제에 관한 성명'을 내고 신속히 찬성 의사를 표명했다. 일본 물리학의 대부(Godfather)인 니시나 요시오仁科芳雄(1890~1951, 일본에 양자역학의 거점을 만드는 데 진력했고 우주선, 가속기 연구에서 업적을 남겼다-역주) 역시 1942년 "오늘날의 전쟁은 국가 총력전이다. … 과학행정 중심기구의 설립은… 연구기관 상호 연계의 통일을 꾀하고, 국가 연구를 최대 능률로 수행토록 하는 데 필요하다"며 수용 의사를 표명했다.(『전시하의 기초과학』『중공』1942. 4.) 그뿐인가. 니시나는 미일 개전 후 육군의 요청으로 원폭 연구에 종사하던

1943년에는 "우리 야마토 민족이 당면한 미증유의 국난을 극복하기 위해 정치행정은 물론, 경제산업도 과학기술도 모두 전쟁에 즉응하는 일원적 체제의 일환으로 강력히 추진시켜야 할 것"이라면서 과학기술뿐 아니라 모든 국가 기능을 전쟁 목적에 종속시켜야 하고 일원적 지도가 이뤄져야 한다고 주장했다.(「근본적 전시체제의 확립」『공업』1943. 10.)

학계의 보스와 장로들만이 신체제를 호의적으로 받아들인 것은 아니었다. 연구체제의 합리화·능률화는 유능하고 의욕 있는 현역 및 젊은 연구자들이 오히려 강력히 요구해왔던 것이다. 그리고 그들은 자주적으로 학문 통제, 연구 동원에 협력할 것을 주장했다.

이미 본 것처럼 1936년 단계에서 일본 사회와 학문세계에서 전근대성, 봉건제, 비합리성을 준엄하게 지적해온 오구라 긴노스케는 1941년 4월 에세이 '현 시국에서 과학자의 책무'에서 "원칙적으로 과학 및 기술 연구를 국가 목적을 위해 강력하게 통제하라"고 주장했다. 같은 해 8월에도 『과학주의 공업』의 권두 논문 '일본 과학에 대한 요망'에서 "우리들은 하루라도 빨리 고도 국방국가 건설 대열에 맞춰 그 달성을 꾀하는 과학을 만들어내지 않으면 안 된다.

이를 위해서는 의도적이고 계획적으로 '수학·과학·기술의 종합·통일'을 꾀하지 않으면 안 된다. … 이제는 어떤 과학자라도 과학·기술 신체제에 무관심하다든지, 혹은 봉건적 할거주의를 고수하는 것 등은 결코 용인할 수 없다"고 새삼 주장했다. '과학·기술의 신체제', 즉 총동원 체제를 위해서는 군이 위에서부터 연구체제를 통제하는 것-전체주의적인 국가 통제-이 봉건적인 인간관계나 관료주의, 비합리적 학벌 등이 힘을 지닌 일본 학문세계를 근대화할 것으로 받아들이면서 파시즘에 대한 협력을 적극 호소한 것이다. (『중공』 1941. 4., 『공업』 1941. 8.)

이것은 전향도 아니고, 위장전향은 더더욱 아니다. 본래 오구라의 논리에는 총동원 체제, 즉 군 권력에 의한 '근대화'를 동조하는 요소가 포함돼 있었던 것이다. 아사다 미쓰테루浅田光輝의 표현을 빌리면 이는 "총력전 체제하에서 생산력 확충과 산업 구성=기술 구성 고도화의 요청을 지렛대로 삼아 그것을 저지하는 요인인 일본 자본주의의 봉건성과 비합리성을 폭로해내고 전쟁 수행이라는 지상명령하에서 그 개혁·민주화를 꾀하려는 이론"이라는 것이 된다. (『퇴조기 사회과학의 사상』 아사다 1976)

좀 더 적극적으로 군과 관료에 영합하고 협력한 예도 물론 적지 않은데 물리학과 기술 방면에서는 특히 현저하다.

메이지 수학의 개조로 칭해져온 기쿠치 다이로쿠菊池大麓의 아들로 물리학자인 기쿠치 세이시菊池正士는 1928년(쇼와 3년) 단결정의 운모雲母에 의한 전자선의 회절상回折像을 실현했다. 당시 26세였다. 이는 전자의 파동성을 직접 나타낸 것으로, 막 태동한 양자역학의 정당성을 뒷받침하는 중요한 실험이라는 점에서 국내외의 주목을 받았다. 기쿠치는 오사카제국대학 교수였던 1941년 신문 기고를 통해 "과학자라고 해도 사회의 다른 부문과 협력해 국가 목적 수행을 우선 가장 염두에 둬야 한다"며 과학기술 신체제에 대한 적극적 협력을 호소했다. 기쿠치의 주장은 세 가지로 첫째 대학교수 지위를 항구적으로 하지 않고 실적 없는 이는 면직시킬 것, 둘째 대학 강좌제를 폐지하고 연구실제로 변경할 것, 그리고 세 번째 주장은 다음과 같다.

전국 각 대학의 각 강좌 통솔자가 현재의 학술연구회의 같은 단체를 조직한다. 이 회의가 우리나라 학술계의 참모본부가 돼 군부 및 기획원과 연계해 연구방침을 결정하고 자재의 배분을 수행한다. 회의는 또 교수, 조교수 임면 권한을 갖고 대학 이외 각 부처와 민간 연구소 지도자가 회원으로 참가한다. (아사히신문 1941. 2. 15.)

'대학 자치'와 '연구의 자유' 이념을 완전히 포기하고 군산학軍産學이 협동하는 것에 의해 연구의 일원적 지배를 실현하고, 연구체제를 철저하게 합리화하자는 구상이다. 이 개혁의 '가장 중요한 요소'로 "우리들 모두가 나를 버리고 나라에 진력하는 강한 각오를 갖는 것 외에 방법은 없다. 소위 일억일심 멸사봉공 정신을 몸에 체현하는 것 외에는 방법이 없는 것이다"라고 맺는다. 광신적 국가주의자의 언어가 아니다. 박사학위를 보유하고 국제적인 실적과 명성을 가진 연구자가 전체주의 국가의 과학 연구 존재 방식을 앞장서서 강조하고 있는 것이다.

노골적으로 군과 권력에 유착하고, 과학 동원의 깃발을 앞장서 휘두르지는 않았다고 해도 합리주의적 사고의 소유자이며 근대주의자로, 실력도 연구 의욕도 있는 젊은 혹은 중견 연구자들 다수는 자신들이 실력을 발휘할 기회와 연구자금을 제공해주는 전시 과학 동원을 수용했다. 연구자의 최대 관심사는 업적을 쌓는 것이고, 이를 위한 연구비가 보장되는 한 대다수는 세상사에 무관심했다. 그리고 이 과정에서 실력이 있는 청년, 중년이 대두하는 것을 보게 된다.

전후인 1951년(쇼와 26년) 일본학술회의의 학문·사상의 자유보장위원회가 전국 연구자를 상대로 한 설문조사에서 최근 수십 년간 학문의 자유가 가장 실현된 때가 언제인지에 대한 질문에 대해 '전시'라는 응답이 가장 많았다. 이공계 학자 대부분은 연구비가 윤택하던 전시 과학기술 붐에 만족했던 것이다.

전전부터 많은 과학자들과 친교가 있던 과학평론가 마쓰하라 고엔松原宏遠은 책에서 전시의 물리학자에 대해 "눈을 물리학계로 돌리면 어떤가. 여기만이 극히 밝고 그 중에서도〔리켄에서〕 니시나 요시오를 총수로 하는 이론 물리의 청년들은 소위 겨울시대 일본에 있으면서도 자유롭고 발랄하게 연구에 힘쓰고 있는 모습이 인상적이었습니다"라고 했다. (마쓰하라 1966) 실제로도 리켄은 종종 "과학자의 자유로운 낙원"으로 불렸다. 그러나 그 '자유'는 리켄

지도부가 전쟁에 전면적으로 협력한 대가로 보장된 것이다.

이리하여 본래 서구 자본주의 경제 활동에서 태동한 과학기술 연구는 전시 일본의 총력전 체제하에서 국가의 기능과 일체화해갔다.

시미즈 이쿠타로清水幾太郎는 1940년 과학 동원의 전개에 대해 다음과 같이 주장했다. "지금까지는 과학이라든가 학문이라든가 하는 것을 주장하는 것이 뭔가 개인주의 또는 자유주의와 깊은 관계가 있는 것처럼 믿어왔다. … 국가가 과학 동원 계획을 수립하고 나아가 그것을 실현하는 것이 되려면 앞서 언급한 신앙도 스스로 힘을 잃어갈 것이다. 과학이 국가의 힘의 일부분이라는 의미로 자각되기에 이른 것은 국가에도 과학에도 모두 경하해마지 않을 바이다."(「과학의 사회적 조직화」『공업』 1940. 6.)

7. 총력전과 사회의 합리화

총력전 체제는 연구 활동과 생산 활동, 경제 조직에 대해 능률화와 이를 위한 합리화를 요구했던 것이지만 그뿐만이 아니었다.

총력전에서는 국민을 인적 자원으로 간주해 물적 자원과 같은 차원으로 취급하면서 효율적인 "배치와 활용"을 지향한 만큼 사회 전체의 합리적 재편성도 필요로 했다. 야마노우치 야스시山之內靖가 말한 것처럼 "총력전 체제는… 전 인민을 국민공동체의 운명적 일체성이라는 슬로건하에 통합하려고 시도했다. … 그것은 인적 자원의 전면적 동원을 위해 실시한 개혁이 사회혁명이 돼 여러 가지 제도의 합리화를 촉진했던" 것이다. (『방법적 서론』 야마노우치 2015년)

이는 예를 들어 1942년(쇼와 17년)의 식량관리제도에서도 볼 수 있다. 이 제도에 따라 생산자인 농민이 현물로 지불하던 소작미를 정부에 공출토록 했고, 지대 상당분은 지주에게 현금으로 지불되도록 됐다. 소작료는 물가 변동에도 불구하고 그대로 유지됐기 때문에 인플레이션이 진행될수록 소작농의 실제 부담은 줄어들었다. 게다가 생산자에게는 증산장려금이 지급되면서 소작농민의 생활이 향상될 수 있었다.

그러나 이는 메이지 이래 일본 자본주의가 농촌 공동체를 파괴하고 농민의 희생 위에 발전해온 것과 모순되는 것은 아니다. 농민은 체력도 있고 인내심이 강한 만큼 농촌은 우수한 병사의 공급원이었고, 그 때문에 농촌을 소중히 하자는 것이 육군의 주장이었다.

산업 발전을 위해 농촌에 희생을 강요하는 것도, 전장에서 소모하기 위한 병사 공급지로 농촌을 소중히 한다는 것도 농촌 경시의 양 측면이다. 농촌을 발판으로 대국화·제국화를 추진해왔다는 점에서는 변함이 없다.

메이지 이래 징병제는 사민평등에 바탕을 둔 제도이고, 특히 "대동아공영권의 확립은 일본 민족의 운명을 건 전쟁"이라며 민족 일체감에 호소해 국민을 전장에 내보내려면, 다시 말해 모든 일본인을 '천황의 백성'으로 일원화해 국가에 대한 봉사를 강요하려면 농촌 소작인과 도시 노동자, 샐러리맨과 자영업자 간에 사회적 격차가 과도해서는 곤란했던 것이다. 세계 지배를 내건 나치 독일이 운명공동체라는 표어 아래 독일 국민의 사회적 신분 차별 철폐를 추진한 것도 같은 사정이다.

전시의 국민건강보험 개혁도 마찬가지 맥락이다. 1922년(다이쇼 11년) 공포한 의료보험제도(건강보험법)는 가입 자격이 공장법과 광업법의 적용을 받는 대규모 사업소의 상용 종업원 본인에 국한됐고, 그 가족과 임시고용 종업원은 제외됐을 뿐 아니라 농민은 완전히 방치됐다. 반면 중일전쟁 발발 직후인 1938년(쇼와 13년) 제정된 '국민건강보험법'은 농민들의 의료비 부담을 줄여주기 위한 것이었다. 참고로 육군이 나서 후생성을 내무성에서 분리 독립시킨 것이 1938년이었고, 투베르쿨린 반응, X선 검사, BCG접종 등 결핵 예방 시스템이 도입된 것은 이듬해인 1939년이다. 전쟁이 '건민건병健民健兵'을 필요로 하는 한 국가가 국민의 건강관리에 신경 쓸 필요가 있었던 것이다.

아메미야 쇼이치雨宮昭一가 언급했던 것처럼 "총력전 체제하에서는 실제로 부富를 만들어내며 노동하는 자가 상대적으로 향상된 지위를 얻지 않으면 안 되는 것이다. 그러므로 지주와 자본에 유리한 체제에 맞서 노동자의 복지와 보건제도, 지주의 몫을 대폭 삭감하는 식량관리제도 등등이 만들어지면서 노동자와 농민의 경제적·사회적 지위가 향상됐던" 것이다. 이렇게 해서 "1930년대 후반 1940년대 전반의 총력전 체제에 의해 사회관계의 평등화, 근대화, 현대화가 진행됐다"(아메미야 2008)

이는 아먀노우치가 말한 "전시동원 체제(warfare-state)와 복지국가 체제(welfare-state)의 동일성이라는 패러독스"다. 이는 또 총력전에서는 "모든 자원 및 인원과 제도를 합리적으로 조직한 결과, 전쟁이라는 일시 비합리한 사정이 역설적이게도 합리화와 효율화, 근대화를 추진하는 경우조차 있다"고 이시즈 도모유키石津朋之가 소개한 영국 역사가 아서 마위크(Arthur Marwick)의 이론으로도 뒷받침된다.(『총력전과 사회의 변화』 이시즈 외편, 2013 수록) 마르크스주의에 이해와 공감을 갖거나 합리주의적 사고를 소유한 연구자와 지식인들도 전쟁을 위한 사회 합리화·근대화를 높게 평가하게 된다.

경제학자인 오코치 가즈오大河内一男는 1940년 에세이 '기술과 사회입법'에서 노동력 보전을 위한 사회입법에 대해 "노동력에 대한 보전은 노동력의 양적 조달의 조건이 될 뿐만 아니라 산업사회 자체의 생산기구 안정화, 순조로운 재생산을 위한 불가피한 절차다. 이런 의미에서 사회

입법은 단순한 윤리 문제가 아니다"라고 했다. 오코치는 또 정부가 산업보국회에 대한 통지에서 보국회의 중추기관인 노사간담위원회의 간담 내용으로 '능률 증진'과 함께 '대우, 복리, 공제, 교양' 등을 열거한 점에 대해 "이 문제의 원인이 반성되고, 그 해결을 위한 첫걸음이 내디뎌진 것은 국내 노동사상 매우 혁신적인 사건"이라고 높이 평가했다.(『공업』1940. 2.) 오코치는 평시였다면 실현하는 데 장기간이 걸렸을 사회정책-노동력 보전을 목적으로 하는 사회시스템 전체의 합리적 편성-을 전쟁이 매우 단기간에 실현한 것에 주목하고 높이 평가한 것이다. '복지국가=전쟁국가'에 대한 오코치의 이런 평가에 대해 야마노우치 야스시는 이렇게 코멘트한다.

　오코치가 자신의 이론적 활동이 일본 정신주의의 비합리적·신화적 모멘트와 대결하는 것이라고 자각하고 있는 것은 분명하다. … 하지만 오코치의 이러한 이론 활동은 일본형 파시즘과 총체적으로 대립하는 것이 아니라, 오히려 좀 더 합리적 사고에 입각해 일본형 파시즘에 대해 존재의 근거를 부여하는 것이었다. (『전시기의 유산과 그 양의성戰

이 글은 오코치를 오구라로 바꿔도 거의 그대로 통용
된다. 오코치이든 오구라든 야마노우치가 지적한 것처럼
"전시체제가 필요로 하는 근대화에 의해 일본 사회의 좀
더 합리적인 편성이 가능하게 된다"고 여겨 파시즘에 대
한 협력을 표명한 것이다.

후진 자본주의국이 가진 봉건성의 잔재와 우익 국수주
의자의 반지성주의적 비합리에 근대화와 과학적 합리성
을 대치시키고, 사회 전체의 생산력 고도화를 향해 과학
연구의 발전을 제일의 가치로 두는 한, 총력전·과학전을
위한 군과 관료의 근대화·합리화 공세에 대해 저항할 논
리를 갖지 못한 채 그 관리와 통제에 간단히 흡수됐던 것
이다.

8. 과학 진흥의 그늘

과학 동원이라는 구호 아래 연구자와 기술자는 우대되
었고, 전시에 이공계 붐이 일게 됐다. 이공계 학자는 연구

활동에서도 생활에서도 절정기를 맞이하게 된다. 앞서 언급한 미야모토 다케노스케는 1940년 '기술국책론'에서 "현재 이과계 대학 졸업자에 대한 수요는 공급의 3배 이상, 전문학교 졸업자에 대한 수요는 5배가 넘는 상태"라고 했다.

오사카제국대와 나고야제국대는 이공학부와 의학부만으로 1931년과 1939년 각각 설립됐고, 1939년에는 규슈제국대에 이학부가 신설됐다. 대학 이학부에 상당하는 자연과학계 고등교육기관 수는 1940년부터 1945년 사이 2배 이상으로 증가했다.

총력전 체제가 정점에 근접하던 1941년 4월『과학펜』에 실린 수필의 한 대목이다.

과학 총동원이라는 말이 작년부터 쓰이면서 광범위한 계획이 세워졌다. 이런 분위기를 반영해 세상은 말 그대로 과학 시대이다. 과학을 모르는 자는 사람이 아니라는 정도까지는 아니지만 과학의 꽃이 이 정도로 피었던 때는 일찍이 없었다. 과학서가 줄줄이 출판되어 매일 신문의 광고란을 장식하고, 극장은 과학자의 전기를 상영하고,

문화영화는 과학지식 보급에 전력을 기울인다. 과학자는 라디오 강연에 나와 열변을 토하고, 대학과 전문학교의 기술과 계통에는 지원자가 쇄도하고, 처녀들은 기술자와의 결혼을 희망하는, 세상은 실로 과학자의 봄날이다. (이토 유키오伊藤行男「과학자의 봄」)

한편 생산 증강의 구호 아래 노동자에게 점점 과중한 노동이 부과되고 공장과 광산의 노동조건이 악화됐다. 과학 진흥의 요점이 부족한 자원의 보전과 생산력 확충에 있다면 당연히 국내외에서 자원 증산이 중시됐기 때문이다. 이것이 노동자 혹사로 이어지고, 노동 재해가 빈발했을 것은 쉽게 상상이 간다.

전시의 실상은 대체로 은폐되었지만, 중일전쟁 발발 직후 사회대중당 국회의원 미와 주소三輪寿壮는 리포트에서 "준전시체제하 군수산업의 생산력 확충 진행 과정에서 무려 12, 13시간 심할 경우 15시간에 이르는 장시간 노동, 격일 철야작업 등 참으로 살인적 노동이… 전국 각지의 군수 관련 공장에서 일상화해왔다. … 공장 질병의 현저한 증가율로 나타나고, 공장 재해 급증을 초래하고 있다"고 지적했다. (『전시체제하의 노동자』『공업』1937. 10.) 2년 뒤 오타루 小樽고등상업학교 교수 미나미료 사부로南亮三郎는 리포트 '새로운 노동인구의 구성'에서 전시 생산이 노동력 품귀를 겪게 되면서 공장 등에서 노동시간이 연장됐다면서 다음 과 같이 지적했다.

노동자 재해 수의 점증은 그 결과 중 하나다. 앞서 기술한 것과 동일한 업종의 공장 재해 수를 보면 1,000명 당 사망은 쇼와 7년의 0.28에서 쇼와 12년 0.35로, 중상은 13.44에서 15.69로, 경상은 49.78에서 61.65로 급증했으며 "사변(중일전쟁)의 발발은 이런 경향에 한층 박차를 가할" 것이라는 예측이 공공연히 나오고 있다. (『공업』1939. 6.)

사망과 중상을 합해 1,000인당 16인이라는 1937년(쇼와 12년) 통계는 그 자체로 가공할 만한 것이지만, 이는 아직 미국과의 전쟁이 발발하기 전의 수치다.

그러나 같은 시대라도 탄광 같은 힘들고 더럽고 위험한 3K(3D업종을 일본에서는 기쓰이(힘들다), 기타나이(더럽다), 기켄(위험하다)의 이니셜을 따 3K라고 표현함-역주) 업종에서는 좀 더 심각했던 것으로 추정된다. 호시노 요시로의 책에 의하면, 일본 탄광 재해의 사망률은 1935년 단계에서 영·미·독보다 한 단위를 웃돌고 있지만, 그 후에도 "해가 거듭됨에 따라 격증할 뿐"이라고 돼 있다. (호시노 1956) 물리학자이자 홋카이도대학 교수인 나카타니 우키치로中谷宇吉郎는 같은 해 수필에서 "석탄이 아무리 많이 있어도 부족하다고 증산계획에 기를 쓰는 한편, 탄갱 폭발은 여전히 빈발하고 있다"고 했다. (「탄갱의 폭발」, 『공업』 1939. 10.) 탄광에서의 폭발은 대량 사망 사고로 이어진다. 희생자도 상당히 많았을 것이다. 1940년 후생성 공장감독관의 리포트 '공장 화재와 최근의 추세'에는 1934년(쇼와 9년) 이래 공장 화재와 그에 동반해 사망자 수가 급증하던 상황이 기록돼 있다. (『공업』 1940. 1, 2.) 이는 공업 생산 합리화에 의한 생산력 증강이라는, 군과 관료기구의 목표를 방해하는 원인이 됐다.

그 후 아시아·태평양전쟁이 시작되고 국내 노동자의 다수가 전쟁에 동원돼 노동력이 한층 부족해지자 강제연행으로 끌어모은 조선인과 중국인, 그리고 연합군 포로가 열악한 노동조건하에서 일을 강요당했다. 조선인이 가장 많아 1939년 8월부터 1945년 8월까지 72만5,000명이 연행됐다.(다케우치 2014년) 끌려온 조선인들이 배치된 산업은 주로 석탄광업, 금속광업, 토목건축업, 제강업이며 이 중 석탄광업이 전체의 절반에 가깝다. 그리고 "광업기업에 송출된 조선인은 탄광 중에서도 가장 힘들고 위험한 노동에 종사해야 했다."(니시나리타西成田 2009)

자원 확보와 증산은 식민지와 점령지에서도 가장 중요한 과제였지만, 여기서도 현지 주민의 희생 위에서 이뤄졌다. 대본영정부연락회의에서 1941년(쇼와 16년) 11월 결정된 참모본부의 '남방점령행정 실시요령'은 점령지에서 획득된 자원을 "중요 국방자원"으로 위치 짓고 "국방자원 취득과 점령군의 현지 자활을 위해 민정(현지 주민에 대한 점령군의 정치-역주)에 미칠 수밖에 없는 압력은 견뎌내도록 하고, 선무宣撫(민심을 안정시키는 것-역주)상 필요한 요구는 이 목적에 반하지 않는 정도로 한다"고 돼 있다.(고바야시 히데오, 2012) 군이 현지 주민에 대한 혹사를 보증했던 것이다.

과학기술의 급속한 진흥과 그에 의한 생산의 급격한 확대는 그 뒤안길에서 늘 약자의 희생을 초래했던 것이다.

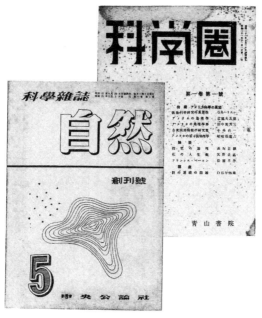

(좌)『자연』1946년 5월 창간호
(우)『과학권』1946년 11월 창간호

제6장 그리고 전후사회

1. 총력전의 유산

중일전쟁과 아시아·태평양전쟁은 1945년(쇼와 20년) 일본의 패배로 끝났다. 그것은 만주사변으로 시작된 15년 전쟁의 종결인 동시에 청일전쟁 승리로 대만을 식민지화한 이래 반세기 동안 존속했던 제국일본의 붕괴였다.

이후의 과정에 대해서는, 미군 점령과 비군사화 정책으로 일본이 천황제 파시즘 국가에서 주권재민의 민주국가로 다시 태어났다는 식으로 지금까지 이해해왔다. 작가 요시무라 아키라吉村昭는 소설『프리즌의 만월プリズんの満月』에서 "일본을 7년간 군사 점령한 미국은 일본을 확실히 지배하고, 철저한 점령정책으로 일본의 정치, 경제 기타 전반의 구조 변혁을 강행했다"고 했다.

그러나 소련이 붕괴한 1990년대에 접어들자 제2차 세계대전과 그 후의 역사를 파시즘에 대한 민주주의의 승리로 보는 역사관 대신 총력전 체제에 의한 사회의 구조적 변동과 그것이 전후에 계승된 것으로 보는 역사관이 조금씩 거론되기 시작했다. 점령군에 의한 '전반의 구조 변혁' 자체가 의문시되기 시작한 것이다. 그 발단은 야마노우치 야스시의 논고들에서 볼 수 있다. 1995년에 야마노우치는

'방법적 서론'에서 다음과 같이 지적했다.

> 뉴딜형 사회도, 파시즘형 사회가 그랬던 것과 마찬가지로 두 차례의 세계대전이 필수적으로 요청한 총동원에 의해 근본적인 재편성을 겪었다고 봐야 한다. 그렇다면 우리들은 현대사를 파시즘과 뉴딜 간의 대결로 묘사하는 것보다, 그 이전 총력전 체제에 의한 사회 재편성이라는 시점에서 음미하지 않으면 안 된다. (야마노우치 2015년)

야마노우치는 존 다우어의 책 『패배를 껴안고敗北を抱きしめて』(국내에서는 2009년 민음사에서 같은 제목으로 출간됨-역주)에 의거해 "제2차 세계대전 과정에서 일어났던 사회체제의 거대한 재편성-총력전 체제하의 구조변동-과 그 기본적 맥락이… 전후 일본 사회의 골격을 이룰 주요한 요소로 그대로 유지됐다"고 했다. (『총력전 체제에서 글로벌리제이션으로』야마노우치 2015년)

경제학자 노구치 유키오野口悠紀雄도 야마노우치의 논고가 나온 1995년 『1940년체제一九四〇年体制』에서 금융·재정에 대한 분석을 바탕으로 "일본은 종전으로 다시 태어났다고 한다. 그러나 경제의 근간에는 전쟁 시기 도입된 제도와 얼개가 여전히 뿌리 깊게 남아 있다. '일본형 경제 시스템'은 전시에 등장했다고 할 수 있다"고 결론지었다. 전시에 형성된 금융과 재정 시스템에 의거한 관료기구가 오늘날에도 일본 경제를 컨트롤하고 있다는 주장이다. 이는 전시체제가 지금도 이어지고 있음을 의미한다.

야마노우치가 지적한 '총력전 체제하에서의 구조 변동'의 사례가 앞장에서 살펴본 1942년(쇼와 17년) 식량관리제도 도입이다. 전후 1945년과 1946년 두 차례 추진된 농지개혁이 미군 점령하에서 이뤄진 최대 개혁으로 평가된다. 그러나 소작제도는 전시의 식량관리제도 개혁으로 상당 정도 형해화되면서 전후 농지개혁이 조금씩 준비됐던 것이다. 국민 건강관리제도도 예로 들 수 있다. 1958년과 1961년 등 전후 두 차례 개정으로 국민개보험이 완료됐지만 그 첫걸음은 1938년 국민건강보험법 제정이었다.

역사가 쪽에서는 아메미야 쇼이치가 "총력전 체제로 변혁된 사회가 존재한 것이 전후 점령의 전제가 됐다"(아메미야 2008)는 점을 확인했다. 야마노우치가 말하듯 "미 점령군 권력은 실제로는 총력전 체제하에서 정비된 일본 중앙집권적 관료기구와 서로 긴밀히 연계했고… 민주화를 향한 움직임을 일그러뜨렸다"는 것이다. 실제로 전후 일본을 점령했던 미군은 대일본제국 군대를 해체했지만 관료기구는 내무성만 해체했을 뿐이다. 후일 통상산업성(통산성, 현재의 경제산업성)으로 개명하게 되는 상공성과 기획원은 전시 통제경제를 지휘한 중심기관이었음에도 불구하고 실질적으로 손을 대지 않았다. 1946년 설치돼 일본 경제 부흥의 사령탑이 된 경제안정본부는 기획원이 모습을 바꾼 것으로, 총력전 체제하에서 군수산업에 물자를 집중시켰던 것과 마찬가지 방식으로 기간산업에 자원을 집중시키는 경사傾斜 생산방식을 주도했다. 이후 한국전쟁에서 고도성장에 이르는 시기에 통산성이 일본 경제의 참모본부가 됐다.

역사학자 고바야시 히데오가 지적한 것처럼 "만주 땅에서 시작된 총력전 체제는 전후에도 모습만 바꾼 채 살아남아 고도성장을 준비했던" 것이다. (고바야시, 2004)

과학기술 면에서는 히로시게 테쓰가 이미 1962년 논문에서 지적했다.

우리나라 과학의 근대화는 원래 일본이 군국주의로 기울어가던 중에 재촉됐고, 그 요청에 응답하는 가운데 시작됐다. 태평양전쟁은 그 내부에 근대화 저해요인을 포함하면서도 한편으로는 근대화를 강력하게 요청했고⋯ 전후 근대화를 위한 기초를 남겼던 것이다. (「과학 연구체제의 근대화」 히로시게 편 1962)

히로시게는 1973년에 쓴 『과학의 사회사』에서 이런 내용을 상세히 전개한 뒤 "연구자금을 비롯해 오늘날 과학 연구체제는 이미 전쟁을 본질적 계기로 하여 형성돼왔다"고 단언한다. 실제로 이 책이 시사하듯 전시에 도입된 과학연구비, '제1기 2년·제2기 3년(각각 석사과정과 박사과정-역주)'으로 정비된 대학원제도, 연구기관과 이공계 학교는 전후에도 대부분 존속했다. 이리하여 히로시게의 표현을 빌리면 "일본 중화학공업의 기초는 전쟁 중에 형성됐다는 것과 같은 의미로, 오늘날 일본 과학 전개의 기초는 전쟁으로 배양된 것"이라고 결론지을 수 있다.

오해가 없도록 덧붙이자면 전시에 추진된 식량관리제도와 건강보험제도 제정이 군사 목적이었거나 군의 압력

으로 이뤄진 것이기 때문에 좋지 않다는 뜻은 아니다. 그
같은 사회정책이 군사정권하에서만 이뤄졌다는 것이 일
본 자본주의가 안고 있는 문제인 것이다. "일본 근대화의
비극"은 "군국주의 진전이라는 사회조건하에서만 시작됐
다는 점에서 찾을 수 있다"는 히로시게의 지적이 들어맞
는다.

2. 과학자의 전쟁 총괄

그렇다고 해도 히로시게의 지적은 역사학자와 사회학
자와 경제학자에 30년 앞선 선구적인 것이다. 이는 물론
히로시게가 역사가로서 갖춘 발군의 감각 덕이지만 그와
동시에 과학기술 세계에서는 전후와 전시의 연속성이 특
히 현저하다는 점, 전시와의 관계에서 이과계 과학자와 기
술자들의 발언이 두드러졌던 점 때문이기도 하다.

일본은 아시아·태평양전쟁 패배 이후 비민주적인 정치
사상과 전근대적인 국가사상에 대한 반성을 강요당했다.
그런 이유로 사회사상과 이데올로기가 문제가 된 문과계
연구자들은 전시 중 조금이라도 전쟁에 협력했다면 전후

에는 발언을 주저하는 경향이 있었다. 그러나 과학기술 분야에서는 전쟁 수행의 필수요소로 과학 동원이 거론되면서 연구자에게 다양한 우대조치가 부여됐으며 과학자도 앞장서 협력했지만, 그럼에도 불구하고 패전 직후 과학계 내부에서 이에 대한 반성은 나타나지 않았다.

1945년(쇼와 20년) 9월 발간된 『과학아사히』 전후 제1호(8월·9월 합병호) '신생의 과학일본에 보낸다'는 제하의 특집에 대학 공학부와 이학부 연구자 13인이 자신의 생각을 피력했다. 이들 모두 "과학일본의 재건"을 강조한 반면 전쟁 협력에 대한 반성이나 군사 연구에 종사한 것에 대한 회한을 토로한 이는 한 명도 없었다.

패전 이듬해인 1946년(쇼와 21년) 결성된 민주주의과학자협회(민과)는 결성 당초 전쟁 책임의 추궁에 나섰지만 책임 추궁은 정치, 경제, 역사, 지리, 철학, 농업에 국한됐다. 여기에서 제외된 문학과 교육 분야는 각각 신일본문학회와 일본교직원조합이 전쟁 책임을 추궁했지만 자연과학자와 기술자들에게는 아무도 책임을 묻지 않았다. "과학은 전시에서 평시로 이행하는 과정에서 아무 비난을 받지 않은 채 상처 없이 전후세계에 살아 남았던" 것이다. (나카야마

1959) 지금도 예를 들어 시라이 아쓰시白井厚가 편집한『대학과 아시아태평양전쟁』처럼 전시의 대학과 대학 교원의 책임을 묻는 책이 있지만 논의 대상은 문과계 학부에 집중됐고, 이학부와 공학부는 논외였다.

이런 사정 때문에 전쟁 수행에 가장 협력했던 이공계 학자들 다수는 전후에도 주눅 드는 일 없이 발언을 이어갈 수 있었다. 1949년 설립된 일본학술회의가 군사 연구에 협력하지 않겠다고 결의한 것은 1950년이나 되어서였다.

패전 직후 "패배의 원인"으로 "과학전의 패배", "과학의 낙후함"이 한창 거론됐다. 군인 출신으로 포츠담선언 수락 당시 총리였던 스즈키 간타로鈴木貫太郞도 일본의 패배를 "과학전의 패배"라고 했다. 1945년 10월 20일자 아사히신문에는 필리핀에서 포로가 된 야마시타 도모유키山下奉文 대장이 미국 기자가 패배 원인을 묻자 영어로 "과학" 외마디를 외쳤다는 기사가 실렸다. 언론의 논조도, 과학자도 마찬가지였다.

물론 진짜 패인은 다른 곳에 있다. 제1차 대전에서 향후 전쟁은 장기지구전·물량전, 즉 장기간에 걸친 자원의 소모전임을 배웠을 터인 군부가 미국과의 전쟁에 나선 것은 단기 결전으로 사태가 바뀔 것이라는 주관주의에 사로잡혀 있었기 때문이다. 또 제공권과 제해권을 사실상 빼앗긴 단계에서 [대동아]공영권의 자원과 식량에 의존한 전쟁 경제가 파탄했던 것이다. 총력전의 귀추를 결정짓는 것은 보유하고 있는 자원의 많고적음이고, 과학은 자원의 압도적 부족을 만회할 정도로 만능은 아니었다. 다시 말해 패인은 과학전 이전의 이야기라고 하지 않으면 안 된다. 군인이 패배 책임을 과학기술에 지우는 것은 책임 회피나 마찬가지다.

하지만 "과학전에서 패배했다"라는 총괄은 책임 회피 정도에 머물지 않는다. 처음으로 겪은 원자폭탄의 차원이 다른 파괴력과 살상력을 거론하는 것으로 전쟁 지도의 책임, 대본영의 허위선전에 의한 전황 기만과 그로 말미암아 패전 수용을 미룬 책임을 유야무야시킬 수 있었다. 민중이 패전을 받아들이도록 하기 위한 안성맞춤의 핑계를 전쟁 지도자들에게 부여했던 것이다.

기술자와 과학자도 마찬가지로 이야기한다. 운수성의 기술관료 이케다 쇼지池田正二는 앞서 언급한 패배 직후의 『과학아사히』에서 "레이더의 발달이 우리 잠수함과 항공기의 활약을 봉쇄했고, 전쟁 종결 직전의 원자폭탄은 일순간에 우리 동포 다수의 무참한 희생을 요구했다. … 이런 과학적 우세 앞에 우리의 죽창식 공격은 대적할 수 없음이 명료하게 인식된 것이다"라고 했다. 마찬가지로 그해 『주간아사히』10월 28일·11월 4일 합병호에서 유카와 히데키湯川秀樹는 "총력전의 일환인 과학전에서 유감이지만 패배를 맛봤다"고 했다.

그러나 "과학전에서 패배했다"라는 총괄은 그 자체로 근본적인 문제가 있다. 요컨대 미국밖에 보지 않는다는 점이다. "과학전에 졌다"고 할 때는 일본이 불가능했던 원폭 제조에 미국이 성공했음을 전제로 하는 것이다. 다시 말해 중국은 안중에도 없는 것이다. 실제로는 장제스蔣介石의 국민당 군이든, 마오쩌둥毛沢東의 공산당 군이건 경제력과 기술력으로는 일본군에 미치지 못했지만, 그럼에도 불구하고 일본군은 중국 대륙의 진흙탕에 빠져 옴짝달싹하지 못했다. 그러나 "과학전에서 졌다"고 말하는 것으로 일본은 중국에 대한 패배에는 눈을 감고, 동시에 아시아 침략의 정치적·도의적 책임을 외면한 것이다. 전시하 과학기술사 연구자 사와이 미노루는 다음과 같이 지적했다.

전쟁이 끝나고 모두가 미국의 물량과 과학기술에 패배했다고 납득하면 할수록 중국에 패했다는 의식은 희박해진 것으로 생각된다. 메이지 이래 서구에 배우는 자세가 패전으로 다시 강화됐지만 아시아에 배운다거나, 다른 나라와 다른 민족을 제국에 [강제로] 편입시킨 것에 대한 [책임의] 엄중함을 생각하는 기술자는 적었다. (사와이 2015)

이렇게 해서 "유일 피폭국"이라는 전후 일본의 상투적 언사가 등장하게 됐다. 이는 아시아 각국을 침략한 가해자임을 지우고 은폐하는 것이다.

그런데 패배의 원인을 과학기술의 낙후성으로 귀결시킬 경우 그 주된 책임은 과학자와 기술자들이 져야 하게 되지만 과학자들에게 이런 자각은 보이지 않았다.

전시에 이공·의학부로 창립된 '국책대학' 나고야제대의 초대 학장에 취임한 사람은 당시 도쿄대 교수로 있던 전기공학자 시부사와 모토지渋沢元治이다. 일본의 수력발전 개발의 기초를 닦았고 기술 엘리트의 최고 위치에 있던 그는 전술한『과학아사히』전후 제1호에서 "과학에서도 철저하게 패배를 맛봤다. 그 귀책에 대해 이제 와서 서로 책임을 떠넘기고 할 때가 아니다. 국민 누구도 정도의 차는 있을 지언정 책임을 져야 할 것이다"라고 했다.

많은 일본인들이 전쟁터에 끌려갔고, 적지 않은 이가 목숨을 잃었다. 그러나 이공계 연구자와 기술자 다수는 대학에 남아 연구 활동을 하는 것이 허용됐다. 학도 출진出陣으로 문과계 학생들은 전쟁터에 보내졌지만 이과의 학생 다수는 면제됐다. 도쿄대 강사인 스기 야스사부로杉靖三郎는 『과학아사히』에서 "전쟁 전부터 전시에 걸쳐…, 과학자와 기술자는 특권계급 취급을 받아"라고 했다. 특권계급 중에서도 최고 위치에 있던 인물이 "과학전 패배"의 책임을 "국민 모두가 져야 한다"고 하니 독자들은 질리고 만다. 전쟁 시기의 지위에 대해 너무나 무감각하다고 하지 않을 수 없다.

도쿄공업대학 교수로 공학박사인 사사키 시게오佐々木重雄는 『과학아사히』에서 "과학전 패배의 원인으로 현재까지 거론되는 것은 과학자에 대한 냉대, 과학행정의 실패…"라고 했다. 과학전 패배의 책임이 정치와 행정에 있고, 과학자는 피해자라는 논조다. 『과학아사히』에서 도쿄대 조교수 히야마 요시오檜山義夫가 "과학력의 차이는 정치가와 군인의 과학에 대한 의식 부족에 기인한다"고 한 것에서도 피해자 의식이 읽혀진다. 물리학자 사가네 료키치嵯峨根遼吉에 이르러서는 "과학 연구 종사자는 어찌됐건 봉급생활자로 전시, 전후에 걸쳐 가장 정부 정책의 희생이 되는 인종에 속해…"라고까지 했다. (제국대학신문 1946. 2. 11.)

정치가나 군인은 과학에 대한 이해가 부족하고, 그 때문에 과학은 냉대받았다는 과학자의 뿌리 깊은 피해의식은 언론에 의해 증폭됐다. 패전 직후인 1945년 9월 14일 아사히신문은 전시하의 과학기술 정책을 비판한 기사에 "과학전의 패인, 군·관의 영역 다툼, 과학자 냉대와 공리주의"라는 제목을 달았다.

과학자로서 전쟁에 협력한 책임의 자각과 반성을 결여한 채 이처럼 "과학기술 부족", "과학기술의 낙후성"이라는 식으로 패전을 총괄하게 되면 그로부터 도출되는 결론은 "과학기술의 진흥"이 될 수밖에 없다. 도쿄제대 공학부 출신의 전기공학자 야기 히데쓰구는 전쟁 중 도쿄공대 학장을 지내고 기술원 총재가 돼 "전쟁 군관산학 네트워크의 핵심에 있던 유력자"(사와이 2013)였지만, 패전 후 "일본은 과학기술전에서 패배한 만큼 지금부터는 과학을 진흥해 평화국가를 건설하자"고 했다. "과학 진흥에 의한 고도 국방국가 건설"이라는 간판을 "과학 진흥에 의한 평화국가의 건설"로 바꿔 끼우는 것만으로 과학자는 지금까지 해온 대로 연구에 열중할 수 있었던 것이다. 1946년 5월에 창간된 과학잡지『자연』은 '창간의 말'에서 "일본의 재건은 과학을 진흥하지 않고서는 기대할 수 없다"고 했다. 전시에 원폭 연구에 종사했던 니시나 요시오는 같은 호에 게재한 에세이 '일본 재건과 과학'에서 "과학은 참으로 구국의 도구"라면서 "우리나라 재건의 기초는 과학에 의해 쌓아야 할 것"이라고 직설적으로 끝맺었다. 앞의 스기 야스사부로도 에세이에서 "지금은 평화국가를 확립해 세계 문화에 기여해야 할 추수기에 있고, 과학입국을 외치는 것은 당연하다"고 밝히고 있다.

'과학전 패배'의 책임을 군과 정치가의 단견과 몰이해, 인식 부족으로 돌리게 되면 과학 진흥, 과학입국의 중심적·주도적 담당자는 당연히 과학자·기술자라는 결론에 도달한다. 그 현실적 내용은 정치적으로도 경제적으로도 과학과 과학자를 우대하라, 즉 정치가나 재계는 과학자의 발언을 좀 더 존중하라, 과학 연구에 좀 더 돈을 걸라는 요

구로 모아진다. 이 요구가 과학자의 이기심의 발로가 아
니라 보편적인 의의가 있는 것임을 호소하는 논리가 과학
과 민주주의의 동등시同等視였다.

오구라 긴노스케는 1946년 에세이 '자연과학자와 민주
전선'에서 "오늘날 일본의 재건에 즈음해 자연과학자에 기
대하는 바, 실로 심대한 것이다. 일본 재건을 위해 필요한
것은 우선 자연과학의 성과이다"라고 했다. (『중공』 1946. 5.)
오구라는 비슷한 시기에 작성한 논고 '과학 발달 역사상의
민주주의'의 서두에서 "오늘날 우리 일본이 민주주의적 문
화국가를 건설하기 위해서는 과학 진흥을 절대 필요로 한
다. … 메이지 이래 우리 과학의 발달이 늦어진 것은 봉건
제, 관료성 등 일체의 반민주주의적 요소가 초래한 결과"
라고 했다. (『자연』 1946. 6.)

하지만 유가와 히데키의 중간자론과 도모나가 신이치
로朝永振一郎(1906~1979, 일본 물리학자로 양자전자역학 발전에 대한
공로로 1965년 노벨 물리학상 수상-역주)의 양자전기역학이라는
초일류 업적은 전전·전시라는 비민주적인 일본 사회에서
탄생했다. 과학의 발전과 민주주의 확대의 관계를 이렇게
간단히 등호等號(equal-역주)로 연결 짓는 것은 불가능하다.

적어도 이과 학문세계에서 학자들은 대체로 자신의 지적 관심에 추동되거나, 업적 쌓기를 목적으로 연구한다. 한편으로 국가가 과학과 기술의 연구를 지원하는 것은 그것이 경제 발전, 군사력 강화 그리고 국제사회에서 국가의 지위 향상에 이바지하기 때문이다. 그것이 민주주의 발전에 연결되는지 어떤지는 전혀 별개의 문제, 즉 정치의 문제이다. 그럼에도 당시 과학적 합리성과 비과학적 몽매의 대비가 민주제와 봉건제의 대비로 간주됨으로써 과학적인 것은 민주적인 것과 거의 같은 것으로 취급됐고, 과학입국은 민주화의 축으로 여겨졌다.

이런 시대 분위기 속에서 오구라 긴노스케를 초대 회장으로 하는 마르크스주의자 중심의 민주주의과학자협회(민과)가 탄생했다. 민과 창립총회 '선언'의 서두에는 "일본 봉건주의·군국주의는 전제주의·침략주의를 옹호하는 사이비 과학을 육성하고 국민지식의 무기인 진정眞正과학을 목 졸라 죽였다. 국민의 물질적·정치적·문화적 생활 향상에 도움이 되는 평화적·국민주의적 과학 대신 파괴와 살육의 무기를 생산하는 도구로 예속시켰다"고 돼 있다.

그러나 제로센ゼロ戰(제2차 대전 당시 일본 해군이 보유한 함상

전투기로 정식 명칭은 '영식함상전투기'다. 항속거리가 2,200km로 길고 20mm의 기관포 2문을 장착할 수 있어 2차 대전 초기에는 연합군 전투기에 비해 성능이 우수하다는 평가를 받았다-역주)과 전함 야마토大和 (2차 대전 당시의 일본 전함으로 사상 최대 구경 46cm의 주포 9문을 갖춘 당시 최대급이었다-역주)를 만들어낸 과학기술도, 승용차와 신칸센을 만드는 과학기술도, 과학기술이라는 점에서 본질적으로 다를 리가 없다. 전자를 '사이비과학', 후자를 '진정과학'으로 구분하는 것은 시각의 문제일 뿐이다.

확실히 전시에는 일본정신 같은 몽매한 정신주의나 야마토다마시大和魂라는 공허한 근성론, 또는 신주불멸神州不滅 같은 신화적 황국사관이 버젓이 통용됐다. 이런 야만적인 군국주의에 치이고 미신적 국수주의에 현혹된 국민들이 과학적 합리성이야말로 진정 근대적이고 민주적인 일본으로 재탄생하는 길잡이라고 생각한 것도 무리는 아니다.

1946년(쇼와 21년)의 『자연』 창간호는 편집 후기에 "무모한 침략전쟁을 감행한 우리나라를 평화국가로 갱생시키는 방법은 실로 민주적인 과학 진흥밖에 달리 없다"고 했다. 편집자의 솔직한 심정일 것이고, 많은 국민이 그렇게 생각했을 것은 충분히 수긍할 수 있다.

　그러나 전시하에서 전쟁 수행의 열쇠는 과학기술에 있다면서 전쟁에 전면 협력했던 과학자·기술자가 똑같은 위치에서 완전히 다른 이야기를 하는 것은 솔직히 납득하기 어렵다.

　패전 후인 1946년 3월 학술연구회의는 제국학사원, 학술연구회의, 일본학술진흥회의 개조에 관해 건의했는데 그 전문의 한 대목이다.

　　우리 조국이 지금 필설로 다할 수 없는 비상에 봉착한 근본적인 원인은 종래 오랜 동안에 걸쳐 정치가들은 물론 국민 일반이 학문을 경시하며 진리의 명령을 무시하고, 국민 일반의 생활은 물론 문화, 경제, 정치가 불합리한 정신에 의해 지배되고 불합리하게 영위돼왔던 것에 있다. 따라서 지금 국민 모두의 염원인 국운 재건의 목적을 하루라도 빨리 달성하기 위해서는 무엇보다 과학을 철저히 진흥하는 것과 함께 진리를 사랑하는 정신을 국민 전반의 뇌리에 침투시키는 것이 필요하며, 차제에 과학자에 맡겨진 책무가 극히 중차대한 것이라고 하지 않을 수 없다. (나

카네中根 등 2007)

전에 언급한 대로 학술연구회의는 인문·사회과학계 연구자를 포함하지 않기 때문에 정치가나 '국민 일반'의 '학문 경시'가 전쟁과 파국으로 이끌었다는 식의 주장은 당시 이공학계 지도적 연구자들의 총의로 봐도 좋다. 그러나 실제로는 전시하에서 "경제, 정치가" 하나부터 열까지 "불합리한 정신에 의해 지배되고 불합리하게 영위돼왔던" 것은 아니다. 자유주의 경제의 무정부주의성에 통제경제의 계획성을 대치시킨 것은 다름 아닌 군인과 관료였다.

기상사업의 일원화건, 전력의 국가 관리건 식량관리제도와 건강보험제도의 개정이건, 과학 동원이건, 군과 관료기구가 주도한 총력전 체제는 나름의 '합리적' 정신으로 수행된 것이다. 그리고 군인과 관료는 과학자, 기술자와 입을 모아 생산력 증강을 강조했다. 진짜 문제는 '합리성'이 침략전쟁 수행을 겨냥했던 것이고, 과학자는 거의 전면적으로 협력해왔던 것에 있다.

'합리적'인 것, '과학적'인 것 자체가 비인간적 억압의 도구로 될 수 있고, 그에 대한 반성 없이 다시 '과학 진흥'을 외치다 보면 결국 스텝이 꼬여 넘어지게 된다. 우리는 그것을 얼마 안 가 전후 원자력 개발에서 보게 된다.

어쨌건 이처럼 패전에도 불구하고 과학과 과학기술에 대한 신뢰는 흔들림 없을 뿐 아니라 오히려 강화됐다. 소설가 아리요시 사와코有吉佐和子가 후에 『복합오염複合汚染』에서 갈파했던 것처럼 "과학전쟁에서 진" 것이 "뼈에 사무친" 일본인 사이에 "과학 맹신이라는 풍조가 생겨났던" 것이다. 이렇게 해서 과학자와 기술자는 아시아 침략에 대한 자각도, 전쟁 협력에 대한 반성도 희박한 채로 전후 사회 재건의 중심 주체인 양 행동할 수 있었다.

'양심적' 과학자와 기술자는 기술적 합리성의 계몽을 포함한 전후 민주화운동에 관여했다. 그 조직적 표현이 민과(민주주의과학자협회)였다. 이 운동은 정치가는 무지하고 관료는 보신주의에 젖어 있고 재계는 근시안적이어서 과학에 대한 이해가 없고 단견에 머물러 있다는 우쭐함과 피해자 의식이 뒤섞인 감정에 의해 유지됐다. 하지만 이 운동도 이후 1960년대 고도성장, 즉 관료와 정치가의 헤게모니에 의한 과학기술 입국의 거센 흐름에 속수무책으로 휩쓸려가게 된다.

3. 부흥과 고도성장

앞서 총력전 과정에서 일본 사회에 구조적 변화가 초래
됐으며 그 변화가 전후 사회에도 유지됐다고 했지만, 전후
의 부흥과 고도성장도 그 토대 위에서 그리고 그 틀 안에
서 달성됐다.

경제학자 나카무라 다케후사中村隆英는 책에서 "전시에
만들어진 여러 제도가 그대로 전후 경제제도로 계승됐고,
전시에 발전한 산업이 전후 주요 산업이 됐다. 전시 기술
이 전후 수출산업으로 재생됐고 전후 국민생활 습관에도
전시 이래의 변화가 남아 있다"고 했다. (나카무라 1978) 그 중
심에 있던 것이 내무성 외에는 거의 상처 없이 살아남은
관료기구다. 산과 학에 대한 관의 우위, 관의 지도라는 인
식도 이어졌다. 사상으로 말하자면 총력전 사상 그 자체
도 계승됐다. 1950년대에 일본개발은행, 일본수출입은행
이 설립됐고 정부는 중점산업에 국가 자금을 적극 투입하
고, 세제 혜택 조치를 취했다. 이렇게 해서 전력, 조선, 철
강 부문에서 설비 투자가 활성화됐다. 1957년(쇼와 32년) 성
립한 '조세특별조치법'은 전시에 만들어진 '사업법'의 전후
판版이라고 할 수 있다. 그리고 1955년 12월 중화학공업

화를 목적으로 한 '경제자립 5개년 계획'이 최초의 정식 경제계획으로 각료회의에서 결정되면서 일본 경제는 성장을 향한 길을 걷기 시작했다. 자동차산업을 비롯한 기계공업이 이 무렵 대량생산 체제로 이행하기 시작한다. 특히 이케다池田 내각이 1960년 12월 '국민소득 배증계획'을 각료회의에서 결정한 이래 1960년대에는 국가 자금으로 사회 자본을 확충하고 산업구조의 축을 중화학공업으로 전환하는 한편 수출산업의 성장을 꾀하는 고도성장이 국가 정책으로 추진됐다. 중앙집권적 행정 시스템을 가진 관료기구의 지도에 의해 추진된 전후 부흥, 관료기구와 산업계와 대학의 협동에 의한 1960년대의 경제성장은 전후판 총력전이었다.

이를 가능하게 한 국내 조건으로 첫째, "1920년대에 시작돼 전시에 급속히 추진된 중화학공업이 전후 생산의 기조가 됐다. 중화학공업에서는 잔존한 생산설비가 1937년 당시보다 많았다"(나카무라 1989)는 점이다.

둘째로 전시하 과학 동원과 이공계 붐으로 급팽창한 군사 부문에서 성장·축적된 기술과 기술자층의 존재다. 전시에 군 연구기관과 군수산업에 편입돼 군사 연구에 종사했던 유능한 기술자, 특히 정밀가공과 고급 소재기술 등의 전문가(expert)가 기술 개발에 큰 힘을 발휘했다. 전쟁 수행을 위해 창설된 도쿄대 제2공학부(현 생산기술연구소)에서 육성된 기술자도 전후 고도성장을 떠받친 주역이 됐다.

실제로 전시 레이더 개발이 전후 트랜지스터와 다이오드를 기초로 한 전기통신 분야 발전의 기초가 된 점은 잘 알려져 있다. 전기산업에서 도시바東芝, 히타치日立, 마쓰시타松下는 모두 전시 군수생산으로 크게 성장한 기업이다. 전후 생겨난 기업으로 소니가 알려져 있지만 소니도 모체는 거의 대부분 해군기술연구소 인맥이다.

자동차산업도 도요타, 닛산, 이스즈는 앞서 기술한 '자동차제조사업법'의 혜택을 입었고, 쇼와 10년대 정부 보호하에 생겨난 기업이다. 더욱이 미군 점령하에서 항공기 생산이 완전히 금지됨에 따라 전시하에서 군용기 개발과 생산에 종사했던 미쓰비시중공업 이외 군용기 업체와 군 연구소 기술자들 다수가 자동차산업으로 옮긴 것으로 알려졌다. 전후 국산 승용차 개발에 전전·전시 항공기산업의 기술적 축적이 효과를 발휘한 것이다.

군 기술자는 국철과 철도연구소에도 대거 자리를 잡았

고, 이것이 철도기술 발전을 가져왔다. 일본 고도성장을 대표하는 기술 중 하나가 신칸센이라고 할 수 있는데 "신기술의 집대성인 신칸센 개발에서 육해군·항공 기술자의 활약이 돋보였던" 것이다. (사와이 2015)

세 번째, 전전부터 교육 수준이 높았던 노동자층과 전후의 급속한 인구 증가를 들 수 있다. 노동력과 함께 국내 시장이 확충됨에 따라 공장 건설, 생산 확대는 물론 제품 판매를 국내에서 소화하는 것도 가능해졌다.

그러나 국내적 조건만이 전후 부흥과 고도성장을 가능케 한 것은 아니다. 당시의 국제 환경도 그만큼 중요했다. 전후 경제성장의 외적 조건으로는 미 점령군이 배상 보류 내지 연기 조치를 취한 것, IMF(국제통화기금)·GATT 체제하의 국제교역 확대 흐름, 석유수출국기구(OPEC)의 원유 가격 대폭 인상에 따른 제1차 오일쇼크(1973년) 이전까지 석유값이 매우 저렴했던 점을 꼽을 수 있다.

그와 함께 혹은 그 이상으로, 다음의 사실이 중요하다. 1950년대 일본 본토가 부흥에 전념할 수 있었던 이유는 오키나와沖縄가 미 군정에 편입되면서 섬 전체가 군사기지가 됐고, 한국에서 미군 군사력을 배경으로 한 군사정권이 존재하고 있었던 데 있다. 미 점령군이 일본을 비군사화·민주화한 것은 '성공한 점령'의 흔치 않은 예로 종종 거론되곤 하지만, 이는 오키나와와 한국에서 미군 또는 독재정권에 의한 가혹하고 비민주적인 군정 지배에 의해 뒷받침된 것이다.

그 후 1960년대에 일본 본토가 평화롭게 고도성장을 유지할 수 있었던 것도 미군이 오키나와를 통치하면서 미군기지를 억지로 떠안겼기 때문이다. 1956년(쇼와 31년)의 『경제백서』는 "이젠 '전후'가 아니다"라며 전후 부흥 과정 종료를 선언하면서 "전후 일본 경제 회복의 신속함은 실로 만인의 의표를 찌른다. 그것은 일본 국민의 근면한 노력과 세계 정세의 안성맞춤의 전개에 의해 성장했다"고 매끈하게 표현했지만 이 '세계 정세의 안성맞춤의 전개'란 이런 엄중한 현실을 가리킨 것이다.

1948년 조선민주주의인민공화국과 이듬해인 1949년 중화인민공화국 성립을 목전에 두고 점령군은 일본을 민주화하는 방침을 바꿔 극동의 군사공장·병기창으로 만드는 전략을 세웠다. 1950년 6월 한국전쟁이 발발하자 일본은 미군 병참기지 역할을 수행했다.

한국전쟁 특수야말로 일본 경제가 신속히 회복할 수 있었던 최대 요인이다. 특수는 네이팜탄과 로켓포·박격포·바주카포를 포함한 포탄류, 권총·소총·기관총과 탄약 등 무기류, 군용 트럭과 자동차 부품, 석탄과 마대, 군복과 모포 등 물자, 전차와 무선장치 등의 수리와 기지 건설에 이른다. 미군 특수에 의한 트럭 발주가 '하늘의 은혜'가 돼 도요타, 닛산, 이스즈 3사를 소생시켰다. 1950년부터 5년간의 특수로 일본에는 30억 달러가 유입됐고 기업은 이로써 생긴 이익을 낡은 설비의 갱신과 최신 기술 도입에 돌리면서 이후의 발전, 1960년대 고도성장의 기초를 쌓았다.

고도성장이 1970년대 중반까지 지속될 수 있었던 것은 자동차, 철강, TV 수출의 호조세와 함께 1965년 본격화된 베트남전쟁 특수에 힘입은 바 크다. 조선과 베트남 인민들을 살육하기 위한 많은 무기가 '평화헌법'이 지배하는 일본에서 제작됐다. 이렇게 해서 일본은 부흥을 달성하고 '경이적'이라고 평가받은 경제성장을 달성했다. 일본은 다시 아시아 인민들을 발판으로 대국으로 향한 길을 걸어간 것이다.

4. 군수산업의 부흥

그런데 한국전쟁 당시 일본이 미군 특수에 응할 수 있었던 것은 그 시점에서 일본 기업이 상당 수준의 무기 생산 능력을 갖고 있었음을 의미한다. 패전 당시 미국 점령 정책의 기본방침은 일본의 완전한 비군사화였고 배상 청구도 그에 따라 엄중해 "만약 실행된다면 일본의 잠재적 군사 생산 능력은 뿌리째 뽑혔을 것"으로 보인다. 그러나 1948년(쇼와 23년) "미국의 대일정책은 배상보다 '경제 안정'으로 크게 변경"됐고, 그 결과 "잠재적 군사공업의 대부분은 파괴와 철거를 면하게 된" 것이다. (고야마小山 1972) 물론 전시에 군수 생산에 종사했던 민간 기술자 다수는 그대로 기업에 남아 있었고, 군 연구기관의 연구자와 기술자도 민간 기업에 전직했다.

호시노 요시로가 1956년 지적한 것처럼 "그 정도의 대전쟁을 일으키고, 큰 패배를 맛봤으면서도 전쟁경제에 가장 깊숙이 발을 들여놨던 은행과 군수기업이 망했다는 이야기는 여태까지 한 번도 들어보지 못했"던 것이다. (호시노 1956)

한국전쟁 발발 후 미국의 대일정책은 일본에 군사 협력

을 요구하는 방향으로 전환했다. 1952년(쇼와 27년) 4월 미일안보조약과 끼워팔기식으로 샌프란시스코 강화조약이 발효하면서 일본은 오키나와, 아마미奄美, 오가사와라小笠原를 제외하고 주권을 회복해 독립을 달성했다. 그 직전 GHQ(1945년 10월 2일부터 샌프란시스코 강화조약이 발효된 1952년 4월 28일까지 6년 반 동안 일본에 있었던 연합군 최고사령부-역주)는 '무기·항공기 생산 금지령'을 해제한 뒤 "이어 배상[대상]으로 지정됐던 민간 군사공장의 지정 해제 방침을 내놨고, 4월 26일에는 항공기 제조시설 등 850개 공장을 일본에 반환할 것을 발표했다."(고야마 1972) 1952년 '항공기제조사업법', 1953년에는 '무기 등 제조법'이 제정되고 1954년에는 미일상호방위원조협정(MSA협정)이 체결돼 일본은 방위력 증강에 노력해야 한다는 의무가 부과됐다. 이어서 도쿄대와 교토대에 항공학과가 부활한다.

미쓰비시三菱, 미쓰이三井, 스미토모住友 등 구 재벌은 소생했고, 군수산업이 부활의 걸음을 걷기 시작했다. 게이단렌経団連은 1952년 '방위생산위원회'를 조직했고, 이듬해에는 업계단체 '일본병기공업회'(후에 '일본방위장비공업회'로 개명)가 설립된다.

한국전쟁은 1953년 7월 휴전에 들어갔지만, 한국전쟁 발발 직후 창설된 경찰예비대가 1952년 독립 뒤 보안대로 바뀌었다. 또 방위청(현 방위성)이 설치되면서 자위대로 바뀐 것이 1954년 7월이다. 방위청은 1955년 방위 6개년 계획에서 1960년대에 육상자위대 18만 명, 해상자위대 함선 12만t, 항공기 1,200기에 이르는 군사력 보유계획을 마련했다. 그해 국가 예산의 방위비 비율은 무려 13.4%다. 방위청은 신미쓰비시중공업(현 미쓰비시중공업)에 F86F 제트전투기 70기, 가와사키川崎항공기에 T33A 제트연습기 97기를 발주했고, 이에 두 회사는 미 군수산업의 기술 도입을 추진하게 된다. 이렇게 전후 일본 군수산업은 일과성 특수에 기대는 대신 항상적인 방위청 의존체제가 형성되면서 기업의 본격적인 군사기술 개발이 시작되었다.

그리고 1958년(쇼와 33년) 제1차 방위력 정비계획이 시작돼 군비 증강이 개시된다. 그해 방위청 계약 상위 10개사는 신미쓰비시중공업, 가와사키항공기, 스탠다드석유, 이시카와지마하리마중공업石川島播磨重工業, 미쓰비시조선, 우라가센쿄浦賀船渠, 도쿄시바우라芝浦전기, 미쓰비시전기, 미쓰비시일본중공업, 후지富士중공업 순이며, 이 중 다수가 이후 계속 상위를 점하게 된다. 전후 일본 군수산업의 부활과 성장 과정은 한국전쟁에 따른 일본의 재군비, 자위대의 탄생과 군비 증강의 과정에 연동돼온 것이다.

1962~1966년 제2차 방위력 정비계획이 확정되자 무기생산업계는 "국산화를 통해 미군 공여무기 의존에서 벗어날 것"을 선언했고, 전후 일본 군수산업은 방위청·자위대와 불가분의 관계를 갖게 된다. 이렇게 해서 '2차방'과 함께 무기산업의 수주 안정화·계획화를 가능토록 하는 길이 열렸다. 이후 제3차(1967~1971년), 제4차(1972~1976년) 방위력 정비계획이 이어졌고, 고도성장의 그늘에 숨은 채 군수산업은 착실히 성장했다.

미쓰비시는 1874년(메이지 7년) 대만 출병 때 메이지 정부의 군사 수송을 위탁받은 것에 의해 기업 발전의 기초를 쌓았다. 이후로도 우편기선미쓰비시회사로 정부의 두터운 보호를 받았고 세이난전쟁에서는 정부군 군사 수송을 독차지하면서 정부 총 전비의 3분의 1에 해당하는 1,500만 엔의 이익을 챙기며 도약했다. 다른 재벌도 정도의 차는 있지만 대동소이했다. 그 후로도 일본 군수산업은 청일·러일전쟁, 제1차 대전에서 군과 결탁하면서 확대일로

를 걸었다. 특히 만주사변에서 일본제국주의 패배까지 15
년간 미쓰비시, 미쓰이, 스미토모 등 빅3는 황금시대를 맞
이했다. 이 시대 일본의 군사비 증가는 두드러졌다. 1935
년(쇼와 10년)의 대장성 발표를 보면 총 예산에서 군비 비중
은 일본이 46%인 반면 프랑스와 이탈리아가 21%, 미국
18%, 영국과 독일이 13%였다. 일본의 군비 비중은 패전
한 해 전까지 계속 증가해 1944년에는 무려 85%에 달했
다. 일본이 얼마나 군사력 강화에 기를 쓰면서 민생을 희
생시켰는지를 알 수 있다.

전함 무사시武蔵와 함상 전투기 제로센을 개발한 미쓰
비시중공업은 1937년부터 패전 때까지 일본에서 만들어
진 항공기 8만 기 중 4분의 1, 제로센 1만4,000기 중 절반
을 제조했다. 사장 고코 기요시鄕古潔는 대전 중인 1943년
(쇼와 18년)에 대중에게 다음과 같이 호소했다.

결전체제하의 총력전에서 계획경제의 강력한 수행은 국
민 전체의 협력이 밑바탕이 되지 않으면 안 된다. 근공봉
공이며, 물자회수며, 저축공채 소화며, 소비절약이며, 매
점매석 자제는 모두 시국 인식에 기반한 국책 수행 협력

이다. (「결전정치체제의 확립」고코 외, 1943년 수록)

"욕심 부리지 않습니다. 승리할 때까지는"이라는 슬로건대로 민중에게 금속 공출, 질소 검약, 저축 장려 등을 호소하면서 그렇게 지탱돼온 군수 생산으로 군수산업은 엄청난 이익을 챙겼던 것이다. 미쓰비시중공업의 자본금은 1934년(쇼와 9년) 6,000만 엔에서 1945년에는 10억 엔으로, 무려 17배로 부풀어 올랐다. 정부 구입이 매출의 대부분을 차지하는 군수산업의 짭짤함을 미쓰비시는 익히 알고 있었던 것이다. 패전 때는 재기를 기약하며 항공기 관련 기술자를 전국 제작공장에 분산·온존시켰다. 이후 '무기·항공기 생산 금지령'이 해제되고 '항공기제조사업법'이 제정된 1952년 이들을 나고야항공기제작소에 재결집시켰다.

다만, 항공기 생산은 전전과는 비교가 안 될 정도로 고도화해 전전의 지식이나 기술은 소용없게 됐다. 그러나 일본 항공기산업은 방위청이 채택한 미 군용기의 라이센스 생산으로 기술을 획득했다. 이미 1962년(쇼와 37년) 미쓰비시중공업은 초음속 제트전투기 록히드 F104J를 제작했고,

1970년대에는 초음속 제트전투기를 개발할 정도로 기술력을 키웠다.(미즈사와 2017) 일찍이 제로센을 제작한 미쓰비시는 '현대의 제로센'으로 불리는 F1 지원전투기를 독자 개발했고, 1977년에 자위대가 이를 정식 도입했다. 2009년(헤이세이 21년) 이래 방위청이 개발을 추진하고 미쓰비시중공업, 후지중공업, 가와사키중공업이 하청 방식으로 생산한 제트전투기 X2가 2016년 4월 22일 첫 비행을 했다. X2는 기체뿐 아니라 엔진도 국산화된 것이다. 2017년에는 차세대 주력전투기로 최신예 스텔스 F35A 42기가 결정됐다. 미쓰비시중공업이 6월 완성한 국내 생산 1호기의 조달가격은 1기당 140억 엔이었다.(마이니치신문 2017. 6. 6.)

전후의 항공기산업은 자위대에 의존해 부활을 달성한 것이다. "군사기술은 어떤 시대에도 가장 호기로운 전주와 구매자를 확보할 수 있는"(나카오카 1970) 것이며, 전력 불보유를 규정한 평화헌법하의 전후 일본도 예외는 아니었다.

물론 군수산업은 미쓰비시중공업만이 아니고, 제품도 전투기만이 아니다. 1988년(쇼와 63년) 해상자위대는 '미사일 방어'의 주력이 되는 이지스함을 도입했는데 1호함부터 3호함까지 미쓰비시중공업, 4호함은 이시카와지마하리마중공업(현 IHI)이 건조했다. 군용 미사일도 주요 분야로, 군사기술이 고도의 일렉트로닉스화로 나아가면서 종합일렉트로닉스 메이커도 군수산업에 본격 참가하기 시작했다. 이지스함은 1척 1,500억 엔이고 전투기는 1기 100억 엔을 넘는다. 이 정도 가격대의 상품이 시장을 거치지 않고 팔리는 것이니 업체로서는 이만큼 수지맞는 장사가 없다.

이렇게 해서 일본은 고도성장과 더불어 세계 유수의 기술대국이 됐지만, 그와 동시에 선진적인 군사기술을 보유하며 잠재적 군사대국이 돼갔다. 자위대 증강, 방위예산 증대와 함께 일본의 군수산업은 착실히 비대화하며 실력을 키워갔던 것이다.

우치하시 가쓰토内橋克人는 "'일본은 군사기술에 에너지를 쏟는 일이 없었기에 오늘날의 기술대국이 될 수 있었다', '군사기술의 파급 효과는 미미하다' 따위를 주장하는 '평화기술 우위'설의 신화는 사실 검증으로 부정된다"고 분명히 했다. 우치하시는 논고에서 "다종다양한 가전제품과 OA기기를 소비시장에 출시해온 종합전기업체가 군수산업에서도 커다란 지위를 차지해왔다"고 했다. 몇 가지 예를 들면 일렉트로닉스 분야에서 방위청 납품 실적 1위의 미쓰비시전기, 130명에 이르는 연구자와 기술자를 군사기술 연구개발에 배치한 후지쓰富士通, 방위청 납입부품·제품의 계약 아이템 연간 290건의 일본전기(NEC), 자동 방공경계 관제 시스템으로 이름을 떨친 뒤 사내에 '방위기술추진본부'를 발족시킨 히타치日立제작소, 미사일 추진로켓 부분을 분담한 닛산자동차 등을 들 수 있다. (「80년대 일본 기술의 빛과 그림자」 우치하시 1999년 수록) 일반에 가전 메이커로 알려진 기업도 군수산업에 깊게 간여하고 있었던 것이다.

우치하시의 논고는 1980년대 말에 쓰인 것이지만 지금도 기본적으로는 다르지 않다. 2015년 방위성 계약 실적 상위 10개사는 가와사키중공업, 미쓰비시중공업, IHI, 미쓰비시전기, NEC, 도시바, 재팬마린유나이티드, 후지쓰, 고마쓰, 스미토모상사 등 순이다. 이해는 가와사키중공업이 톱이지만 대체로는 미쓰비시중공업이 수위를 차지해왔다. 참고로 방위청(현 방위성)과 자위대 고급간부 다수가 퇴직한 후 이들 기업에 낙하산으로 취업했다. 일본경제신

문 논설위원을 지낸 논픽션 작가 오니시 야스유키大西康之
는 다음과 같이 지적했다.

　별로 알려지지 않았지만, 도시바에는 방위장비 부문이
있어 지대공미사일을 개발·제조하고 있다. 한편으로 원
자로는 발전장비이자 핵무기 원료인 플루토늄 제조장치
이기도 하다. 두 가지 기술을 보유한 도시바는 '핵미사일
을 만들 수 있는 회사'다. … 이런 양면성은 종합전기업
체에 공통되는 특성이다. 도시바는 이 밖에 방위성에 레
이더 시스템도 납품하고 있고, 매년 방위성에서 500억
엔 전후의 수주를 확보한다. 레이더, 공대공미사일, 적
외선 탐지장치 등을 다룬다. 미쓰비시전기는 약 1,000억
엔, NEC는 무선통신장치 등으로 약 800억 엔, 후지쓰는
통신전자기기로 약 400억 엔을 방위성에서 수주하고 있
다.(2013년도 실적) NEC 전성기에 사장·회장을 역임한 세키
모토 다다히로関本忠弘는 "새해 업무를 시작할 때 맨 처음
인사를 간 곳은 방위청(현 방위성)"이라고 했다. 일본의 종
합전기는 '방위'라는 끈으로 국가와 깊이 연결돼 있는 것
이다.(오니시 2017)

무기 생산에 관여하는 업계단체 '일본방위장비공업회'의 현재(2017년 11월) 구성은 정회원 137개사, 찬조회원 43개사로 돼 있다. 그러나 전투기든 전함이든 조립산업이고, 방대한 개수의 부품 각각이 최첨단 소재와 기술로 이뤄진 최신예 전투기와 전함이 국산으로 제조되려면 유명 대기업 아래 수많은 하청기업과 관련 기업군이 형성돼 있지 않으면 안 된다. '주요 계약기업'으로 방위성과 직접 계약하는 대기업 산하에는 수천 개의 기업이 존재하고 있다. 이미 군수산업은 극히 일부의 특수회사인 것이 아니다.

일본 현대사 연구자 존 다우어는 "쇼와 시대의 마지막 몇 년간에 이르면, 민수 목적으로 개발된 일본의 고도기술을 군사 목적으로 전용한 여러 사례에서 보듯 일본은 군산복합체가 아니라 할지라도 이미 세계 유수의 군사적 액터로서의 잠재 역량을 비축할 만큼의 눈부신 기술적 성과를 달성했다는 점이 분명해졌다"고 했다. (다우어 2001) 일본인 스스로가 깨닫지 못했거나, 깨닫지 못하는 척해도 외국 연구자는 냉정하게 주시하고 있는 것이다.

5. 고도성장과 공해

이렇게 해서 일본은 1968년(쇼와 43년)에는 GNP(국민총생산-역주)가 미국에 이어 자유세계 2위의 경제대국이 됐다. 메이지 100년을 맞아 대량 생산·판매·소비 사회가 된 것이다. 1950년대 말부터 각지에 대규모 일관제철소가 지어지고, 철강 생산이 급증하면서 1970년에는 미국과 거의 어깨를 나란히 할 정도가 됐으며, 1970년대에는 세계 2위의 자동차 생산국이 됐다.

1960년대 중기에는 '3종의 신기'로 불린 TV와 냉장고, 전기세탁기가 대부분의 가정에 구비됐다. 도쿄~신오사카 간 도카이도東海道신칸센은 1964년, 메이신名神고속도로(나고야와 고베를 잇는 고속도로-역주)는 1965년, 도메이東名고속도로(도쿄와 나고야를 잇는 고속도로)는 1969년 완전 개통했고, 1960년대 말에는 '3C'로 불린 쿨러(에어컨-역주), 컬러TV, 자동차도 많은 가정에 보급됐다. 마이카의 보급은 도로 포장이 그만큼 이뤄졌음을 의미한다. 1950년대 중기만 해도 그것들을 갖추는 것은 일본인에게 꿈같은 얘기였다.

그러나 그것은 생활과 노동의 질의 향상과는 별개 문제였다. NHK가 1990년(헤이세이 2년) 실시한 전후사회(즉 전후의 쇼와)의 인상을 묻는 여론조사 결과가 12개 항목에 걸쳐 공개됐는데 플러스 인상과 마이너스 인상 각각의 비율은 다음과 같다. (NHK방송문화연구소·여론조사 리포트 「일본인의 쇼와」 숫자 소숫점 이하는 사사오입)

가정 전기제품이 갖춰져 편리한 생활이 가능해졌다

··· 80%

레저와 여행을 가볍게 즐길 수 있게 됐다　　··· 58%

누구라도 고교와 대학까지 교육을 받을 수 있게 됐다

··· 44%

소득이 늘어 생활형편이 나아졌다　　　　··· 37%

필요한 정보를 뭐든 얻을 수 있어 일과 생활이 편리해졌다　　　　··· 32%

사회복지가 잘돼 안심하고 살 수 있게 됐다　　··· 14%

땅값이 급등해 국민 생활을 압박했다　　··· 51%

공해와 자연 파괴가 확산돼 생활환경이 나빠졌다

··· 51%

교통사고와 교통 정체가 심각해져 생활의 안정이 위협

받게 됐다   … 51%

　재산이 있는 사람과 그렇지 않은 사람의 격차가 커졌다

… 46%

　물가가 올라 생활형편이 어려워졌다   … 27%

　일과 환경이 혹독해져 마음에 여유를 가질 수 없게 됐다

… 26%

　앞의 6개 항의 플러스 인상의 합계가 265포인트, 뒤의 6개 항의 마이너스 인상 합계가 251포인트다. 플러스가 많기는 하지만 차이가 근소하다. 가전제품 보급에 대해서는 대부분(80%)이 기뻐하고 있지만, 이를 제외하면 플러스와 마이너스가 엇비슷함을 알 수 있다. 실제로 마이카 보급이 '교통전쟁'을 초래했고, 인구의 도시집중으로 '통근지옥'이 생겨난 것처럼 고도성장이 좋은 것만은 아니었다. 1975년(쇼와 50년)의 승용차 등록 대수는 1,480만 대(거의 2가구에 1대)가 됐지만, 그해 호시노 요시로는 『기술혁신 제2판』에서 "현재는 교통사고 사상자 수는 자동차에 의한 경우가 압도적으로 많고, 1970년대 일본에서 연간 100만 명에 가깝다"고 했다. 실제로 사망자만 연간 1만 명 전후에

달해 경시청이 '교통·전쟁'이라고 이름 붙인 것도 결코 과장된 표현이 아니다. 자동차산업 발전을 위한 희생이라기에는 너무나 심각한 수치다.

무엇보다도 간과할 수 없는 것은 고도성장이 각지에서 심각한 산업공해와 지역공동체 붕괴, 자연환경 파괴를 초래했다는 점이다. 1962년 이케다 내각은 '전국종합개발계획'을 각료회의에서 결정했다. 이후 신산업도시가 몇 개 지역에 지정됐고, 임해공업지대 건설에 따라 해안이 매립되고 공장이 유치되고 석유화학 콤비나트도 속속 건설됐다. 1960년대 고도성장은 특히 석유화학공업 육성에 의해 비약적으로 이뤄졌지만 동시에 그때까지 자연계에 존재하지 않던 유독물질의 대량 방출과 확산을 초래했다. 공해의 발생인데, 그 실태를 보면 고도성장에 공해가 뒤따랐다기보다 공해를 동반한 채 고도성장이 이뤄졌다고 해야한다.

고도성장 후반기에 소위 4대 공해 소송이 시작됐다. 1967년 미에三重현 욧카이치四日市 공해 소송과 니가타新潟현 미나마타水俣병 소송, 1968년 도야마富山현 진즈神通천 유역의 이타이이타이병 소송, 1969년 구마모토 미나마타병 소송이다. 피고는 미나마타병으로는 칫소(1965년까지는 '신일본질소비료', 이하에서는 1965년 이전에 대해서도 '칫소'라고 표기한다), 욧카이치 공해는 미쓰비시 계열 화학공업 3개사와 쇼와욧카이치석유, 주부中部전력, 이시하라石原산업 등 6개사, 니가타 미나마타병은 대량의 메틸수은을 아가노阿賀野강에 배출한 쇼와전공, 이타이이타이병은 가미오카神岡광산의 카드뮴이 진즈천을 오염시킨 미쓰이금속광업이다. 모두 전후 고도성장 아니 일본 근대화에서 매우 중요한 역할을 한 기업이다. 물론 이 밖에도 일본 각지에서 공해가 발생했고, 잠재화한 것도 적지 않다.

미나마타병의 최초의 환자가 인정된 것은 1953년(쇼와 28년), 미나마타병이 처음 공식 확인된 것은 1956년이다. 1959년에는 구마모토대학 연구반이 "미나마타병의 원인은 수은화합물, 특히 유기수은으로 판단하기에 이르렀다"고 결론짓고 수은이 칫소의 공장에서 배출된 것이라고 밝혀냈다. 그러나 후생성이 이 사실과 기업 책임을 공식 인정한 것은 미나마타병 공해 확인에서 12년 뒤(환자 발생으로부터 무려 15년)인 1968년이었다. 그동안 회사 측도 원인이 자사 공장에서 배출된 폐수에 있다는 점을 알고 있었을 것이다. 1959년 칫소 부속병원의 호소카와細川 의사가 공장 폐수가 투여된 고양이가 미나마타병 증상을 일으킨 사실을 확인했지만, 칫소 상층부의 압력으로 실험은 중단됐고 실험 결과는 은폐됐다. 1963년에는 구마모토대학 이루카야마入鹿山 교수가 칫소 공장에서 채취한 수은 찌꺼기에서 미나마타병 원인물질인 유기수은을 검출했다. 그러나 칫소가 책임을 인정한 것은 한참 뒤, 유기수은 발생원인 아세트알데히드의 생산을 종료하면서다. 칫소는 환자의 신규 발생을 방지하기보다는 생산 지속을 우선시했던 것이다. 이렇게 해서 시라누이不知火해 연안 주민 20여만 명이 희생됐다.

책임 회피를 한 것은 칫소만이 아니다. 정부도 칫소 편을 들었다. 본래 칫소가 기업 난독으로 생산계획을 결정했던 것은 아니다. 일본의 고도성장은 총력전을 방불케 하면서 관산 일체로 추진됐던 것이고, 칫소는 석유화학공업 발전을 중점 목표로 하는 1950년대에 시작된 통산성 방침에 따라 생산을 확대했던 것이다. 칫소의 전신인 일본질소는 일본에서 처음 석회질소, 합성암모니아, 염화비닐, 초산비닐, 폴리에틸렌 등 제조에 성공한 것으로 알려져 있다. 당시 칫소는 일본 석유화학공업의 최전선에 위치해 있었다. 1960년 칫소는 화학공업의 중요한 기초물질이자 플라스틱 가소제(탄성이나 강도를 조절하기 위해 가해지는 화학약품-역주)인 아세트알데히드를 4만5,000t 생산했는데, 이는 국내 생산의 30%에 해당한다. 칫소는 고도성장에 돌입하는 일본 화학공업에서 매우 중요한 역할을 담당했던 것이다.

1959년(쇼와 34년) 미나마타병의 원인이 칫소 폐수에 포함된 유기수은이라고 구마모토대학 연구반이 발표하자 후생성 식품위생조사회는 이를 지지했다. 하지만 당시 통산상으로 성장제일주의 입장에 있던 이케다 하야토池田勇人는 각료회의에서 칫소의 폐수와 미나마타병의 인과관계를 부정했다. 이 때문에 칫소는 아무런 대책을 세우지 않아, 이후 1960년대 내내 환자가 폭발적으로 증가했다. 1960년대 중반 통산성 분위기에 대해서는 다음의 증언이 남아 있다.

"힘내라"는 말을 듣습니다. "저항하라"고. "(배수를) 멈추는 게 낫지 않습니까?"라고 하면 "무슨 말이야, 지금 멈춰 봐. 칫소가, 이 정도의 산업이 멈춘다면 일본의 고도성장은 있을 수 없어. 스톱 따위는 안 되는 걸로 해"라며 호되게 당했지. (NHK취재반 『전후 50년 그때 일본은 제3권』 1995)

철저히 기업 편에 선 통산성의 태도는 미나마타병에 국한되지 않았다. 욧카이치 공해는 구 해군 연료창 철거지에 1950년대 중반 미쓰비시유화를 중심으로 한 미쓰비시 계열 석유화학 콤비나트가 건설되면서 시작한다. 공장 폐수로 발생한 해수 오염과 유황산화물을 포함한 매연이 주범인 대기오염으로 1961년에는 시민 건강 피해(호흡기질환)가 심각해졌고 1964년 폐기종에 의한 첫 사망자가 발생했다. 공해 때문에 자살하는 사람도 나타났다.

욧카이치 공해 재판의 피고 중 하나인 이시하라산업은 전전부터 있던 욧카이치 최대의 선구적 기업이다. 금속티탄은 내식성이 우수하고 가볍고 강하며 연성이 풍부하기 때문에 용도가 넓다. 특히 알루미늄과 주석을 소량으로 가하면 강도가 엄청나게 강한 합금을 얻을 수 있어 제2차 대전 때 군용 항공기와 제트엔진에 사용되면서 수요가 늘어났다. 1960년대 이시하라산업은 국내 최대의 티탄기업이었는데 산화티탄 제조 시 원료인 일메나이트(티탄철광)의 불필요한 철분을 제거하는 데 사용된 농황산을 배수구를 통해 욧카이치항에 그대로 방류했다. 그것도 엄청난 양이었다. 1968년부터 1년 이상 PH2 농도의 황산수를 하루 20만t, 이에 더해 다량의 황산제1철을 많게는 한 달에 1만t이나 바다에 버렸던 것이다.

사장 이하 직원들도 유해 폐수를 방류해온 사실은 알고 있었지만, 대책을 세우지 않았다. 해상보안청 다지리 무네아키田尻宗昭는『공해 적발 최전선』에서 회사가 산화티탄 증산을 결정할 당시 "공장 차장이 폐황산 대책을 어찌하면 좋을지 질문하자 사장은 '당분간 황산 처리는 생각안 해도 된다'고 지시했고 모두 그에 동조했다"고 했다. 또 책에는 수사 과정에서 통산성에 자료 제공을 요구한 다지리에게 통산성 간부가 "당신들은 수사기관이다. 우리는 기업의 변호사 격이니 기업의 이미지 악화로 이어질 만한 것은 도와줄 수 없다"며 수사에 필요한 자료 제공을 거부했다고 돼 있다. 기업과 통산성은 한패로 기업은 수익 제일의 입장에서 유해 폐수를 계속 방류하고, 통산성은 성장제일의 입장에서 기업의 태도를 지지하거나 최소한 묵인해왔다. 이런 식으로 공해를 묵인한 것이 전후 고도성장을 가능케 한 또 하나의 조건이었다.

메이지에서 다이쇼에 걸친 경제성장, 즉 부국화·근대화는 주로 농촌의 희생 위에서 이뤄졌고, 쇼와 전반의 대국화는 식민지와 침략지역 민중의 희생 위에 추진된 것이다. 마찬가지로 전후 고도성장도 어민과 농민, 지방도시 시민의 희생 위에서 추진됐다. 생산 제일, 성장 제일이라는 메이지 150년 일본의 행보는 늘 약자의 생활과 생명의 경시를 동반해왔다고 하지 않을 수 없다. 그런 끝에 일본은 후쿠시마福島의 파국을 맞게 된다.

6. 대학 연구자의 책임

전후의 고도성장을 진후판 총력선이라고 했는데, 전후판 총력전도 군이 전면에 나서지 않았을 뿐 관산학官産學 즉 관료기구와 기업, 대학이 협동체제를 함께 구축해 추진해왔다.

공해 문제에 대해 환자 편에 서서 원인을 규명하고 피해 확대를 막으려던 현지 대학 연구자가 있었던 반면, 여태껏 '구 제국대학'으로 불려온 유력 대학에는 기업이 연구비를 제공한 강좌도 많고 기업 측에 서서 산재 및 의약품 피해의 은폐와 책임 회피를 방조한 교수들도 적지 않다. 특히 공학부와 약학부의 경우 기업의 후원을 크게 받는 교수들이 많고, 그들은 특정 기업에 졸업생을 다수 입사시키는 수완을 발휘하고 정부 심의회 등의 위원 직함을 갖는 것으로 권위를 유지해왔다.

이런 현상은 이미 메이지 시대에 시작됐다. 1897년(메이지 30년), 전년의 대홍수로 사회문제가 된 후루카와광업·아시오광산 광독 문제에 대해 정부는 위원 16명으로 구성된 '아시오광독사건조사위원회'를 발족시켰다. 이 위원회에서 광업 정지냐 존속이냐를 둘러싸고 논의가 진통을 겪었으나 존속으로 강경하게 이끌어간 것은 제국대학 공과대학(현 도쿄대 공학부) 출신의 공학사들이다. 그중에서도 후루카와의 고문이자 공학사로 후일 공과대학 교수가 된 와타나베 와타루渡辺渡가 특출났다. 그의 '활약'으로 아시오광산은 조업 정지를 면했던 것이다.

미나마타병이든, 그 밖의 공해든 현지의 헌신적인 의사와 학교 선생, 양심적인 연구자에 의해 환자의 존재가 확인되고, 원인과 그 발생원이 밝혀져왔다. 하지만 실제로 공해병으로 인정돼 기업의 책임을 묻기까지는 몇 년씩, 때로는 10년 이상 걸렸고 그동안에도 피해가 확대됐다. 그리고 이 과정에 반드시라고 할 정도로 '권위 있는' 대학교수와 학계 보스가 개입하는 것을 목격할 수 있다. 때로는 '학식 경험자'로 불리며 관청과 업계에 관계를 갖는 일이 많은 이들 교수들은 기업 편에 서서 현지 조사도 제대로 하지 않은 채 즉흥적인 원인론을 제기한다. 도야마의 이타이이타이병의 경우도 현지의 개업의인 하기노 노보루萩野昇의 장기간 조사와 연구로 카드뮴 중독이 밝혀졌지만 이를 근거도 없이 부정한 것은 게이오慶應대학 교수이자 산업위생 권위자 쓰치야 겐자부로土屋健三郎였다.

미나마타병 때도 현지 어민의 생활 실태에 무지한 도쿄공업대 교수 기요우라 라이사쿠清浦雷作가 원인을 썩은 물고기에서 생기는 아민이라고 하는가 하면 일본화학공업협회 전무이사 오시마 다케지大島竹治는 전시에 군이 바다에 버린 폭약을 원인으로 지목하는 등 근거 없는 설들이 횡행했다. 구마모토대학 하라다 마사즈미原田正純가 이끄는 연구반이 수년간의 신중한 조사를 토대로 미나마타병의 원인을 칫소가 배출한 폐수의 유기수은에 의한 중독임을 규명해 발표한 것은 1959년(쇼와 34년) 7월 22일인데 불과 2개월 뒤인 9월 28일 오시마의 폭약설이 발표됐다. 폭약설은 본래 전시 칫소 공장장을 지낸 하시모토 히코시치橋下彦七 미나마타 시장이 1957년 처음 제기한 것이지만 구마모토대 연구반 조사로 1959년 2월에 부정된 바 있다. 하라다는 『미나마타병』에서 "폭약설이나 아민설 등은 지금껏 한 번도 학설로서 문제가 된 적도 없다. 실증성도 빈약해 설이라고 할 만한 것이 전혀 아니다"고 했다.

대개는 기업의 뜻에 따라 제창되는 이런 설들은 어느 것이나 조만간에 잘못임이 판명되지만 그러나 그때까지는 나름의 과학적인 위장, 일류대학 교수라는 직함과 그 세계 유력자라는 권위에 의해 유지되고 매스미디어를 통해 확산된다. 그 결과 "학계 내에 여러 설이 있어 원인은 특정되지 않는다"며 환자 측 고발이 상대화되고 '중화中和'된다. 이렇게 해서 기업 책임을 묻지 않은 채 사태가 진행되고, 그러는 동안에도 신규 환자가 계속 발생한다.

미나마타병의 경우, 미나마타만 일대로 봉인된 비극이 전국적으로 알려지게 된 것은 칫소에 대한 어민의 항의행동이 '폭동'화한 1959년 11월 2일, 사건이 신문기사로 보

도되면서였다. 다음 날 아사히신문 도쿄판 기사는 '미나마
타병으로 어민 소동, 경관 72명이 부상'이라는 제하에 돌
을 던지는 어민과 "엉망진창이 된" 칫소 사무소 사진이 실
렸다. 순전히 어민들이 벌인 폭력사건이라는 식의 보도
태도다. 기사 말미의 해설에는 미나마타병에 대해 "미나
마타시에 공장을 가진 신일본질소의 공장 폐수가 원인일
것이라는 일부 학자들의 설에 대해 구 일본 해군이 미나
마타만에 버린 폭약류의 영향 아니냐는 일본화학공업협
회 일각의 주장이 대립하고 있다"면서 "6년이 지나도록 확
실한 원인은 밝혀지지 않았다"고 했다. 현지 연구자의 오
랜 기간에 걸친 꾸준한 조사 결과와 중앙의 권위자의 무책
임한 견해가 같은 수준에서 기계적으로 대비되고, 그 결과
원인이 유야무야되고 있다. 그런 점에서 메이지 이래 국
책대학으로 설립된 제국대학의 학문은 많은 경우 '전문가'
가 '과학적 견해'를 밝히고 권위를 실음으로써 국가와 대
기업에 봉사해온 것이다. 일본의 공해 역사는 '전문가'와
'전문의 지知'가 기업과 행정, 즉 권력의 편이었음을 보여
준다.

　공해에는 제한이 없다. 고도성장이 한창이던 1963년(쇼

와 38년) 11월 9일, 미쓰이광산이 경영하는 미이케三池탄광에서 탄진炭塵 폭발 사고가 발생했다. 사망자 458명에 일산화탄소 중독 후유증 환자가 839명에 달하는 '전후 최악의 산재사고'였다. 근본 원인은 1960년의 미이케 쟁의에서 노조의 패배로 말미암은 에너지 정책 전환과 그에 따른 석탄산업 사양화에 있지만, 직접적 원인은 광산 측의 안전 소홀이다. 이 역시 고도성장의 이면인 셈이다.

규슈공업대학 아라키 시노부荒木忍 교수가 중심이 된 조사단은 사고 직후 현장 조사를 토대로 갱도 내에 방치된 탄진이 폭발한 것이 원인임을 확인했다. 당연히 청소를 게을리해 미세한 탄가루가 쌓이도록 방치한 미쓰이 탄광의 부작위 책임이 추궁되면서 광산보안법 위반과 업무상 과실치사상 혐의로 수사가 이뤄졌지만 증거 불충분으로 모두 불기소 처리됐다. 조사단이 퇴적 탄진 방치가 원인이라고 명확히 지적했음에도 미쓰이광산이 형사 책임을 면한 것은 조사단 보고서가 나온 지 3개월 뒤 규슈대학 공학부 야마다 미노루山田穰 교수가 '풍화사암砂岩설'을 주장하는 논문을 냈기 때문이다. 이 논문은 폭발한 제1사갱의 퇴적 탄진에 갱도의 천장에서 떨어진 풍화사암의 가루가 섞여 있어 절대 폭발할 수 없다는 것이었다. '탄진폭발설'을 부정한 '풍화사암설'을 미쓰이광산이 '야마다 상신서'로 검찰에 제출했고, 이것이 불기소 처분에 결정적인 영향을 미쳤다고 한다.

규슈대학 학장을 역임한 야마다 교수는 당시 규슈 광산학계에서 천황으로 불릴 정도로 절대적인 권위를 갖고 있었다. 이 때문에 현장 조사를 근거로 탄진 폭발을 지적한 규슈공대 아라키 교수에게는 야마다 교수 논문이 발표된 뒤 언론의 비난이 집중됐다. 아라키는 실의에 빠져 규슈공대를 그만둔 것으로 전해진다. 야마다 교수는 니시니혼西日本신문 인터뷰에서 "검찰 측은 증거 불충분으로 불기소 처분했는데 '혐의가 충분하지 않으면 처벌하지 않는' 원칙에서 볼 때 타당한 결론일 것"이라고 코멘트했다. 야마다로서는 재발 방지를 위해 폭발의 실제 원인을 규명하고 사고의 책임 소재를 명확히 하는 것이 문제가 아니고, 원인과 책임을 애매하게 할 수 있다면 그걸로 그만인 것이다. 두 개의 설 중 어느 쪽을 중시하느냐를 둘러싼 판사와 현지 언론의 판단에는 원래 제국대학인 규슈대학과 본래 공업전문학교인 규슈공업대학의 사회적인 브랜드 격차도 영향을 미친 것 아닌가 생각된다.

그러나 약 10년 뒤인 1972년 피해 노동자와 가족들이 미쓰이광산을 상대로 손해배상청구소송을 제기하고 재판 과정에서 아라키가 5년간에 걸쳐 증언한 것에 의해 1993년 퇴적 탄진이 폭발 원인이라는 판결을 얻어낼 수 있었다. 사고가 일어난 지 무려 30년, 조사단 보고가 나온 지 28년이 경과한 시점이다.

이 대목은 미이케CO연구회 편 『후쿠시마·미이케·미나마타에서 '전문가'의 책임을 묻는다』에 근거한 것인데 책에는 "채광학, 의학, 법률 등 각 분야에서 전문가임을 자처하는 '전문가'가 사고 원인의 은폐와 환자를 저버리는 것을 도와온 역사가 미이케 CO[일산화탄소] 중독의 문제에 있다"고 기술돼 있다. 미나마타에서 벌어진 것과 완전히 같은 구조다. 전문가의 지식이 환자와 지역 주민과 피해자에게는 권력으로 존재하고 있었던 것이다.

지금도 똑같은 일이 후쿠시마의 소아갑상선암에서 되풀이되고 있다.

7. 성장 환상의 종언

공해 소송이 일제히 시작되고, 고도성장이 일본 전역에서 공해를 유발했다는 점이 명백해지던 1960년대 말은 패전 때도 거의 상처 없이 살아남은 '과학기술 성선설'과 '성장신앙'을 재검토해야 할 시기였다. 1968~1969년에 벌어진 학원 투쟁은 그것을 묻고 있었던 것이다. 그러나 정치권력은 고도성장에 뒤따르는 그늘이나 마이너스의 측면을 직시하지 않았고, 재계나 관료기구도 성장 방침을 포기하는 일은 없었다.

실은 공해 문제가 심각해지자 1964년(쇼와 39년) 후생성에 공해과가 설치됐고, 1967년에 '공해대책기본법'이 제정됐다. 하지만 환경 보전을 '경제의 건전한 발전과의 조화'를 꾀하며 행한다는 '경제와의 조화' 조항이 빠져나갈 구멍이 되면서 실효성을 결핍했다. 1970년 총리 사토 에이사쿠佐藤栄作는 뻔뻔하게도 "일본의 번영은 경제성장에 의한 것이고, 공해가 발생한다고 경제성장의 속도를 늦출 수는 없다"고 했다. (아사히신문 1970. 7. 29. 석간) 반세기 전, 농상무성 광산국장 다나카 류조田中隆三도 완전히 똑같은 논리로 아시오광산을 옹호했다. 근대 일본의 역사는 경제성장을 추종하며 항상 약자의 희생을 강요해온 것이다.

그렇다고 해도 공해가 심각해지고 날로 확산되자 통산성도 외면할 수만은 없게 됐다. 통산성은 종업원 200명 이상 공장 5,000곳을 상대로 1969년 1년간의 폐기물에 대해 설문조사를 실시해 2,443곳의 응답을 받았다. 이에 따르면 이들 공장에서 연간 배출되는 폐기물은 3,936만t(국가 전체로 환산하면 약 6,000만t)이고, 이 중 70%가 처리되지 않은 채 배출되고 투기되거나 방류되고 있었다.

이는 마이니치신문의 1970년 8월 20일자 기사다. 같은 날 지면에 '죽음의 바다로, 이치하라 앞바다 지바대학 오염조사, 조개껍데기도 공장 폐수로 석회질 녹아'라는 제목 아래 도쿄만 오염 실태가 보도됐다. 이런 상황에서 전국 각지에서 혁신 자치단체가 출현한 것은 정부 자민당과 재계가 주도해온 고도성장 정책에 대한 시민의 심판이었다. 위기감을 가진 자민당 정부는 마지못해 1970년 말 소위 '공해국회'에서 공해대책기본법을 개정하고 그 외 몇 개의 공해 관련법을 통과시켰다. 1971년에는 환경청(현 환경성)이 설치됐고, 국제사회에서도 1972년 유엔 인간환경회의('스톡홀름 회의')가 개최돼 '인간 환경선언'과 '환경 국제행동

계획'이 채택됐다.

미셸 보는 『자본주의의 세계사』(국내에서는 『미셸 보의 자본주
의의 역사 1500~2010』(뿌리와 이파리)로 출간됨)에서 "고도성장 후의
〔자본주의의〕 새로운 구조적 위기"로 노동자 임금 상승,
노동에 대한 발언력 증대와 함께 "대량생산은 환경오염을
심각하게 했다. 최초 피해자들-농가, 어민, 지역주민-과
자연의 친구들은 항의하고, 조직을 만들어 오염 대책 요구
를 실천한" 사실을 들고 있다. 이는 뒤집어 말하면 경제성
장을 지속하기 위해서는 노동자가 얌전하고, 노동력이 저
렴하고, 공해 규제가 느슨한, 또는 주민운동이 곤란한 개
발도상국으로 자본이 향하는 것은 필연이라는 것이 된다.

실제로 일본 자본주의가 1970년대 두 차례의 석유 위기
를 극복할 수 있었던 것은 대난위 노동소합이 노사 협조
노선을 취해 임금 인상을 강하게 요구하지 않았고 기업의
합리화에 협조적이었던 것과 함께 많은 기업이 생산 거점
을 해외로 옮긴 것에 있다.

공장을 해외에서 찾은 것은 노동임금이 저렴하기 때문
만은 아니다. 와타나베 도쿠지와 사에키 야스하루佐伯康
治는 1984년 출판된 『전환기에 선 석유화학공업』에서 욧

카이치 공해 소송 결과로 1974년 지역 전체에서 유해물질 배출에 대한 총량 규제가 도입된 것에 대해 "즉시 철강, 전력, 석유, 화학 4대 업계가 즉시 반대 의향을 표명했다"고 했다.

그러나 이런 총량 규제 정책은 차츰 기업들도 수용하지 않을 수 없게 되는 등 기본적으로 정책은 효과를 발휘했다. 이에 대응한 기업들의 행동은 첫째 재래지역 이외에 새로운 콤비나트 입지를 찾는 것이었다. … 홋카이도 도마코마이苫小牧, 아오모리현 무쓰오가와라むつ小川原, 세토나이카이瀬戸内海 서부 스오우나다周防灘, 나아가 한국의 여수, 싱가포르 등에 대형 콤비나트를 조성하는 계획이 세워졌다. 그러나 이후 석유화학공업의 성장 정체로 **일부 외국에서의 계획을 제외하고는** 실현되지 못했다.

대수롭지 않은 일이다. 공해 규제가 느슨한 국외를 선택한다는 것이다. 간단히 말해 일본은 자본을 공해를 끼워 수출한 것이다. 이는 '전시 대동아공영권 구상의 전후 복제'라고까지 할 수 있다. (쓰루미鶴見 1982)

덧붙여 일본은 대일 무배상을 원칙으로 한 샌프란시스코 강화조약에 이의를 제기했던 필리핀, 인도네시아, 버마(현 미얀마), 남베트남 등 4개국과 과거 전쟁에 대한 배상 협정을 맺어 1976년(쇼와 51년)까지 총액 10억 달러 남짓의 배상금을 지불했다. 하지만 지불은 현금이 아니라 공장과 발전소 건설, 항만과 철도 등 인프라 건설공사 서비스, 또는 기계와 플랜트 제공 방식으로 행해졌고, 이후 일본 기업 및 상품의 동아시아 진출 거점이 됐다. 전시 아시아 군사 침략에 대한 배상이 전후 아시아 경제 진출의 길을 열었던 것이다.

환율이 변동환율제로 이행한 1973년 이후, 1990년대 불황으로 불리는 시대까지 일본 기업은 생산 거점을 해외로 옮기며 경영의 합리화와 효율화를 꾀했다. 특히 자동차 관련 배기가스 규제와 에너지 절감기술, 전자업체의 반도체 생산, 여기에 고도성장기 축적된 기술력이 만든 쿼츠 시계와 VHS 비디오, 디지털카메라, 워크맨 등 독창적인 발명으로 미국 시장을 중심으로 수출 확대를 지속하면서 일본 자본주의는 1980년대 말 거품 시기(1986년 일본의 저금리 정책에 의해 대량의 자금이 주식과 부동산에 집중되면서 주가와 지가

가 부풀어 오른 현상. 1991년 이후 주가와 부동산 가격이 추락하면서 거품
이 꺼진 형국이 됐다-역주)까지 연 3%를 넘는 안정 성장을 유지
할 수 있었다. 1960년대에는 IBM을 거느린 미국이 세계
시장을 지배했던 컴퓨터산업에서도 통산성의 지원으로
1970년대 전반에는 일본 기업이 IBM을 따라잡았다. 일본
은 많은 희생을 지불하면서도 철강, 자동차, 화학공업, 전
자기기산업 등 20세기 후반의 자본주의 기간산업 부문에
서 세계 선두에 서게 됐고, 국제경쟁력을 높일 수 있었던
것이다.

그러나 1990년대에 들어 글로벌화된 세계 경제에서 경
쟁력을 확보한다는 명목으로 신자유주의 깃발 아래 구조
개혁이 추진됐지만 그 결과 초래된 것은 격차 확대와 20
년 가까운 디플레이션이었다. 그리고 최근에는 자동차산
업에서는 중국과 인도가 대두하고, 반도체와 개인용 컴퓨
터(PC)와 전화電化 제품에서는 중국뿐 아니라 한국과 대만
에게도 추격당하고 추월당하고 있다. 홍콩과 싱가포르 등
의 공업화도 진전되고 있다. 일본 기업은 경쟁력을 상실
해 일본 자본주의는 지금까지와 같은 형태로는 꾸려나갈
수 없게 됐다.

앞서 기술한 오니시 야스유키의 책에는 "'간판방식'(도요
타 자동차가 개발·실시해온 생산관리 방식. '필요한 것을 필요한 시기에
필요한 만큼만 만든다'는 원칙에 기반한다. '간판'은 부품 납입 시간, 수량
이 쓰인 작업지시서로 부품상자에 붙어 있다. 뒷 공정에서 부품상자를 열
어 부품 한 개를 꺼낼 때, 부품상자의 간판을 떼어내 앞 공정과 부품기업에
돌리면 그 수량만큼의 부품을 보급하는 시스템이다-역주)의 도요타를
필두로 '일본의 모노즈쿠리는 세계 최강'이라는 프라이드
가 지금까지도 일본 전체를 둘러싸고 있다. 그러나 전자
기업에 한하면 그것은 이미 환상이다"라고 돼 있다. (오니시,
2017) 실제, 도시바는 백색가전의 제조 부문을 2016년 중
국의 메이디그룹美的集団(Midea Group-영어명은 역자), 산요三
洋전기는 2011년 중국의 하이얼에 각각 매각했고, 샤프는
2016년 대만 홍하이鴻海정밀공업 산하에 편입됐다. NEC
는 예전엔 9801 시리즈라는 히트상품을 생산했던 개인용
컴퓨터(PC) 부문을 2011년 중국 레노버聯想集団와의 조인
트벤처 회사에 양도했다. 도시바는 또 2017년, TV를 생
산·판매하는 자회사를 중국 가전기업 하이센스그룹海信
集団에 매각했고, 일찍이 세계에서 선구적으로 노트북 컴
퓨터를 발매했던 PC사업의 대만기업 매각을 검토하고 있

다. (도쿄신문 2017. 11. 15., 17.) (도시바는 2018년 6월 PC사업 부문 지분 80%를 대만 홍하이정밀공업에 편입된 샤프에 매각하겠다고 발표했다~역주)

리먼 쇼크 이후 자본주의 국가에서는 철강과 자동차, 전화제품 등은 팔리지 않게 됐던 것이다. 20세기 후반의 자원다소비형 기간산업이 사양산업이 되어가고, 이를 대신해 IT산업, 정보기술이 등장하고 있지만, 이 방면에서 일본은 미국에 크게 뒤처져 있다.

이런 상황에서 정부는 법인세율을 내리고, 한편으로는 비정규직 고용 확대로 노동자 임금을 눌러 낮추면서 곤경에 처한 대기업을 철저히 우대하고 있다. 이 때문에 1990년대 초 5분의 4였던 정규직 고용의 비율이 2007년에는 3분의 2까지 감소했다. 경제학자 미즈노 가즈오水野和夫는 다음과 같이 지적했다.

이제 더 이상 이윤을 올릴 공간이 없는 곳에서 무리하게 이윤을 추구하면 그 악영향은 격차와 빈곤의 형태를 띠고 약자에 집중될 것입니다. 그리고 … 약자는 압도적 다수의 중간층이 몰락하는 형태로 나타날 것입니다. (미즈노 2014)

실제로 지금의 많은 노동자들은 결혼조차 불가능한 상태에 놓여 있다. 그렇게 되면 간단히 말해 물건을 만들어도 팔리지 않게 되는 것이고, 금융 완화가 추진되더라도 기업이 국내에서 설비 투자에 적극 나서지도 않는다. 무엇보다도, 결혼도 불가능하고 아이를 키울 수도 없게 되면 저출산·고령화는 필연이 된다. 이렇게 해서 인구가 감소하는 지금, 미래 시장 확대는 바랄 여지도 없고, 경제성장은 현실적 조건을 잃어가고 있는 것이다. 미즈노의 책에 있듯이 "기술혁신으로 성장한다는 것은 21세기에는 환상에 불과하다"는 것이다.

이 같은 상황에서 현재 일본 정부와 재계가 획책하고 있는 것이 원전 수출과 '경제의 군사화', 즉 군수 생산의 확대와 무기 수출이다. 아베安倍 정권은 군수산업을 최대 성장산업으로 지정하고 그동안의 무기 수출 금지정책을 180도 전환했다. 그간의 무기 수출 3원칙은 원래 사토 내각하에서 기본적으로는 공산권에 대한 무기 수출을 금지하기 위해 제창된 것이지만 1976년(쇼와 51년) 미키三木 내각이 이를 확대하고 엄격화했다. 예외규정이 있는 만큼 완전하지는 않았지만 무기 수출을 하지 않는다는 원칙을 대외적으로 표명한 것은 평화헌법과 함께 국제사회에서 일본의 태도를 명확히 하는 의의가 있었다. 이후 나카소네 내각 때 예외규정이 확대되면서 상당 부분 무력화됐지만, 불완전하게나마 유지되고 있었다. 그러나 아베 내각은 무기 수출 3원칙을 실질적으로 철폐하는 내용의 방위장비 이전 3원칙을 2014년(헤이세이 26년)에 각료회의에서 결정하면서 무기 수출을 사실상 전면 해금시킨 것이다.

2016년 잠수함의 호주 판매에 실패한 아베 정권은 2017년 가와사키중공업을 중심으로 제작한 P1 초계기와 C2 수송기의 뉴질랜드 수출을 꾀하고 있다. 20세기 말부터 일본의 연간 방위비는 약 5조 엔의 거액을 유지해왔고, 특히 제2차 아베 정권 들어 4년 연속 증가를 보였다. 2017년 방위예산은 4조8,996억 엔, 미군 재편 관련 예산을 포함한 총액은 5조1,251억 엔으로 처음 5조 엔을 넘어섰다. 모두 사상 최고다. 방위성은 2018년도 예산의 개산槪算 요구로 2.5%가 더 증가한 5조2,551억 엔을 계상할 방침을 굳히고 있다. (마이니치신문 2017. 8. 23.) (2018년 방위예산은 5조1,911억 엔이었으나 두 차례 추경예산 4,200억 엔(방위성 요구안)이 추가되면 5조6,111억 엔으로 늘어난다-역주)

앞에서 본 것처럼 일본의 군수산업은 전후 고도성장의 이면에서 사람들의 눈에 띄지 않는 형태로 그러나 착실히 성장해왔다. 1980년대 말 우치하시가 "일본적 군사기술은 긴 '잠복의 시대'를 통과해 드디어 공공연한 길로 나서기 시작했다"고 했는데, 이 시기에 '일본방위장비공업회' 신규 가입 신청이 "상당한 템포로 증가하기 시작했다." 경제성장의 지속을 전망하기 어려워진 이 시점에서 재계는 이미 군수 생산의 확대를 전망하고 있었던 것이다. 그것이 현재의 아베 정권하에서 공공연한 현실이 되면서 재계와 정부가 군수 부문을 '일본경제의 견인차'로 기대하기에 이른 것이다. 실제로도 예를 들면 일본의 대표적 기업인 도시바는 이미 가전 부문을 중국 기업에 넘겼고, 원전 부문은 파탄한 데다 그 때문에 반도체 부문도 포기하는 사태에 이르렀다. 남은 것은 군수 생산 부문뿐이다.

군수산업으로의 쏠림은 대학에 군사 연구가 요청되는 배경이기도 하다. 국가 발주에 의한 무기 생산은 채산성을 도외시하는 것이고, 그 때문에 "이 시대 기술 수준이 제공하는 최첨단은 대국의 전쟁 시스템에서만 현실화된다."(나카오카 1970) 이 점이 가전 생산과 군수산업의 결정적 차이지만 과학기술 최첨단의 성과가 요구되는 군사기술에서 외국 기업과 경쟁하려면 대학의 협력이 필요해진다. 연구자는 다시금 '과학 동원'의 상황에 놓이게 되는 것이며, 과거 전쟁에 대한 반성의 진정성이 의심받게 되는 것이다.

경제의 군사화를 문제시하는 이유는 군수 생산이 융성하려면 실제로 어딘가에서 전쟁, 즉 대량 살인과 파괴의 발생을 필요로 하는 인도주의 문제도 물론 대단히 크지만, 그뿐만이 아니다. 군수제품 이외의 것은 전기제품이든 자동차든, 모두 어떤 형태로 소비생활이나 또는 재생산에 도움이 된다. 그러나 군수제품은 소비생활에 이바지하는 것도 아니고, 지구적 규모에서 본다면 그저 자원 낭비, 그것도 엄청난 낭비인 것이다. 즉, 실전과 연습에서 소비되는 경우는 물론, 사용되지 않은 채 보관된다고 해도 무기와 탄약류는 구식이 되면 사용할 수 없게 돼 폐기하는 수밖에 없다. 특히 최근의 무기는 초고도 IT기술로 구성되고 있지만 IT기술의 진보가 매우 빨라 무기 갱신과 폐기의 사이클이 극단적으로 짧아지고 있다. 어찌 됐건 자원의 낭비다. 자원 낭비가 지구의 수용력(capacity)을 넘어 한계에 가까워지고 있는 현재, 인류 생존이라는 관점에서 보더라도 그 자체가 커다란 문제다.

특히 '헌법 개정'이 논의되고 있는 오늘날의 일본에서 문제는 중요하고 심각하다. 헌법 개정이 일본을 '전쟁할 수 있는 나라'로 이끌어가는 것이라고 한다면 군수 생산 중시는 일본을 '전쟁을 원하는 나라'로 꾀어내는 것이기 때문이다.

실제로 무기 생산·수출은 전쟁이 일어나지 않는다면 수익을 낼 수 없기 때문에 일단 사업을 시작하면 어딘가에서 전쟁이 일어나기를 바라게 된다. 냉전체제 붕괴 후인 2003년 "후세인이 대량파괴무기를 보유하고 있다"라는 유언비어를 핑계로 미국 대통령 조지 부시가 이라크전쟁에 나선 것은 당시 미국 제조업이 국제경쟁력을 상실한 것과 무관하지 않다. 부시 정권에는 미국 유수 군수기업 출신의 임원과 고관이 상당수 합류해 있었던 것이다. 이렇게 해서 압도적인 자금과 정보, 과학기술을 손에 쥐고 있는 '산군학복합체'가 21세기 리바이어던으로 전 세계에서 전쟁을 획책하고 있는 것이다.

무기수출반대네트워크 스기하라 고지杉原浩司는 이렇게

지적했다.

　현재 일본은 '군산학복합체'의 입구에 서 있다. 그 두 개
의 축이 무기 수출과 군학 협동연구다. 여기서 중단시키
지 못하면 일본은 '전쟁할 수 있는 나라'에서 '전쟁을 원
하는 나라'로 변모하게 될 것이다. 지금 우리들은 역사적
인 분기점에 서 있다. (NPO법인 피스데포 『핵무기·핵실험 모니터』
2017. 3. 15.)

　무기는 실전에서 사용되면 많은 사람들을 살상한다. 특
히 현대 전쟁에서는 전선과 후방의 구분이 사라졌고, 한편
으로 무기의 파괴력이 극단적으로 확대됐다. 전투원뿐 아
니라 수많은 시민과 아이들이 희생되는 것은 인도주의적
으로도 극히 중차대한 문제다. 그뿐 아니라 건조물 등 사
유재산은 물론 도로와 다리, 항만 등 사회간접자본 및 자
연환경이라는 귀중한 사회적 공유재도 대규모로 파괴되
고 손실을 입게 된다. '경제의 군사화'에 대해 루이스 멈포
드는 『권력의 펜타곤』(국내에서는 『기계의 신화 2 : 권력의 펜타곤』
(경북대학교 출판부)로 출간됐음-역주)에서 "전쟁은 다른 것에 비교

할 수 없을 정도의 물자 소비와 낭비를 통해 확대되고 있는 기술의 불치병, 즉 '생산과잉'을 일시 진정시키는" 것이 되고 "고전적 자본가의 언어로 말하면, 물자 결핍 상태를 만들어주는 전쟁은 이윤 보장을 위해 없어서는 안 될 존재"라고 했다. 그는 이어 "전쟁기계가 기술적 발명과 무기 대량생산에 의존하면 할수록 국가의 경제 체제에 부여하는 직접 이윤도 증가했다. 그렇긴 하지만 보통 이익으로 간주되던 것은 장기적인 시각으로 보면 인간의 비참함은 말할 것도 없고 수복, 수선, 보충의 비용으로 상쇄됐다"고 덧붙였다.

전쟁경제의 '수복, 수선, 보충'을 위한 물질, 에너지, 금전의 지출 등 무기 생산에 필요한 비용을 훌쩍 뛰어넘는 지출은 모두 자손 세대가 갚아야 할 것이 된다. 요컨대 무기 생산·수출은 현 세대 인간에 대한 범죄 행위임과 동시에 미래 세대에 대한 수탈에 의해 '이익'을 창출하고 있는 것이다.

장래 세대에 대한 수탈로 성립된다는 점에서는 원자력 발전 역시 전적으로 동일하다. 사고 없이 수명을 마치고 무사히 폐로된다고 해도 극히 위험한 방사성폐기물인 사용후 핵연료, 방사선에 오염된 순환 불가능한 원자로 본체가 후세에 떠맡겨지게 되고, 후세가 맡아야 할 관리 및 해체 경비까지 모두 고려하면 경제적으로 수지맞을 턱이 없기 때문이다. 이에 대해서는 다음 장에서 살펴보기로 한다.

(좌) 아사히신문 2012년 8월 17일
(우) 마이니치신문 2013년 10월 30일

제7장 원자력 개발을 둘러싸고

1. 원자력과 물리학자

에너지혁명으로 시작된 일본의 근대화 서사는 에너지혁명의 폭주인 후쿠시마 원전 사고로 하나의 결말을 맞이했다.

수력발전은 중력 에너지에 의한다. 화력발전은 석유든 석탄이든 전자력으로 이뤄진 분자 간 힘의 에너지에 의한다. 현재 알려져 있는 자연계의 힘은 중력과 전자력 외에는 강한 상호작용이라고도 일컬어지는 핵력(원자핵 내에 있는 양성자와 중성자와 같은 입자 사이의 결합력-역주)과 약한 상호작용 등 모두 네 가지이지만, 약한 상호작용은 너무 미약해 매크로한 에너지로 사용하기는 사실상 불가능하다. 따라서 핵력 에너지(핵에너지)는 기술적 사용 가능성이 검토된 마지막의 에너지로, 일본에서 '원자력'으로 불리는 이 핵에너지의 사용에 의해 에너지혁명은 완료된다.

앞서 패전 후 과학자가 과학에 의한 일본 재건을 주장하며 과학기술 환상을 퍼뜨린 것을 살펴봤는데 이 환상은 원자력 개발 국면에서 부풀게 된다.

우라늄 235 원자핵에서 핵분열반응이 존재하고, 연쇄반응도 가능하며 그때 엄청난 에너지가 방출된다는 일련의 사실이 발견된 것은 제2차 대전 발발 직전인 1938년(쇼와 13년)부터 1939년 무렵으로 이 사실은 일본에도 상당히 일찍 알려졌다. 『과학펜』 1939년 6월호에는 물리학자 다케우치 도키오竹內時男가 '우라늄 폭렬爆裂'이라는 표현으로 우라늄 원자핵의 핵분열과 그때 엄청난 에너지가 방출되는 현상이 발견된 사실을 보고했다. 같은 해 8월 7일 일간 국제과학통신에는 '우라늄, 원자에너지 이용의 최신예 무기'라는 제목으로 이시하라 준이 감수한 해설이 실렸다. 그해 『과학주의공업』 5월호에도 '신발견·원자핵의 폭렬' 기사를 볼 수 있다. 일반인 대상 잡지 『과학지식』 1941년 3월호 '원자동력 우라늄 235' 기사에는 핵분열이 제법 정확히 설명돼 "만약 한 덩어리의 235가 순간적으로 파괴된다고 하면 방출 에너지는 일거에 대도시를 전멸시킬 정도의 대동력이다. … 우라늄 235가 장래 동력원으로 발전소, 운수기관, 가정 등의 연료를 대신하리라는 예상이 꼭 불합리한 것은 아닐 것"이라고 돼 있다. 핵에너지가 군사와 민생의 양 방면에서 사용될 것으로 이미 예상되고 있었던 것이다.

핵에너지의 인위적 해방을 최초로 실현한 것이 1942년

스타트한 맨해튼 계획이다. 20억 달러(현재의 약 2조 엔) 이상의 비용에 13만 명을 투입한 전시 미국의 극비 원폭 제조 계획이다. 이 과정에서 플루토늄 239 원자핵도 핵분열을 일으킨다는 사실이 확인되면서 이 계획으로 만들어진 3개의 원자폭탄(통칭 '원폭', 정확히는 '핵분열폭탄') 중 하나인 플루토늄 폭탄이 1945년 7월 16일 뉴멕시코사막에서 폭발 실험에 사용됐다. 실험은 성공을 뛰어넘어 관계자들이 폭발력과 파괴력에 경악했을 정도였다. 우라늄 폭탄은 2주 후인 8월 6일 히로시마에, 플루토늄 폭탄은 8월 9일 나가사키長崎에 투하됐다. 최초 원폭이 히로시마에 투하된 지 16시간 뒤 미국 대통령 해리 트루먼은 투하된 폭탄이 원폭이었다는 성명을 발표했다. 성명에는 "장래, 원자력은 현재의 석탄, 석유, 수력을 보완하는 동력원이 될 것"이라는 예측도 포함됐다.

제1차 대전에서는 전쟁에 앞서 제2차 산업혁명 과정에서 태동한 내연기관과 프로펠러기, 무선통신 등 신기술이 무기로 전용됐다. 제2차 대전에서는 전시에 군사 목적으로 개발된 기술, 즉 컴퓨터와 레이더, 제트기, 항생물질이 전후 민수 부문에 전용된다. 그 대표적 사례가 원폭을 위해 개발된 핵에너지가 원자력발전에 이용된 것이다.

원폭 투하 직후 대본영 조사단으로 히로시마 현지 조사를 토대로 이 폭탄이 원자폭탄, 즉 핵분열의 연쇄반응에 의한 것임을 일본에서 최초로 확인한 이가 니시나 요시오였다. 원자물리학 전문가인 니시나는 전전 일본을 대표하는 물리학자로, 전시 일본 육군의 원폭 개발계획의 중심에 있었고 원자력에 관해 당시 일본에서 가장 권위 있는 학자였다. 니시나가 원폭 투하를 확인한 직후에 한 말은 물리학자가 이토록 파괴적인 무기를 만들어낸 것에 대한 두려운 마음이 아니었다. 자신들이 해내지 못했던 원폭 제조를 미국 학자들이 성공한 것에 대한 원통함이자 국가에 대한 송구함이었다.

니시나를 비롯한 당시 일본의 물리학자들은 원폭 제조 자체를 부정적으로 보지 않았다. 1946년(쇼와 21년)의 『자연』창간호 에세이에서 니시나는 미국의 원폭 제조에 대해 "원자핵 연구라는 가장 순과학적이고 응용을 목적으로 하지 않는 연구가 태평양전쟁을 종결시키는 계기를 만든 가장 현실적인 위력을 보인 것이다. 이는 어떠한 외교보다 강력했다고 하지 않으면 안 된다"고 했다. 또 이로써

"과학이 현대의 전쟁, 문화는 물론 모든 인류의 활동에서 얼마나 유력한지를 보여준 일례"라면서 "원자폭탄은 유력한 기술력, 풍부한 경제력의 위대한 소산이다"라고 했다.

원자폭탄을 '위대'하다고 형용한 것에서 당시 니시나의 평가와 자세가 엿보인다. 니시나는 『세계』 1946년 11월호의 에세이 '원자력 문제'에서 "원자폭탄은 과학기술 발달이 가져온 가공할 만한 무기"라고 하면서도 "〔원자력을〕 동력원으로 하면 산업 또는 문화상의 이익은 놀랄 만할 것이다. 실제 원자력은 서서히 발생시키는 쪽이 폭발보다 쉬운 만큼 이용 가능성은 아마 있을 것"이라며 비군사적 사용 가능성을 낙관적으로 예측했다.

원자력 개발에 대한 긍정적인 평가와 낙관적인 전망은 니시나에 국한되지 않았다. 1946년(쇼의 21년) 11월 당시의 '과학 진흥에 의한 일본 부흥' 분위기를 타고 과학잡지 『과학권科學圈』이 창간됐다. 창간호 특집이 '미국 과학의 전망'인데 '편집후기'에는 "코페르니쿠스적 전환 이상의 일대 혁명인 원자력 시대를 가져온 미국의 과학은 인류 역사에 인류 평화 이상을 높이 내걸었다"고 돼 있다. 많은 물리학자는 원폭으로 체현된 거대한 에너지의 '해방'을 '근대과학의 정화精華'로 받아들이고 전후세계 진보의 상징으로 간주했던 것이다.

실제로 원폭을 이용해 태풍의 진로를 바꾼다든가, 대규모 토목공사에 사용할 수 있다는 꿈같은 이야기가 당시 권위 있는 물리학자들의 입에서 퍼져나갔다. 전전부터 있던 잡지 『과학주의공업』은 전후 『과학주의』로 개명해 1946년 2월 재출발했는데 '해외 과학기술 통신'란에는 "한 발로 히로시마를 전멸시킨 저 거대한 에너지가 동력원으로 쓰인다면 산간 수력발전소에서 장거리 송전을 할 필요도 없을 뿐 아니라 석탄과 석유 수송으로 힘겨워할 필요도 없게 된다. 도시 한가운데 대발전기가 가동돼 전력을 공급할 수도 있고, 성냥갑 크기의 원자 파괴물질로 대공장의 보일러를 몇 년씩 끓일 수 있게 될 것이다. 항공기도 열차도 자동차도 타다 망가질 때까지 연료를 보충할 필요가 없으며 탁상전화나 휴대카메라 정도의 발동기로 날아다니고 달리게 될 것"이라고 돼 있다. 완전히 꿈같은 이야기가 가까운 미래에 실현될 것처럼 그려지고 있었던 것이다.

전시에 니시나 밑에서 원폭 연구를 해온 다케타니 미쓰오가 편집해 1950년 마이니치신문사에서 출판된 『원자력』에는 "원자동력이라는 것은 천천히 게다가 영속적으로 일하는 원자폭탄이다. 만약 실현된다면 훌륭한 동력원이 될 것"이라고 돼 있다. '영속적'이라고 표현돼 있는데, 실은 여기에 주목해야 할 것으로 '브리더(breeder 증식식增殖式 원자로)'에 대한 언급이 있는데 이는 뒤에서 다루기로 한다. 원자력의 동력 사용에는 "상당한 곤란이 기다리고" 있지만 "곤란을 해결하려면 기술 연구만으로는 불충분하다. 물리학과 화학의 신지식을 찾아내지 않으면 안 된다"며 물리학자와 화학자가 원자력 연구에 열심히 나설 것을 촉구하고 있다.

다케타니는 핵물리학의 연구가 금지됐던 미군 점령기인 1951년(쇼와 26년) 8월 마이니치신문 기고에서 "원자력은 이제 와서는 현실의 문제다. 원자력의 병화석 이용에 충분히 주목을 하지 않으면 세계에 뒤처진다"며 초조함을 토로했다. 이어 1952년 샌프란시스코 강화조약 발효로 일본이 독립한 시점에 나온 『개조』 창간호에서 원자력 연구에 나서야 할 이유를 다음과 같이 밝혔다.

일본인은 원자폭탄을 몸으로 경험한 세계 유일의 피해

자이므로 적어도 원자력에 대해 가장 강력하게 발언할 자격이 있다. 원폭으로 숨진 사람들의 영령을 위해서도 일본인의 손으로 원자력 연구를 발전시키고, 사람을 죽이는 원자력 연구는 일본인의 손으로는 절대로 행하지 않을 것이다. 일본인은 평화적인 원자력 연구에 나설 권리를 갖고 있고, 이를 위해 여러 외국은 모든 원조를 할 의무가 있다.

다케타니는 이런 취지의 발언을 1957년의『자연』2월호에서도 반복했다. 다케타니의 이 특이한 논리가 당시 일반에 수용됐다고 생각되지는 않는다. 하지만 "사람을 죽이는 원자력"과 "평화적인 원자력", 즉 '군사 전용'과 보통 '평화적 이용'으로 칭해지는 '민사 이용'의 이분법은 그 후 널리 언급되면서 이 이분법에 의거해 원폭 제조와 거리를 둔 원자력 연구를 추진하자는 주장이 물리학자들 사이에서 적극적으로 나오게 된다.

1952년(쇼와 27년) 7월, 도쿄대 교수이자 일본학술회의 부회장인 물리학자 가야 세이지茅誠司는 학술회의가 정부에 원자력위원회 설치를 건의해야 한다고 주장했다. 그는 10

월에는 학술회의 총회에서 원자력 연구를 국가 사업으로 추진할 것을 정부에 건의하자는 취지의 제안을 물리학자인 후시미 고지伏見康治와 공동으로 했다. 그러나 젊은 연구자들의 반대로 정부 건의는 보류됐다. 젊은 연구자들이 반대한 기본적 이유는 군사 연구로 이어질 우려, 미국의 원자력 연구에 종속돼 미국의 군사전략에 휩쓸릴 것이라는 걱정에 있었다. 원자력 연구 자체를 부정한 것은 아니지만 때가 아니고, 여건도 안 된다는 것이었다.

한국전쟁이 사실상 종결된 1953년 8월 소련이 수소폭탄 보유를 공표하자 12월 유엔총회에서 미국 아이젠하워 대통령은 "평화를 위한 원자력(Atoms for Peace)"이라는 슬로건으로 핵정보의 일부 공개와 국제기구에 의한 핵의 공동 관리를 제안했다. 실제로는 핵의 공동 관리가 보류됐고, 대신 미국은 서방 우호국과 2국 간 협정을 맺고 핵기술과 핵물질을 제공하는 방안을 제안했다. 이로써 '원자력의 평화 이용'-정확히는 '비군사 이용' 내지 '민생용 이용'-의 흐름이 생겨나면서 원자력발전이 보급될 분위기가 형성된다.

아이젠하워 연설의 배경에는 소련의 수폭실험만이 있

는 게 아니었다. 그해 영국이 원폭 제조를 위한 플루토늄 생산용으로 개발한 원자로를 발전용으로 전환하는 계획을 미국에 앞서 밝혔던 것도 있다. 국제 원전시장의 주도권 다툼이 시작된 것이다. 아이젠하워의 목적은 맨해튼계획에 투입된 방대한 국가 자금을 회수하기 위해 미국 기업의 핵 비즈니스를 가동시켜 영국을 제압하고 세계의 원전시장을 장악하는 것이었다. 즉 '평화를 위한 원자력'은 전시에 형성된 미국의 군산복합체, 특히 원폭 제조 과정에서 생긴 핵 관련 기업을 위한 것으로 출발점부터 모순에 찬 것이었다.

어찌 됐건 아이젠하워의 요청에 부응해 일본 정치가와 재계도 원자력 개발을 향해 움직이기 시작했다. 미국이 2국 간 협정을 제안한 뒤인 1954년(쇼와 29년) 3월, 미국이 비키니 환초에서 실시한 수소폭탄 실험으로 미크로네시아섬의 주민 다수, 그리고 출입금지구역 바깥에서 조업 중이던 제5후쿠류마루福竜丸(참치잡이 어선으로 1954년 3월 1일 비키니 환초 수폭 실험으로 방사능에 노출되면서 선원 23명 중 1명이 사망했다-역주) 등 많은 일본 어선이 피폭됐다. 하지만 그 직후 나카소네 야스히로中曽根康弘(1918~, 정치가로 1982년부터 5년간 총리를 지냈고, 미일 외교, 행정 및 재정개혁, 민영화 정책 등을 추진했다. 총리로는 처음으로 야스쿠니 신사를 참배했다-역주)를 중심으로 한 의원 그룹이 원자력 예산을 포함한 보정(추경-역주)예산의 수정안을 제안해 통과시켰다.

이는 물리학자들에게 '청천벽력'이었다고 한다. 1952년 이래 일본 원자력 연구의 바람직한 방향을 논의해왔던 학술회의의 노력이 완전히 무시됐기 때문이다. 핵에너지의 사용 가능성은 100% 물리학 이론으로부터 나온 만큼 개발·실용화에서는 당연히 물리학자가 지도적 역할을 수행할 터였다. 그러므로 자신들과 상담도 하지 않은 채 국가가 원자력 개발에 나서는 것 따위는 있을 수 없다고 물리학자들은 처음부터 굳게 믿고 있었던 듯하다. 그러나 지금 와서 생각해보면 물정을 몰랐거나 자만하고 있었다고 하지 않을 수 없다.

그리고 전력회사와 중앙관청이 원자력 개발을 향해 일제히 질주하던 시점에는 연구의 중심이 물리학자에서 공학 분야 연구자와 기술자로 이행했다. 원래 원자력 연구라고 해도 핵분열이라는 물리 현상은 이론적으로 이미 밝혀졌으니 이제는 기술 연구 영역으로 초점이 옮겨지던 상황이었던 만큼 당연한 것이었다.

물리학자의 저항은 1954년 학술회의 총회에서 '원자력의 연구와 이용에 관해 공개·민주·자주 원칙을 요구하는 성명'을 채택하고 이듬해인 1955년 국회에서 '원자력기본법'이 논의될 무렵에 '자주', '민주', '공개'라는 실효성 없는 3원칙을 명기토록 한 것이 고작이었다. 이후 일본의 원자력 개발은 '자주'와는 걸맞지 않게 미국 기술의 직수입에 의존했고, '민주'라고도 '공개'라고도 할 수 없는 상업 베이스로 추진된다.

결국 물리학자는 '원자력 평화 이용'의 환상을 부추겨 관과 산업계가 주도하는 전후 일본 원자력 개발의 앞잡이 노릇만 한 셈이다.

2. 원자력 개발의 정치적 의미

일본에서 국가 시책으로 원자력발전에 나서야 한다는 주장을 처음 제기한 이는 1954년(쇼와 29년) 나카소네 야스히로였다. 물론 한 해 전 아이젠하워의 유엔 연설에 호응한 것이지만, 나카소네는 그 이전부터 원자력에 큰 관심을 보여왔다. 점령하 일본에서는 GHQ가 원자력 연구를 금지했지만 물리학자들은 독립 시 체결될 강화조약에 원자력 연구 금지조항이 포함될지에 마음을 졸이고 있었고, 나카소네도 마찬가지 심정이었다. 대일강화조약 체결을 위해 1951년 방일한 미국 특사 존 F 댈러스에게 나카소네는 원자력 연구의 자유를 요구하는 서한을 보냈다.

나카소네가 원자력 연구를 중시한 것은 학문적 관심은 물론 경제학적 관심도 아니었다. 단적으로 말해 대국주의 내셔널리즘이다. 나카소네는 1955년 원자력기본법에 관한 국회 논의에서 "현재 일본의 국제적 지위는 패전 이래 매우 낮다"는 현상 인식을 토대로 다음과 같이 말했다.

원자력과 과학에 의해 우리들이 국제적 지위를 회복하고 과학기술 수준을 높이는 것이 가능하다고 생각합니다. … 일본의 국제적 지위를 회복한다는 의미에서도 원자력 기본정책을 확립하는 것은 역사적 의의가 있다고 생각합니다.

전전에 거대 전함을 보유하는 것을 '일등국'의 조건으로 간주한 것과 마찬가지로, 핵무기가 탄생시킨 전후 세계에서는 일본이 제국주의 열강그룹의 멤버로 복귀하기 위한 수단을 원자력이라고 여겼던 것이다. 원폭 보유는 국가주의자에게 '초대국'의 증거이고, 핵기술과 원자력발전의 보유는 그에 버금가는 '일류국가'의 스테이터스 심볼(status symbol)이었던 것이다.

앞 절에서 본 것처럼 원자력의 '군사 이용'과 '평화 이용'이라는 이분법은 전후 널리 언급돼왔다. 그러나 본래 군사기술과 비군사기술의 경계는 애매한 것이고, 전후 세계에서 최첨단 기술이 군산복합체에서 다뤄지고 있는 한 양자를 말끔히 나누는 것은 불가능하다. 게다가 나카소네의 발언은 핵기술이 원폭 제조로 시작했고, 원폭 제조에 직결되는 기술인 한 아무리 직접 목적이 비군사적·산업적 이용이라고 해도 기술 보유 자체가 대국주의 내셔널리즘을 불러일으키고 국제사회에서 발언력 강화를 가져온다는 극히 정치적인 의미를 갖고 있음을 시사한다. 일찍이 드골의 프랑스와 마오쩌둥毛沢東의 중국이 원폭 보유에 기를 쓴 것도 같은 이유다. 정치라는 좌표축에서 본다면 '평화 이용'과 '군사 이용'이라는 이분법은 의미 없는 것이다. 이를 단적으로 나타낸 것이 기시 노부스케의 잠재적 핵무장론이었다.

앞서 서술한 다케타니편 『원자력』 논고에 '증식로'가 언급돼 있다. 천연 우라늄은 우라늄 238과 우라늄 235의 동위원소로 이뤄지며 핵분열을 한다. 즉 우라늄 235만 '연소'하지만 이것의 함유율은 극히 적다. 일본의 상업용 원자로(경수로)에서는 우라늄 235의 함유율을 높인 '농축우라늄'을 미국에서 연료로 구입한다. 우라늄 235의 핵분열 때 나오는 중성자가 우라늄 238에 흡수되면 플루토늄 239가 만들어지고, 이것도 핵분열 성질을 갖는다. 따라서 플루토늄 239와 우라늄 238을 사용해 플루토늄이 핵분열을 할 때 나오는 중성자 중 하나는 다른 플루토늄 239에 흡수시키는 것으로 연쇄반응을 이어가고, 다른 하나를 우라늄 238에 흡수시켜 플루토늄 239가 새롭게 생성되도록 하면 이론상으로는 연료가 소비되면서 동시에 생성되는 것을 기대할 수 있다. 그런 의미에서 '증식로'라고 한다.

일본 원자력정책 대강은 1965년(쇼와 30년) 이래 원자력위원회 장기계획이라는 형식으로 거의 5년 단위로 결정돼 왔다. 최초의 장기계획에서 증식로의 국산화가 최종 목표로 이미 언급되고 있다. 원자력발전에서는 사용후 핵연료를 그대로 폐기하는 방식과 사용후 핵연료에서 잔존 우라늄과 생성된 플루토늄을 추출해 재이용하는 '재처리' 방식이 있다. 일본은 일찌감치 핵연료를 자체적으로 조달하기 위한 천연우라늄 농축 및 사용후 핵연료 재처리 등 핵연료 사이클의 확립을 목표로 해왔다. 재처리의 목적은 공식적으로는 증식로에서 사용할 플루토늄을 얻기 위한 것으로 돼 있다.

그런데 원폭을 만들려면 천연우라늄에서 농축우라늄을 만들어내거나 사용후 핵연료의 재처리에 의해 플루토늄239를 추출하는 방법이 있다. 특히 재처리에서 추출된 플루토늄은 순도가 높고 이것으로 원폭(플루토늄 폭탄)을 만드는 것은 비교적 용이하다. 실제로 인도는 민생용 원자로의 사용후 핵연료에서 추출된 플루토늄으로 원폭을 만들어냈다. 물론 증식로에서 얻어지는 플루토늄도 고순도여서 그 자체로 훌륭한 원폭 재료가 된다. 그런 점에서 핵연료 재처리에 의한 플루토늄의 추출, 증식로 건설은 어느 것이든 원폭 제조에 직결하는 민감 기술로 간주된다. 그렇다면 아무리 직접 목적이 민생용이라고 해도, 재처리와

우라늄 농축시설을 건설하는 것, 증식로를 건설하는 것은
단적으로 말해 핵무장을 향한 잠재적 능력을 높이는 것이
된다.

그리고 이것이 잠재적 핵무장임을 명확히 한 이가 기시
노부스케였다. 전쟁 중 도조 내각의 상공상을 지냈고 전
후 A급 전범으로 체포됐으나 기소를 면한 뒤 점령군 권력
에 빌붙어 총리까지 지냈던 기시는 1950년대에 원자력 개
발의 가속 페달을 밟게 되는데 후에 다음과 같이 말했다.

원자력 기술은 그 자체가 평화 이용도, 무기로 사용하는
것도 가능하다. 어느 쪽으로 사용할 것인가는 정책이자
국가 의사의 문제다. 일본은 국가·국민 의지로 원자력을
무기로 이용하지 않기로 결정한 만큼 평화 이용의 한길이
지만, 평화 이용이라도 기술 진보에 따라 무기로서의 가
능성은 자동적으로 높아지게 된다. 일본은 핵무기를 갖지
않지만 (핵무기 보유의) 잠재적 가능성을 높이는 것에 의해
국제사회에서 군축과 핵실험 금지 문제 등에 대해 발언력
을 높일 수 있다. (기시 1983)

기시가 주장한 대로 마음만 먹으면 언제든 핵무장이 가능한 상태로 일본을 만들어둬야 한다는 '잠재적 핵무장' 노선은 "모든 산업 능력은 잠재적 군사력이다"라는 예전 총력전 사상을 답습한 것이다. 이것이야말로 기술적으로도 극히 곤란하고 초거액의 경비를 요하는 핵연료 재처리와 증식로 건설에 일본이 계속 집착해온 이면의 이유이자 정치 세계에서 원자력발전이 추진돼온 배경이다. 실제로 기시는 1957년(쇼와 32년) 5월 7일 외무성 기자클럽에서 "현행 헌법하에서도 자위를 위한 핵무기 보유는 허용된다"고 했다. 또 1959년 3월 12일 참의원 예산위원회에서 "방위용 소형 핵무기는 합헌"이라고 재차 표명했으며 미래 핵무장을 위한 재량권 유지에 힘썼다.

핵확산금지조약(NPT) 발효 전년인 1969년 외무성 비공식 조직인 외교정책기획위원회가 작성한 '우리나라의 외교정책 대강'에는 "핵무기에 대해서는 NPT에 참가할지 여부에 관계없이 당면 핵무기는 보유하지 않는 조치를 취하지만 핵무기 제조의 경제적·기술적 포텐셜[잠재능력]은 항상 보유함과 동시에 이에 대한 간섭을 받지 않도록 신경쓴다"고 돼 있다. 외무성이 기시가 말한 잠재적 핵무장 노선을 계승하고 있었던 것이다.

이는 핵연료 재처리를 둘러싼 그동안의 미일 간 교섭에서도 파악된다. 핵연료(농축우라늄)의 용도에 대해서는 사용후 처리를 포함해 미일원자력협정에 의해 제공국 미국이 엄밀히 관리하고 있다. 1968년에 발효한 최초 협정에서는 사용후 핵연료 재처리에 관해 '개별적 사전 동의'가 필요하다고 돼 있다. 즉 재처리를 일본에서 실시하거나 해외에 위탁할 때마다 미국의 양해를 얻어야 했다. 인도가 민생용 원자로의 사용후 핵연료에서 얻은 플루토늄으로 원폭을 만들자 위기감을 느낀 미국 민주당 카터 정권이 1977년에 일본의 재처리를 중단시켰고, 이 때문에 도카이무라東海村 재처리공장 운전이 정지됐다. 이때 일본의 통산성, 과학기술청, 외무성외 원자력 관료들은 카터 정권과 "필사적으로 싸워" 일본의 재처리 노선을 "지키려" 했던 것이다. 미국 측은 핵연료 사이클에 대한 일본의 "이상할 정도의 집착"에 강한 인상을 받았다고 한다.

그러나 미국의 원자력산업, 즉 핵무기산업의 지지를 받아온 공화당 레이건 정권이 등장해 카터 정권의 규제 방침을 전환시켰을 때 정세는 일본에 '유리하게' 바뀌었고

1988년(쇼와 63년)에 체결돼 2018년까지 유효한 신미일원자력협정에는 지정된 시설에서의 재처리 실시를 사전에 승인하는 '포괄적 사전 합의'가 삽입됐다. 미국의 양해가 사실상 불필요해진 것으로, 그 결과 플루토늄 사용 규제가 대폭 완화되면서 일본의 재처리와 증식로 건설 노선이 연명됐다. 이는 비핵 보유국에서는 일본에만 허용된 '특권'이다.

이리하여 도카이무라의 시설과 해외 위탁으로 생성된 일본의 플루토늄 보유량은 현재 이미 48t에 달한다.(『도쿄신문』 2017. 7. 16.) 국제원자력기구(IAEA) 지침에서는 핵무기를 1개 만들 수 있는 플루토늄의 양은 8kg으로 돼 있다. 그렇다면 일본은 무려 6,000발의 플루토늄 폭탄을 만들 수 있을 만큼의 재료를 보유하고 있는 것이 된다.

1992년 11월 29일자 아사히신문에는 "일본 외교력의 뒷받침으로서 핵무장 선택의 가능성을 버리지 않는 편이 좋다. 〔핵무기의〕 보유 능력은 갖되 당면 정책으로서 보유하지 않는다는 모양으로 간다. 이를 위해서도 플루토늄 축적과 미사일로 전용할 수 있는 로켓기술은 개발해두지 않으면 안 된다"는 외무성 간부의 솔직하고 노골적인 담화 내용이 보도됐다. 핵연료 사이클에 대한 일본의 '이상할 정도의 집착'의 뿌리에 잠재적 핵무장 노선이 있다는 가정은 결코 억지가 아니다. 최소한 외국이 그렇게 받아들여도 이상하지 않을 정도다. 자각하지 않는 것은 일본인들뿐이다.

2011년 후쿠시마 원전 사고 이후 독일과 이탈리아는 탈원전을 선언했다. 이는 독일과 이탈리아는 장래에 핵무장을 하는 일은 없을 것이라는 국제적 메시지를 의미한다. 반면 일본은 지금껏 원전 사용과 핵연료 재처리를 고집하고 있고, 유엔에서 122개국이 찬성한 핵무기금지조약에는 핵보유국들과 함께 서명을 거부하고 있다. 이런 점들도 일본이 미래 핵무장의 선택지를 남기고 있는 상황 증거가 되고 있다.

상황 증거만이 아니다. 1955년 제정된 '원자력기본법' 제2조는 "원자력의 연구, 개발 및 이용은 평화적 목적에 한하고 안전의 확보를 으뜸으로 하며, 민주적인 운영하에서 자주적으로 이를 행하는 것으로 하고, 그 성과를 공개하고 스스로 나서 국제 협력에 이바지하는 것으로 한다"고 규정돼 있다. 그런데 2012년 6월 20일 참의원 본회의에서 다음과 같은 내용이 추가됐다.

전항의 안전 확보에 대해서는 확립된 국제적인 기준을 토대로 국민의 생명, 건강 및 재산의 보호, 환경의 안전 및 **우리나라의 안전보장에 이바지할 것을 목적으로** 행하는 것으로 한다.)

일본의 원자력발전 목적에 '우리나라의 안전보장', 즉 광의의 군사 목적이 포함된 것이다. 일본에서 원자력 개발은 경제만이 아니라 그 이상으로 정치와 군사·외교 문제였고 점점 더 그렇게 되고 있다. 아베 내각은 2016년 4월 "핵무기도 필요 최소한에 그친다면 보유하는 것은 반드시 헌법이 금지하는 바는 아니다"라는 정부 답변을 각료회의에서 결정했다. 미래의 핵무장 옵션을 남겨둔다는 일본 일부 지배층의 생각을 대수롭지 않다고 여기면 안 된다.

3. 일본의 원자력 개발

일본의 원자력 개발이 실제로 본격화된 것은 원자력 예산이 마련된 1954년(쇼와 29년)부터이고, 정계에 진출한 쇼리키 마쓰타로正力松太郎가 재상 자리를 차지하려는 야심을 실현하기 위한 도구로 원전을 동원한 것이 발단이다. 그렇다곤 해도 원자력 지식이 빈약한 쇼리키가 실제로 한 것은 영국으로부터 기존의 콜더 홀형 원자로(천연우라늄 흑연로)를 통째로 구입하는 안이한 것이었다.

그러나 반격에 나선 미국 정부가 경수로의 연료인 농축우라늄과 필요 기술의 제공을 제안하면서 일본에서는 상업용으로는 오로지 미국 업체의 경수로(웨스팅하우스의 가압수형 원자로와 제너럴일렉트릭의 비등수형 원자로)만이 사용된다.

미국은 자국 원자력산업 육성을 위해 장래 유망한 원자력 시장이 될 나라에 원전과 여분의 농축우라늄을 판매했다. 또 유학제도를 만들어 유학생에게 핵 기술 교육을 실시했다. 1950년대 후반 일본 업체와 전력회사는 기술자를 미국에 유학시켜 미국에서 받은 자료와 문헌을 공부하는 것부터 시작한 것이다. 일찍이 메이지 초기 공부성이 행한 기술자 교육 방식과 동일하다. '자주'고 뭐고 없었던 것이다.

　일본 전력회사와 기업의 원자력 개발은 이렇게 시작됐지만 국책사업으로서의 원자력 개발은 통산성과 전력회사, 원전기업 블록, 다른 한편으로 산하에 원자력연구소를 거느린 과학기술청이라는 두 축으로 이뤄지게 됐다. 전자는 상업용 원자로 건설, 후자는 증식로 기술 개발을 주된 임무로 하고 형식적으로는 전체를 총괄하는 원자력위원회가 설치돼 거의 5년 단위 장기계획을 세우는 구조가 됐다. 실제로 원자력위원회는 기술 면에서도 정책 면에서도 능력이 부족했다. 실질적인 힘을 가진 것은 관료기구 특히 통산성이었다. '원자력 개발 이용 장기계획'은 전시 관료 주도 통제경제의 전후판이라고 할 수 있다.

　상업용 원자력발전 확대를 지도한 것은 일관되게 통산성이었다. 국가의 원자력 정책에 따라 1960년대 중반에 미쓰비시중공업이 웨스팅하우스와 손을 잡고, 도시바, 히타치, 이시카와지마하리마가 제너럴일렉트릭과 각각 제휴해 원전기업으로 출발했다. 일본 원전 건설에 탄력이 붙은 것은 오일쇼크였던 1973년으로, 그해 통산성에 자원에너지청이 설치됐고 이듬해 전원 3법(전원개발촉진법, 전원

개발촉진대책특별회계법, 발전용시설주변지역정비법을 통칭하는 것으로, 이는 발전소가 거둔 수익이 원전이 들어설 지역에 충분히 환원되도록 하는 것을 주요 내용으로 한다. 원전 조성에 따른 지역주민들의 반발을 최소화하기 위한 목적이 크다-역주)이 제정됐다. 1975년 자원에너지청 장관 관방(부처 내 조직으로 행정조직의 내부 관리와 행정사무의 종합 정리를 담당한다-역주) 원자력산업실은 원자력산업과로 승격했는데 이 과가 그해 발행한 『일본의 원자력산업』의 말미에는 "우리나라의 원자력 이용은 약 20년의 역사를 거쳐 지금부터 본격 실용화 시기를 맞이하려고 하고 있다…"고 돼 있다. 이후 1990년까지 거의 매년 약 2기의 빠른 페이스로 원전 건설이 이뤄지면서 20세기 말에는 50기를 넘을 정도로 증가하게 된다. 그것도 1972년까지의 5기는 모두 출력 50만Kw 이하였지만, 그 후로는 100만Kw급 발전소가 잇따라 조성됐고, 1970년대 후반부터 1980년대에 걸쳐 원전 의존도가 비약적으로 확대됐다. 이리하여 일본은 20세기 말 세계 유수의 원전대국이 됐다.

그러나 이는 전력 수요가 계속 증가했기 때문은 아니다. 제1차 오일쇼크인 1973년에 고도성장이 종말을 고하면서 이후 일본 경제는 안정 성장기에 접어들었고, 많은 기업이 생산 거점을 해외로 옮겼다. 고도성장이 지속되던 1961년부터 1973년까지 12년간 전국 전력 수요는 3.7배 증가했고 도쿄전력의 판매 전력량도 3.8배 증가를 기록했다. 하지만 제2차 오일쇼크가 발생한 1979년 이후 전력 소비는 한계점에 이르렀다. 원인은 산업구조의 변화, 즉 철강을 비롯한 에너지 다소비형 소재산업의 쇠퇴 시작, 기술혁신에 따른 제조 공정의 에너지 절감 진행, 절전형 가전제품 보급, 생산 거점의 국외 이전 등으로 보이지만, 어쨌건 전력회사의 발전 능력이 과잉 상태가 됐던 것이다. "이런 구조 변화가 완료된 1980년대 전반 들어 탈석유가 급속히 진전됐다. 통산성의 예측을 훌쩍 뛰어넘는 것이었기 때문에 원자력에너지 개발 명분이 서지 않아 곤란한 얄궂은 현상이 생겼다"고 한다.(나카야마 1995) 실제로 1986년 도쿄전력 사장은 서늘한 여름이 예상되자 전력이 남아돌 것을 걱정했다. 1987년 규슈전력 사장은 전력 수요를 확대하지 않으면 안 된다고 하기도 했다.(도쿄신문 1986. 7. 17., 아사히신문 1987. 7. 29.) 전력 수요가 있기 때문에 원전을 짓는 게 아니라 원전을 지었기 때문에 전력 수요 발굴이 필요해진 것이다.

1970년대, 1980년대 원전 건설 러시는 고도성장 종언 후에도 "원전 고산케"(어떤 분야에서 가장 유력하거나 인기 있는 3명을 총칭하는 표현으로, 여기서는 '3걸' 정도의 의미다-역주)로 불리는 히타치, 도시바, 미쓰비시 등 원전기업, 나아가 제네콘(건설 대기업-역주), 철강, 시멘트 기업의 이익을 챙겨주기 위한 것이었다. 말하자면 원전 비즈니스를 위한 원자력 개발이었다. 실제로 1기당 5,000억 엔에 달하는 상품이 시장을 거치지 않고 매년 거의 2기의 페이스로 팔리는 것이다. 군수 생산과 마찬가지로, 메이커에게 이만큼 실속 있는 사업은 없다.

미국식 신자유주의 구호 아래 규제 완화, 자기책임론을 부르짖으며 사회보장비를 억제하고 사회적 약자를 위한 안전망을 속속 철폐한 반면, 전시에 형성된 관료기구와 산업계의 총력전 체제는 여전히 건재했다. 특히 군수산업과 원전기업은 '국책회사'로 과잉 보호됐던 것이다.

원전 추진의 또 하나의 목적은 정치가와 관료의 이권구조를 유지하기 위해서였다. 이것이 가능한 것은 전력회사가 부과하는 전기요금은 총괄원가 방식에 의해 경비가 얼마가 들건 거기에 일정 비율의 이익을 가져갈 수 있는 구조로 돼 있기 때문이다. 이를 위해 전력업계는 다른 업종에서는 상상할 수 없는 풍족한 홍보비를 동원해 언론을 끌어들였다. 또 거액의 연구비 기부로 대학 연구실을 매수해 기업에 유리한 내용 외엔 입을 다무는 언론과 어용학자를 만들어냈다. 여기에 원전입지자치단체매수법이라고 불러야 할 전원 3법으로 자치단체에 거액의 교부금이 흘러들면서 자치단체의 원전 의존 체질이 형성돼갔다.

결국, 일본의 원전 건설은 정·관·산·학·언론으로 이뤄진 겐시료쿠무라原子力村(한국에서 쓰이는 '원전 마피아'에 해당된다-역주)의 이해를 위해 이뤄진 것이다. 이는 물론 자본주의 사회 방식으로서도 극히 불건전하고 정당성이 결여된 것이다.

그러나 이 이전에 원전은 그 자체로 극히 문제 있는 기술이라는 점을 인식하지 않으면 안 된다. 원폭은 순수하게 물리학 이론에서 만들어진 100% 과학기술이지만 순수 군사 목적에서 시작됐다. 물리학과 화학의 이론에서 탄생했다는 의미에서 보면, 과학기술은 19세기 전반 전기공학에서 시작해 그 후 19세기 후반 화학공학이 생겨났고, 20세기 중기 원자력공학이 탄생했다. 과학기술 발전과 함

께 원리론에서 공업적 응용까지 거리가 넓어지고 그에 상
응해 공업화에 동반한 문제도 확대돼갔다. 실제로 시험관
내 미량의 시약에 의한 화학반응에서 대규모 공업화까지
의 거리는 멀고, 그 때문에 화학공업에서는 공해, 즉 유해
물질에 의한 환경오염이 심각한 문제로 부상하게 된다.

극미량의 물질에 의한 핵반응 실험에서 원폭 제조까지
의 거리는 훨씬 더 멀고, 해결해야 할 문제는 더 복잡하고
곤란한 데다 위험하기까지 했다. 화학공학에서도 그때까
지 자연계에는 존재하지 않던 유독물질을 여러 개 만들어
냈지만, 원자력공학에서는 가장 위험한 물질로 여겨지는
플루토늄을 비롯해 화학반응으로는 처리할 수 없어 취급
이 훨씬 곤란하고 위험한 방사성물질을 생성해냈다. 예를
들어 물질 사이를 거의 무저항으로 통과하는 중성자선에
의해 금속과 콘크리트가 취약해지는 문제는 원자력공학
이 처음으로 직면한 문제다.

그러나 전시 미국의 원폭 개발은 독일보다 앞서 원자폭
탄을 만든 것만을 유일 최대의 목적으로 하면서 경제성도
안전성도 모두 무시한 돌관突貫공사(장비와 인원을 집중적으로
투입해 한달음에 해내는 공사-역주)였고, 원전은 그 부산물이다.

그러므로 원자력 기술이라는 것은 민생용 기술로는 극히 미숙하고 불완전한 것이다.

원자력발전에서 앞서가던 영국이 '콜더 홀'형 원자로로 세계 시장에 치고 나가자 그때까지 잠수함 엔진용 동력로 개발에 힘을 쏟던 미국이 반격을 꾀해 급거 잠수함 동력로 기술을 발전에 진용해 외국에 판매했다. 그것이 미국의 경수로이고, 그 때문에 상품으로서는 극히 완성도가 낮은 것이었다. 실제로 경수로는 운전 개시와 함께 여러 가지 트러블을 일으키고 있었지만 그것만이 아니다.

본래 원전은 민생용 상품으로는 치명적인 중대 결함을 몇 가지나 갖고 있다. 경수로에 국한된 얘기가 아니다. 연료인 우라늄 채굴에서 정기 점검에 이르는 과정에서 노동자 피폭이 불가피하다는 점, 운전 과정에서 발생하는 열오염과 방사선오염이 지구환경에 미치는 영향, 사용후 리사이클은커녕 사람이 접근할 수조차 없는 거대한 폐로가 남고, 수십만 년에 걸쳐 위험한 방사선을 방출하는 사용후 핵연료의 처분방법 미해결이 그것이다. 보통의 상품이라면 이 중 어느 것 하나만 있어도 시장에 내놓을 수 없다.

도쿄전력이 발행한 『원자력발전의 현상(2004년 판)』에 의

하면 우라늄의 '가채 연수(확인가채매장량÷연 수요량)'가 85년으로 돼 있다. 이 수치는 문헌에 따라 차이가 있지만, 최대라고 해봐야 200년 정도다. 많아야 200년간 원전을 사용한 대가로 인간이 접근할 수 없는 엄청난 숫자의 폐로, 10만 년 단위로 보관해야 하는 방사성 폐기물이 후세에 대량으로 남겨진다면 이는 후세에 대한 배신이라 해야 할 것이다.

결정적인 문제는 본래부터 안전성이 실증되지 않았다는 점이다. 원전과 기존의 기술이 본질적으로 다른 것은 원전은 한번 사고가 일어나면 '폭주', 즉 인간의 컨트롤이 먹히지 않을 가능성이 있다는 점이다. 이 때문에 원전에는 긴급사태 시 폭주를 막기 위한 긴급노심냉각장치(EC-CS)가 있지만 계획대로 삭동할지는 실제로 검증되지 않았다. 실제로 사고가 일어나면 엄청난 사태이기 때문에 EC-CS가 확실히 작동하는지 어떤지를 확인할 수 없다. 이 때문에 안전성 확인은 부분적 기능에 대해서만, 그렇지 않으면 컴퓨터 시뮬레이션이라는 모의실험 외에는 이뤄질 수 없는 것이다. 즉 원자로의 안전성은 픽션상의 이야기인 것이다. 긴급 시 브레이크가 작동할지 어떨지, 계산상으로야 작동하겠지만 실제로는 확인해본 적 없는 차에 타고 고속으로 달리는 것이나 마찬가지다. 냉정히 생각하면 두려운 일이다.

이런 본질적인 문제를 안고 있는 일본의 원자력 개발은 극히 왜곡된 체제로, 문제들을 모두 보류한 채 조금씩 앞으로 나아갔다.

4. 그리고 파탄을 맞이하다

국가 정책으로 추진돼온 일본 원자력 개발은 크게 나눠 기존 과학기술청에서 이어져온 일본원자력연구개발기구 (일본원자력연구소와 동력로·핵연료개발사업단-약칭 '동연動燃', 1998년 이후는 핵연료사이클개발기구-이 2005년에 통합된 것)에 의한 증식로 건설 개발과 핵연료 사이클 확립 연구, 그리고 경제산업성 (구 통산성)과 원전기업 및 사용자인 전력회사 블록에 의한 상업용 원전 제조 및 사용이라는 두 계열로 추진돼왔다.

일본이 원자력 개발의 '최종 목적'이라고 처음부터 내건 증식로는 경제적으로 채산성이 맞지 않을 뿐 아니라 컨트롤하기가 매우 곤란하고 기술의 수용성을 넘어섰다는 점에서 일본 이외 국가들은 일찌감치 포기했다. 일반적으로 원자로 개발은 실험로→원형로→실증로→실용로 순으로 진행된다. 영국, 독일, 미국은 모두 실증로 이전 단계에서, 프랑스는 실증로 단계에서 모두 20여 년 전 증식로 건설 계획의 철회를 결정했다.

일본에서는 1982년 증식로의 원형인 '몬주(일본이 개발한 고속증식로로, 이름은 문수보살의 문수文殊, 일본어 발음으로는 몬주에서 따왔다. 후쿠이현 쓰루가시에 있다-역주)' 건설이 각료회의에서 결정됐다. 동연이 1985년에 건설을 개시해 1994년에 임계에 달하고 이듬해에 발전을 시작했다. 하지만 4개월 뒤 나트륨 누출 화재라는 큰 사고를 일으켰고 2010년 간신히 운전을 재개했지만 3개월 뒤 다시 사고가 발생했다. 아무래도 더 이상 계획 연장은 무리라고 판단하지 않을 수 없게 돼 2016년 말 폐로하기로 결정됐다. 총액 1조784억 엔을 들였으나 22년간 불과 250일만 가동됐다. 이는 일본원자력연구개발기구의 최종적인 파탄을 의미한다.

또, 공개적으로는 증식로의 연료 생산용이라면서 동연이 이바라키茨城현 도카이무라東海村에 건설한 재처리시설도 1997년 화재폭발 사고를 일으켰다. 게다가 1993년 착

공돼 1997년 완성될 예정이던 아오모리青森현 로카쇼무라六ヶ所村 재처리공장도 무려 23회의 가동 연장을 거듭했으나 지금껏 가동되지 않고 있다. 2018년 가동 예정으로 돼 있지만, 이것도 사실상 파탄했다고 봐야 할 것이다. (일본 원자력규제위원회가 2019년 로카쇼무라 재처리공장의 본격 가동을 위한 심사에 합격 판정을 할 것이라고 교도통신이 2019년 1월 28일 보도한 바 있다-역주) "연료를 소비하면서 동시에 만들어낸다"는 꿈의 증식로 계획은 20세기 기술의 신기루로 이어져오다가 21세기 들어 마침내 소멸한 것이다.

그럼에도 일본 정부는 증식로 건설계획과 재처리에 의한 핵연료 사이클의 연명을 언급하고 있다. 그 배경의 하나는 핵연료 사이클 포기를 결정하면 재처리를 위해 현재 각 원전에 보관돼 있는 사용후 핵연료가 모두 '폐기물'로 바뀌게 돼 전력회사의 자산이 격감한다. 여태껏 결단을 보류해온 대가가 돌아오게 되는 '불리함'이 문제인 것이다. 또 하나는 앞서 살펴본 것처럼 일부 정치가와 외무관료가 획책해온 잠재적 핵무장 노선이다. 핵무장에 직결되는 플루토늄 비축을 위한 대외 명분을 정부는 포기하지 않고 있는 것이다.

한편 경제산업성의 파탄은 후쿠시마 제1원전 사고와 도시바의 패배로 상징된다. 원자력발전이 지구온난화 대책의 비장의 카드인 양 자화자찬식 선전에 의해 '원자력 르네상스'란 말이 유행하던 2006년, 도시바는 미국 원전기업 웨스팅하우스를 54억 달러(당시 환율로 6,600억 엔)에 매수하면서 원자력 부문의 해외사업 전개에 사운을 걸었다. 이를 부추기고 지원한 것이 원전 수출을 성장정책의 한 축으로 간주해온 경제산업성이었다. 2010년 경영방침 설명회에서 도시바 사장은 "원자력을 반도체와 함께 2대 사업으로 설정해 우라늄 채굴에서 사용후 핵연료 재처리에 이르는 핵연료 사이클 전 분야에서 제휴 등을 모색하겠다"고 허세를 부렸다. (아사히신문 2010. 7. 7.) 그로부터 5년 뒤 '일본 기업사상 최악'으로 일컬어진 도시바의 분식 결산이 발각됐는데 그 진짜 원인은 원전에 있다. 그리고 2017년 3월 도시바 자회사가 된 웨스팅하우스가 경영 파탄에 직면했다. 게다가 도시바는 제조업으로서는 최대 규모인 1조 엔이 넘는 적자를 기록했고, 기업 재건을 위해 애지중지하던 반도체 부문을 매각하기로 결정했다. 이익은커녕 본전마저 까먹은 셈이다.

겐시료쿠무라 일원으로 정부의 과잉보호하에서 전력회사와 유착해온 사업 체질이 해외에서는 통용되지 않았다고 할 수 있다. 앞 장에서 살펴본 오니시 야스유키의 책에는 "142년의 역사를 가진 명문기업, 종합전기 대기업인 도시바는 이 시점에서 '소멸'했다. 그것은 도쿄전력, NTT〔구 일본통신전화공사〕에 의존해온 일본 전기산업의 '종말'을 의미한다"고 돼 있다.(오니시 2017) 그러나 문제는 전기산업에만 있는 게 아니다. "문제의 본질은 정권, 경제산업성, 겐시료쿠무라, 원전기업으로 이뤄진 '일본 주식회사'의 실패에 있다. 도시바의 쇠락으로 드러난 것은 아베 정권 성장전략의 위험성"(도쿄신문 2017. 5. 11.)이라는 경제학자 다케다 시게오竹田茂夫의 지적이 좀 더 본질을 꿰뚫고 있다. 경제성장의 강박관념에 사로잡힌 전후 총력전의 파탄이다.

그리고 경제산업성 블록의 중심에 위치한 원전 사용자 도쿄전력은 후쿠시마 사고로 원전 의존의 결정적인 파탄을 맞이했다. 일본 원전은 지금까지 몇 차례 사고를 일으켰지만, 역사적으로 중대한 것으로 다음 두 가지만 짚어두고자 한다.

하나는 도카이무라의 우라늄 연료 가공회사, JOC의 사고다. JOC에서는 정부가 규정한 정규 매뉴얼 대신 간략화한 내부 매뉴얼에 의한 날림 작업이 고질화된 결과 1999년 9월 우라늄 용액이 임계치에 달하면서 핵분열 연쇄반응이 발생했다. 이 때문에 방사선 급성장해로 2명이 사망하고 667명이 피폭되는 대규모 사고가 발생했다. 원폭 폭발을 별개로 하면 원자로 밖에서 제어되지 않은 핵분열 연쇄반응이 일어난, 내 좁은 식견으로는 세계 최초의 경악할 만한 사고다.

내부 매뉴얼에 의한 작업은 원청인 전력회사의 납품단가 인하 요구에 대한 회사의 비용 절감 노력의 결과였고, 작업원 2명의 사망은 작업 내용에 대한 정확한 지식이 전달되지 않아 초래된 비극이다. 하지만 근본적으로는 직속기업과 그 위에 있는 전력회사의 이윤 추구에 따른 침혹힌 희생이라고 해야 한다.

세계를 경악케 하고 일본의 '안전신화'를 산산조각 낸 사고였지만, 국내에서는 하청기업의 특수하고 낮은 차원의 문제로 간주돼 충분한 교훈을 찾아내지 않고 일단락됐다. 하지만 극히 중요한 문제를 내포하고 있었다. JOC 사원의 '결사적'인 움직임으로 20시간 걸려 임계 상태를 끝내는 데 '성공'하면서 사고는 어쨌건 종식됐다. 하지만 이는 핵물질을 다루는 원전 관련 사고는 사고 대응과 주민 구조 과정에서 경우에 따라 '결사대'가 필요하다는, 그때까지는 모두 눈감은 채 생각하지 않으려던 결정적인 사실을 제기한 것이었다. '결사대'를 명령할 수 있는 조직은 군대뿐이다. 따라서 핵에너지 사용은 한 발만 삐끗하면 강력한 군대의 출동이 필요한 가혹하고 비정한 사태를 초래하는 일인 것이다.

그리고 또 하나는 말할 것도 없이 2011년 3월 11일 도쿄전력 후쿠시마 제1원전 4기의 전원 상실에 의한 폭발 사고다. 후쿠시마 사고에 대해서는 이미 많은 것이 논의된만큼 한 가지만 지적하는 것으로 그치겠다.

도쿄전력은 후쿠시마 제1원전 오염수 대책의 특단의 카드로 시작한 동토차수벽에 대해 2016년 여름 완전히 동결시키는 것은 어렵다고 발표했다. 전국지는 그다지 크게 다루지 않았지만 후쿠시마민보(7월 20일)는 1면 톱으로 도쿄전력의 배신을 보도했다. 그리고 녹아내린 핵연료의 상태에 대해서는 여전히 알지 못한다. 완전히 '속수무책'인 것이다.

1964년(쇼와 39년) 6월 니가타 지진으로 300기의 석유탱크가 불에 타는 대화재가 발생했다. 일본에서 처음 있는 석유 콤비나트 화재는 당시 소화 능력으로는 도저히 진화할 수 없는 '속수무책' 상태여서 관계자에게 엄청난 충격을 안겼다. 그러나 화재는 2주 정도 지속되다 자연 진화됐다.(호시노 1975) 당시엔 '속수무책'이라고 해도 그 정도에 머물렀던 것이다.

반면 후쿠시마 원전 사고는 발생 이후 6년 넘게 지난 지금도 도무지 방법이 없는 상태가 계속되고 있다. 현장에서 악전고투하고 있는 기술자와 노동자들에게는 고개가 숙여지고, 현縣 바깥으로 피난한 후쿠시마 사람들의 고통에 대해서는 할 말이 없지만 어쨌거나 속수무책인 상태이고, 우리들은 사고 처리에 앞으로 몇 년, 몇십 년이라도 함께하지 않으면 안 될 것이다. 이것은 원전 사고가 지금까지 인류가 경험한 사고들과 결정적으로 차원이 다른 것임을 뜻하고 있다.

반원전 운동에 일생을 바친 고 다카기 닌자부로高木仁三郎의 말을 빌리면 원자력은 '끌 수 없는 불'이다. 다카기는 생애 마지막 메시지로 "원자력 시대의 말기 증상에 의한 대규모 사고의 위험과 방사성 폐기물이 흘러나와 방류되는 것 아닌가라는 우려는 먼저 간 인간들의 마음을 가장 괴롭힐 것입니다"라고 했다. (다카기 2011, 2000)

예언적이다. 메이지와 함께 시작된 일본 에너지혁명은 1970년대 중반 고도성장의 종언으로 종국을 맞이했고, 후쿠시마 사고로 폭주한 것이다.

2014년 5월 21일, 주민들이 오이大飯원전 3·4호기 운전 중지를 청구한 재판에서 후쿠이福井지방재판소는 그 청구를 받아들이면서 생존을 기초로 하는 '인격권'은 헌법상 권리로 모든 법 분야에서 최고의 가치를 지니고, 원전 가동 같은 경제활동의 자유의 상위에 있다고 확언했다.

코스트 문제와 관련해 국부 유출이며 상실이라는 논란이 있지만, 아무리 본 건 원전의 운전 정지로 거액의 무역 적자가 발생한다고 해도 이를 국부 유출이며 상실이라고 해서는 안 된다. 살기 좋은 국토와 그곳에 국민이 뿌리를 내리며 생활하는 것이 국부이고, 이를 되찾을 수 없는 것이 국부의 상실이라고 본 재판소는 생각한다.

후쿠시마 사고는 메이지 이래 '부국강병'에서 '대동아공영권'을 거쳐 전후 '국제경쟁'에 이르기까지 일관해 국가 목적으로 거론돼온 '국부' 개념의 근본적인 전환을 촉구하고 있는 것이다.

후기

19세기 서구에서 과학기술이 태동한 이래 오늘날까지 거의 200년간 과학기술의 발전과 경제성장이 세계를 석권해왔다. 일본도 개국 이래 거의 50년 늦게 이 세계사의 급류에 휩쓸려 많은 희생을 지불하면서 따라잡기에 매진해왔다.

그러나 증식로 개발계획의 사실상 파탄과 후쿠시마 제1원전 사고는 과학기술의 한계를 상징하고, 막말·메이지 이래 150년에 걸쳐 일본을 지배해온 과학기술에 대한 환상의 종언을 의미한다.

과학기술의 진보로 에너지 사용을 얼마든 늘릴 수 있고, 그로써 얼마든지 경제성장이 가능하게 된다는 것은 있을 수 없음을 보여준 것이다.

문제가 발생한 것은 원전만이 아니다. 2017년 12월 11일 신칸센 '노조미'의 중대 사고(JR니시니혼 소속 신칸센 노조미 34호의 대차 부분에 약 14cm의 균열이 발생한 사고로, 승무원들은 진동 등 각종 이상 징후에도 운행을 지속해 파문이 일었다-역주)는 과학기술 과신 위에서 차체 경량화에 의한 고속화를 추구하다 벌어질 수 있는 대참사를 예고했다.

게다가 2011년부터 시작된 인구 감소는 개국 이래 1세기 반에 걸쳐 추진해온 경제성장의 현실적 조건이 상실됐음을 나타낸다.

마이니치신문(2017. 10. 20.)의 '나카하타류반노센류仲畑流万能川柳(일본의 카피라이터 나카하타 다카시가 독자들이 보내온 센류에서 우수작을 뽑아 싣는 마이니치신문 연재물이다. 센류는 5·7·5의 17자로 구성된 짧은 정형시다-역주)'의 투고에 '무기 원전 카지노가 성장전략인가'라는 게 있다. 정상적인 상품경제로는 빠른 경제성장을 기대할 수 없음을 아베 정권의 경제정책 스스로가 말하고 있는 것이다.

'식산흥업·부국강병'에서 시작해 '총력전 체제에 의한 고도 국방국가 건설'을 거쳐 '경제성장·국제경쟁'이라는 서사, 즉 대국주의 내셔널리즘과 결합한 과학기술 진보에 기반해 생산력을 증강하고 경제성장을 추구해온 근대 일본 150년의 흐름과 결별해야 할 때가 온 것이다. 요컨대 경제성장을 지속하지 않으면 안 된다는 명제 자체가 의문시되고 있는 것이다. 이미 20세기 말 우치하시 가쓰토는 단언했다.

거품경제 붕괴 과정에서 스스로가 범한 소비 실패의 후유증에 상처받은 많은 국민은 괴로운 체험에 비춰 시기와 의심의 눈길을 위정자에게 돌리고 있다. 정부의 상상력을 훌쩍 뛰어넘어 지금은 세계의 소비자에게 절약, 검약, 심플 라이프는 고통이 아니라 가치 높은 삶의 방식의 하나가 됐으며 적정 소비를 넘는 낭비는 비속한 인간적 욕망의 상징으로 바뀌고 있다. … 소비생활에서 사람들은 "어떻게 물건을 사지 않을까"를 고심한다. 이는 단지 소비자의 생활 방어라는 차원을 넘어 지구 환경과 자원 문제에 대처하는 바람직한 태도다. 당연히 그래야 할 소비자의 이런 선택이 경제를 위축시키고 실업을 늘리는 것이 된다면 그런 경제 순환 자체가 개혁 대상이 되지 않으면 안 된다. (「'이념형 경제사회'로의 전환」 우치하시 1999년 수록)

포스트 자본주의 사회를 모색하고 전망하는 히로이 요시노리広井良典는 다음과 같은 현상 인식을 표명했다.

근대과학과 자본주의는 끝없는 '확대·성장' 추구라는 점에 공통점이 있고, 그런 점에서 두 바퀴의 관계에 있다.

그러나 지구 자원의 유한성과 격차 확대라는 점을 포함해 그런 방향의 추구가 반드시 인간의 행복과 정신적 충족을 가져오지는 않는다는 것을 사람들이 좀 더 강하게 느끼기 시작한 것이 현재의 상황 아닐까. (히로이 2015)

그렇다면 지금 취해야 할 방향이 꽤 분명해진다. 1950년대 말 전학련(전일본학생자치회총연합의 약칭으로 1948년에 결성된 일본의 학생자치회의 연합조직이다. 1960~1970년대에 치열한 학생운동을 주도했다―역주) 위원장을 지낸 바 있는 농업경제학자 시오카와 요시노부塩川喜信가 20년 전에 쓴 책의 한 대목을 인용하는 것으로 결론에 대신한다.

시민사회가 발달해 국가와 시장경제에 대한 통세력이 커지고, 국가의 틀의 상대적 저하, 국경을 넘은 시민사회, 민중의 국제적 교류·연대가 국가 권력 발동의 가장 폭력적 형태인 전쟁의 방지, 다국적 자본 감시, 국경을 넘는 환경 보전 등을 가능토록 하는 시스템을 희망한다. 선진 각국의 '실업 없는 제로성장' 사회로의 연착륙, 글로벌화하는 자본과 국가에 대한 대항의 축은 이런 구조 속에서

자라나는 것 아닐까라는 기대를 품는다. '유토피아'를 비판하고 '과학적'인 미래 사회상을 그리려던 것이 엥겔스였다고 하면, '과학적' 미래상은 있을 수 없음을 실감하고 '유토피아'적 발상을 민중의 노력, 운동, 장래 사회에 대한 비전 제시에 의해 조금이라도 실현 가능한 과제로 만드는 것이 20세기 말을 살아가는 우리들의 최소한의 과제 아닐까.(시오카와 1996)

20년도 전에 이런 지적이 있었던 것은 선구적이다. 일본, 그리고 선진국이라고 불려온 나라는 성장 경제로부터 재분배의 경제로 향해야 할 시대에 도달한 것이다. 이 200년간의 과학기술 진보와 경제성장은 강력한 생산력을 창출했지만 동시에 지구를 몇 번이나 파괴할 군사력을 낳았고, 소수 국가에 의한 지구 자원의 수탈을 가속화해 전 세계의 부를 극히 소수의 사람들 손에 집중시키게 했다.

유한한 자원에너지를 소중히 해 지속 가능한 사회를 만들고, 세제나 사회보장제도를 통해 빈부의 차를 없애가는 것이야말로 현재 필요한 일이다.

과거 동아시아 여러 나라를 침략했고 두 차례의 원폭 피해를 보았으며, 후쿠시마 사고를 일으킨 나라가 책임 있게 군수산업 철각와 원자력 사용의 탈각을 선언하고 장래 핵무기의 가능성을 확실히 부정해야 한다. 경제성장·국제경쟁 대신 저성장하에서 민중의 국제 연대를 추구하고, 그것으로 세계에 공헌하는 길을 선택하는 것이 마땅하다.

* * *

이 책은 2016년 10월 21일 교토세이카精華대학에서 한 강연 '근대 일본과 자유-과학과 전쟁을 둘러싸고'를 바탕으로 이를 부연하는 방식으로 쓴 것입니다. 집필은 그날 강연을 들은 이와나미서점 편집부 시마무라 노리유키島村典行 씨의 강권에 따른 것입니다.

초고 단계에서 나의 근무지인 슨다이駿台예비학교의 일본사과 강사 후쿠이 신이치福井紳一, 히야마 노리히코樋山憲彦 두 분이 살펴봐주셨고, 귀중한 어드바이스와 오류 지적도 해주셨습니다. 특히 인용을 공들여 체크해주신 히야마 씨에게는 감사하기 그지없습니다. 그렇지만 그 후 수정과 추가를 하면서 오류가 섞였을지 모르겠지만, 그것은 모두 제 책임입니다.

　나에게 강연의 장을 허락해주신 교토세이카대학의 스태프 여러분, 그리고 이와나미서점 신서편집부 여러분, 신칸센의 과도한 경량화 문제에 시사점을 주신 아카키 아키오赤木昭夫 씨를 포함해 여러분들에게 깊이 감사드립니다.

2017년 12월 20일

야마모토 요시타카

역자 후기

동일본 대지진과 후쿠시마 원전 사고가 발생한 2011년 3월 11일은 경향신문 특파원으로 도쿄에 부임해 일을 시작한 지 닷새째가 되는 날이었다. 대규모 지진과 쓰나미도 처음 경험한 엄청난 일이었지만, 후쿠시마 제1원전에서 발생한 대규모 방사성물질 누출 사고는 특파원 임기 3년간 줄곧 붙들고 있던 취재 대상이었다.

지진 발생 사흘 뒤인 3월 14일 도쿄에서 렌터카를 빌려 쓰나미 피해지역인 일본 동북지역 미야기현으로 떠날 때만 해도 방사능 문제의 심각성은 깨닫지 못했다. 이미 이틀 전인 3월 12일 후쿠시마 원전 1호기 건물이 폭발하며 방사성물질 유출이 본격화된 시점이었는데도 때마침 날씨가 더워 창문을 활짝 열어젖힌 채 운전했고, 도중에 후쿠시마 호텔에서 하룻밤 묵기도 했다. 출장 목적이 쓰나미 피해의 참상을 취재하는 것이었고 이동 중인 상태에서 원전 사태의 심각성을 가늠하기 어려웠던 것이다. 당시의 일본 정부 대변인이 "방사능 유출로 즉시 건강에 영향을 미치지는 않는다"고 여러 번 강조한 것도 방심의 원인이었다. 일본은 '안전대국'이라는 선입견도 한몫했다.

하지만 3기의 원자로 건물이 잇따라 폭발하면서 후쿠시마 원전 사고는 인류사적 참사로 번졌고, 일본 정부의 사고 수습이 난맥상을 보이면서 일본의 '안전신화'는 무참히 붕괴됐다. 3년여 임기 동안 원전 사고 수습 과정을 지켜보면서 '핵에너지는 인간이 결코 통제할 수 없는 불가항력의 존재'라는 생각을 굳히게 됐다. 사고가 발생한 지 8년이 돼가지만 녹아버린 핵연료가 정확히 어떤 상태로, 어디에 있는지조차 제대로 파악되지 않고 있다. 핵연료를 식히기 위해 사용된 방사능 오염수만 100만t이 넘는다.

저자 야마모토 요시타카의 말대로 후쿠시마 원전 사고는 "지금까지 인류가 경험한 사고들과 결정적으로 차원이 다른" 미증유의 대재난이다. 개인적으로는 3년간 사고 취재를 위해 후쿠시마 지역을 일곱 차례 취재했고, 사고 초기 방사성물질이 수도권까지 날아와 도쿄조차 안전하다고 하기 어려운 상태가 상당 기간 지속되면서 슬며시 건강이 걱정되기도 했다.

일본에서 과학기술은 근대 일본의 슬로건이던 '식산흥

업'과 '부국강병'이라는 시대적 과제를 수행하는 데 필수적
인 물적 토대였다. 과학과 기술이 장기간에 걸쳐 자연스
럽게 성장한 근대 서구와 달리 국제 정세가 제국주의의 출
현을 예비하던 1850년대 미국 페리 제독의 함포외교로 준
비되지 않은 개국을 맞이하며 일본은 '부국강병'이 절체절
명의 과제라는 강박적 인식에 사로잡히게 됐다. 이런 시
대 분위기에서 일본의 과학기술은 처음부터 부국강병을
달성하기 위한 도구적 성격을 강하게 띠었고, 당연히 군과
도 밀접한 관련을 지니게 된다.

　정부와 군부가 주도한 일본의 근대화는 조선, 대만에 대
한 식민지 지배를 자양분으로 제국주의성을 강화했고, 과
학기술은 이에 복무하며 급속히 성장·발전해갔다. '총력
전 체제에 의한 고도 국방국가 건설'이라는 전전의 국가
목표는 물론이고, 2차 세계대전 패전 이후의 경제성장 지
상주의를 과학기술은 훌륭하게 뒷받침했던 것이다.

　이 중 군과 일본의 신흥재벌에 의해 조선 북부(북한)지역
에 근대 화학공업의 콤비나트가 조성되는 과정에 대한 기
술이 눈에 띈다. 노구치 콘체른을 비롯한 신흥재벌들이
함경남도 흥남과 함흥, 함경북도 아오지 등에 조성한 화학

공업 콤비나트에는 인조비료, 유지가공, 약품, 화약, 전극, 경금속, 합성연료, 합성수지, 포르말린, 석탄액화 등 다양한 종류의, 당시로서는 첨단 화학공업들이 망라돼 있었다. 하지만 조선 민중들의 복리나 생활 향상과는 무관하고 전시 군수공장으로 전환할 수 있는 병참단지였다. 이 콤비나트에 전력을 대기 위해 장진강, 부전강의 흐름을 바꾸는 대규모 토목공사로 댐을 지었고, 이 때문에 수만 명의 현지 조선인과 중국인들이 강제로 이주해야 했다. 이렇게 지어진 발전소에서 공급되는 전기는 공장과 일본인 주택지 정도에만 공급될 뿐 조선인들에게는 아무런 혜택도 없었음을 당시 기록 등을 통해 보여준다. 저자는 조선의 공업화 과정을 '군과 관료와 신흥 콘체른에 의해 총력전 체제의 실험장이 된' 사례로 평가했다.

주목해야 할 것은 히로시마와 나가사키가 두 발의 원자폭탄으로 괴멸하면서 2차 세계대전 패전을 맞이했음에도 전후 일본의 과학기술계는 군국주의에 협력한 데 대한 반성이나 참회 없이 전전과 다름없는 역할을 해나갔다는 점이다. 과학자들은 패전 직후부터 '과학에 의한 재건'을 부르짖었고, 미국의 원폭 개발을 인류의 업적이라고 칭송하기까지 했다. 이런 분위기에서 원자력발전의 도입은 자연스러운 흐름이 돼버렸고, 저자의 지적처럼 '대국주의 내셔널리즘'을 충족시켜줄 잠재적 군사력으로 중시돼온 것이다.

그런 점에서 후쿠시마 원전 사고는 전전에 대한 반성과 성찰 없이 숨가쁘게 달려온 일본 과학기술 정책의 무모함이 빚은 예고된 참사였을지 모른다. 하지만 아베 신조 총리가 이끄는 일본 자민당 정권은 원전 사고에 대한 반성이나 성찰 없이 원전 재가동에 나서고 있다.

저자가 특히 우려하는 최근의 흐름은 일본 정부의 재무장 노선에 부응해 일본의 대기업들이 군수산업에서 성장 동력을 찾아가고 있다는 점이다. 예컨대 원전을 시공하는 종합전기업체가 방위장비 사업 부문에서 지대공미사일을 개발·제조하고 있는데 이렇게 되면 '핵미사일을 제조할 수 있는' 잠재능력을 보유한 셈이 된다. 우리에게는 가전 메이커나 완성차업체로 친숙한 대기업들이 방위성의 주문에 맞춰 공대공미사일, 적외선 탐지장치 같은 군수품을 생산하고 관련 기술 개발에 공을 들이고 있다. 일본 정부가 매년 방위비를 늘려나가며 이들의 생산 환경을 보장한다. 전전의 총력전 체제하에서 작동된 군과 산업 간의 유착 시스템이 재현되고 있는 점은 식민지 지배를 경험한 한국으로서는 그냥 지나치기 어려운 대목이다.

책을 번역하면서 광복 이후 한국의 근대화 과정을 떠올리게 하는 대목들이 적지 않음을 알 수 있었다. 특히 박정희 시대는 책에 서술된 1930년대의 총력전 체제와 판박이라고 해도 과언이 아닐 정도다. 국가의 전 분야를 동원한 전쟁이 총력전이고, 이에 맞춰 국가와 사회 전 부문을 재편성한 것이 총력전 체제라고 한다면 박정희는 만주군 장교로 복무하며 익힌 총력전 체제 시스템을 집권기간 철저하게 복원했다고 해도 과언이 아닐 것이다. 그렇다고 박정희 이외 시대의 전개 과정이 일본이 밟아온 발전 경로와 눈에 띄게 다르다고 하기도 어려울 것이다.

그런 의미에서 일본의 근대 과학기술 150년 역사를 살펴보는 것은 한국의 과학기술과 산업 발전 과정을 되돌아보는 데 좋은 참고가 될 것으로 보인다.

2019년 5월

옮긴이 서의동

참고문헌

자료집

- 가미오카 나미코神岡浪子 편『자료 근대 일본의 공해資料近代日本の公害』신 진부쓰오라이샤新人物往来社
- 누마다 지로沼田次郎·마쓰자와 히로아키松沢弘陽 교열·주석『일본 사상대 계 66 서양견문집日本思想大系 66 西洋見聞集』이와나미서점岩波書店 1974
- 마쓰모토 산노스케松本三之介·야마무로 신이치山室信一 교열·주석『일본 근 대사상 대계 10 학문과 지식인日本近代思想大系 10 学問と知識人』이와나미서 점岩波書店 1988
- 시오다 쇼베이塩田庄兵衛·하세가와 마사야스長谷川正安·후지와라 아키라藤 原彰 편『전후사 자료집戦後史資料集』신니혼출판사新日本出版社 1984
- 야마즈미 마사미山住正己 교열·주석『일본 근대사상 대계 6 교육의 체계日 本近代思想大系 6 教育の体系』이와나미서점岩波書店 1990
- 우치미즈 마모루内水護 편『자료 아시오 광독사건資料足尾鉱毒事件』아키쇼 보亜紀書房 1971
- 이다 겐이치飯田賢一 교열·주석『일본 근대사상대계 14 과학과 기술日本近 代思想大系14 科學と技術』이와나미서점岩波書店 1989
- 일본과학사학회日本科学史学会 편『일본 과학기술사 대계日本科学技術史大系』 다이이치호키출판주식회사第一法規出版株式会社 1963~1972

주요 참고문헌 및 인용문헌

<ㄱ>

- 가지니시楫西光速·오시마 기요시大島清·가토 도시히코加藤俊彦·오우치 쓰토 무大内力『일본에서 자본주의의 발달(전) 日本における資本主義の発達(全)』도쿄 대학출판회東京大学出版会 1958
- 가지마 시게루鹿島茂『절경, 파리만국박람회絶景, パリ万国博覧会』가와데쇼 보신사河出書房新社 1992

404

- 고바야시 미호小林瑞穂『전간기에서의 일본 해군 수로부의 연구戰間期における日本海軍水路部の研究』아제쿠라쇼보校倉書房
- 고바야시 히데오小林英夫『대동아공영권과 일본 기업大東亜共栄圏と日本企業』샤카이효론샤社会評論社 2012
- 고바야시 히데오小林英夫『제국일본과 총력전 체제帝国日本と総力戦体制』유시샤有志舎 2004
- 고야마 히로다케小山弘健『일본 군사공업의 사적 분석日本軍事工業の史的分析』오차노미즈쇼보御茶の水書房 1972
- 고고 기요시 외郷古潔ほか『생산 증가의 방책生産増加の方策』가스미가세키쇼보霞ヶ関書房 1943
- 구로사와 후미타카黒沢文貴『대전간기의 일본 육군大戦間期の日本陸軍』미스즈쇼보みすず書房 2000
- 구메 구니타케久米邦武 편『특명전권대사 미구회람실기(1~5)特命全権大使 米欧回覧実記(一~五)』이와나미문고岩波文庫 1977~1982
- 기다 준이치로紀田順一郎『근대 사물기원 사전近代事物起源事典』도쿄도출판東京堂出版 1992
- 기무라 다다시木村匡『모리선생전森先生伝』긴코도서적金港堂書籍 1899(복각판復刻版 오조라샤大空社 1987)
- 기상학사연구회気象学史研究会 편『일본의 기상日本の気象』산이치쇼보三一書房 1956
- 기시 노부스케岸信介『기시 노부스케 회고록岸信介回顧録』코사이도출판廣済堂出版 1983

<ㄴ>
- 나카네 료헤이 외中根良平ほか 편『니시나 요시오 왕복서한집 Ⅲ仁科芳雄往復書簡集Ⅲ』미스즈쇼보みすず書房 2007
- 나카무라 다카후사中村隆英『일본 경제 그 성장과 구조日本経済 その成長と構造』도쿄대학출판회東京大学出版会 1978
- 나카무라 다카후사中村隆英『일본경제사 7 「계획화」와 「민주화」日本経済史 7「計画化」と「民主化」』이와나미서점岩波書店 1989
- 나카야마 시게루中山茂『제국대학의 탄생 국제비교 중에서의 도쿄대帝国大学の誕生 国際比較の中での東大』주코신서中公新書 1978

- 나카야마 시게루中山茂 『화학 기술의 전후사化学技術の戦後史』 이와나미신서 岩波新書 1995
- 나카오카 데쓰로中岡哲郎 『근대 기술의 일본적 전개近代技術の日本的展開』 아사히신문출판朝日新聞出版 2013
- 나카오카 데쓰로中岡哲郎 『인간과 노동의 미래 기술 진보는 무엇을 가져올까人間と労働の未来 技術進歩は何をもたらすか』 주코신서中公新書 1970
- 노구치 유키오野口悠紀雄 『1940년 체제(증보판)―九四〇年体制(増補版)』 도요게이자이신보사東洋経済新報社 2010
- 니시나리타 유타카西成田豊 『노동력 동원과 강제연행労働力動員と強制連行』 야마카와출판사山川出版社 2009

<ㄷ>

- 다우어ダワー 「두 개의 체제 안에서의 평화와 민주주의二つの体制のなかの平和と民主義」 모리야 후미아치森谷文昭 역 고든ゴードン 편 『역사로서의 전후 일본 상歴史としての戦後日本 上』 미스즈쇼보みすず書房 2001
- 다이아ダイアー 『대일본大日本』 히라노 이사오平野勇夫 역 지쓰교노니혼샤実業之日本社 1999
- 다지리 무네아키田尻宗昭 『공해 적발 최전선公害摘発最前線』 이와나미신서岩波新書 1980
- 다카기 진자부로高木仁三郎 『원자력 신화로부터의 해방原子力神話からの解放』 고단샤+α문고 講談社+α文庫 2011
- 다카기 진자부로高木仁三郎 『원전 사고는 왜 되풀이되는가原発事故はなぜくりかえすのか』 이와나미신서岩波新書 2000
- 다카노 후사타로高野房太郎 『메이지 일본노동통신 노동조합의 탄생明治日本労働通信 労働組合の誕生』 이와나미문고岩波文庫 1997
- 다카무라 나오스케高村直助 『근대 일본의 궤적 8 산업혁명近代日本の軌跡 8 産業革命』 요시카와고분칸吉川弘文館 1994
- 다카사키 데쓰로高崎哲郎 『평전 오토리 게이스케 위엄 있으되, 부드럽게評伝大鳥圭介 威ありて、猛からず』 가지마출판회鹿島出版会 2008
- 다케타니 미쓰오武谷三男 편 『원자력原子力』 마이니치신문사毎日新聞社 1950
- 다키이 가즈히로瀧井一博 『조사·조선인 강제노동② 재벌·광산편調査·朝鮮人

強制労働② 財閥·鉱山編』사회평론사社会評論社 2014

<ㄹ>

- 루덴도르프ルーデンドルフ『루덴도르프 총력전ルーデンドルフ 総力戦』이토 도모히데伊藤智央 역·해설 하라쇼보原書房 2015

<ㅁ>

- 마쓰하라 고엔松原宏遠『과학·메이지 백년사科学·明治百年史』고단샤블루북스講談社ブルーバックス 1966
- 마에마 다카노리前間孝則『기술자들의 패전技術者たちの敗戦』소시샤草思社 2004
- 맨포드マンフォード『권력의 펜타곤権力のペンタゴン』이쿠타 쓰토무生田勉·기하라 부이치木原武一 역 가와데쇼보신샤河出書房新社 1973
- 모리 다케마로森武麿「전시·전후 농촌의 변용戦時·戦後農村の変容」『이와나미강좌 일본 역사 제18권岩波講座日本歴史 第18巻』이와나미신서岩波新書 2015
- 미셸 보ミシェル·ボー『자본주의의 세계사 1500~1995資本主義の世界史 1500~1995』힛포 야스유키筆宝康之·가쓰마타 마코토勝俣誠 역 후지와라서점藤原書店 1996
- 미스사와 히카리水沢光『군용기의 탄생 일본군의 항공전략과 기술 개발軍用機の誕生 日本軍の航空戦略と技術開発』요시카와고분칸吉川弘文館 2017
- 미요시 노부히로三好信浩『메이지의 엔지니어 교육明治のエンジニア教育』주코신서中公新書 1983
- 미요시 노부히로三好信浩『일본 공업교육 성립사의 연구日本工業教育成立史の研究』가자마쇼보風間書房 1979
- 미이케CO연구회三池CO研究会『후쿠시마·미이케·미나마타로부터 전문가의 책임을 묻다福島·三池·水俣から「専門家」の責任を問う』겐쇼보弦書房 2014
- 미즈노 가즈오水野和夫『자본주의의 종언과 역사의 위기資本主義の終焉と歴史の危機』슈에이샤신서集英社新書 2014
- 미타니 다이치로三谷太一郎『일본의 근대란 무엇이었던가日本の近代とは何であったか』이와나미신서岩波新書 2017

<ㅂ>

- 벨트란, 카레ベルトラン,カレ『전기의 힘과 파리電気の精とパリ』 마쓰모토 에이주松本栄寿·오바마 기요코小浜清子 역 다마가와대학출판부玉川大学出版部 1999

<ㅅ>

- 사와이 미노루沢井実『야기 히데쓰구八木秀次』 요시카와고분칸吉川弘文館 2013
- 사와이 미노루沢井実『제국일본의 기술자들帝国日本の技術者たち』 요시카와고분칸吉川弘文館 2015
- 스기야마 신야杉山伸也「언제라도 어디에서라도 후쿠자와 유키치いつでもどこでも福沢論吉」 게이오기주쿠慶應義塾 편『후쿠자와 유키치 서간집 제8권福沢論吉書簡集 第8巻』 월보月報 이와나미서점岩波書店 2002
- 스즈키 준鈴木淳『메이지의 기계공업 그 생성과 전개明治の機械工業 その生成と展開』 미네르바쇼보ミネルヴァ書房 1996
- 스즈키 준鈴木淳『일본의 역사 20 유신의 구상과 전개日本の歴史 20 維新の構想と展開』 고단샤講談社 2002
- 시라이 아쓰시白井厚 편『대학과 아시아태평양전쟁大学とアジア太平洋戦争』 일본경제평론사日本経済評論社
- 시부사와 에이이치渋沢栄一『시부사와 에이이치 아마요가타리/시부사와 에이이치 자서전[초]渋沢栄一 雨夜譚/渋沢栄一白叙伝[抄]』 일본도서센터日本図書センター 1997
- 시오카와 요시노부塩川喜信『고도산업사회의 임계점高度産業社会の臨界点』 샤카이효론샤社会評論社 1996
- 신도 무네유키新藤宗幸『기술관료 그 권력과 병리技術官僚 その権力と病理』 이와나미신서岩波新書 2002
- 쓰루미 슌스케鶴見俊輔『전시기 일본의 정신사-1931~1945년戦時期日本の精神史-1931~1945年』 이와나미신서岩波新書 1982
- 쓰지 데쓰오辻哲夫『일본의 과학사상 그 자립에의 모색日本の科学思想 その自立への模索』 주코신서中公新書 1973
- 쓰카하라 도시미치塚原徳道『메이지화학의 개척자明治化学の開拓者』 산세이도선서三省堂選書 1978

- 아메미야 쇼이치雨宮昭一 『점령과 개혁占領と改革』 이와나미서점岩波書店 2008
- 아미티지ア一ミティッジ 『테크노크라트의 발흥テクノクラ一トの勃興』 아카기 아키오赤木昭夫 역 치쿠마쇼보筑摩書房 1972
- 아사다 미쓰테루浅田光輝 「퇴조기 사회과학의 사상退潮期社会科学の思想」 스 미야 에쓰지住谷悦治 편 『강좌 일본 사회사상사 제4 반동기의 사회사상講座 日本社会思想史 第4 反動期の社会思想』 하가서점芳賀書店 1967
- 야마노우치 야스시山之内靖 『총력전 체제総力戦体制』 이요타니 도시오伊豫谷 登士翁·나리타 류이치成田龍一·이와사키 미노루岩崎稔 치쿠마학예문고ちくま 学芸文庫 2015
- 야마모토 요시티카山本義隆 『16세기 문화혁명 1, 2一六世紀文化革命1, 2』 미 스즈쇼보みすず書房 2007
- 야마카와 겐지로山川健次郎 『야마카와 겐지로 일기山川健次郎日記』 후요쇼보 출판芙蓉書房出版 2014
- 야지마 스케토시矢島祐利·노무라 가네타로野村兼太郎 편집 『메이지문화사 5 학술(신장판)明治文化史 5 学術(新装版)』 하라쇼보原書房 1979
- 오니시 야스유키大西康之 『도시바 해체 전기 메이커가 사라진 날東芝解体 電 気メ一カ一が消える日』 고단샤현대신서講談社現代新書 2017
- 오시마 기요시大島清·가토 도시히코加藤俊彦·오우치 쓰토무大内力 『인물·일 본자본주의 2 식산흥업人物·日本資本主義 2 殖産興業』 도쿄대학출판회東京大学 出版会 1974
- 와타나베 도쿠지渡辺徳二·사에키 야스하루佐伯康治 『전기에 선 석유화학공 업転機に立つ石油化学工業』 이와나미신서岩波新書 1984
- 와타나베 도쿠지渡辺徳二·하야시 유지로林雄二郎 편저 『일본의 화학공업(제 4판)日本の化学工業(第4版)』 이와나미신서岩波新書 1974
- 요코야마 겐노스케橫山源之助 『일본의 하층사회日本の下層社会』 이와나미문 고岩波文庫 1949
- 우드ウッド 『지구의 과학사地球の科学史』 타니모토 쓰토무谷本勉 역 아사쿠 라서점朝倉書店 2001
- 우치다 호시미内田星美 『산업기술자 입문産業技術者入門』 니혼게이자이신문 사日本経済新聞社 1974

- 우치하시 가쓰토内橋克人『동시대에의 발언 3 실의 기술·허의 기술同時代への発言 3 実の技術 虚の技術』이와나미서점岩波書店 1999
- 운노 후쿠주海野福寿『기술의 사회사 3 서양기술의 이입과 메이지 사회技術の社会史 3 西洋技術の移入と明治社会』유희카쿠有斐閣 1982
- 윌리엄스ウィリアムズ『20세기 기술문화사 상하二〇世紀技術文化史 上下』나카오카 테쓰로中岡哲郎·사카모토 겐조坂本賢三 역 치쿠마쇼보筑摩書房 1987
- 유아사 미쓰토모湯浅光朝『일본의 과학기술 100년사(상)日本の科学技術100年史(上)』주오코론샤中央公論社 1980
- 이누마루 기이치犬丸義一 교정『직공사정 상중하職工事情 上中下』이와나미문고岩波文庫 1998
- 이시이 간지石井寬治『일본의 산업혁명日本の産業革命』고단샤학술문고講談社学術文庫 2012
- 이시즈 도모유키石津朋之「총력전과 사회의 변화総力戦と社会の変化」미야케 마사키三宅正樹·이시즈 도모유키石津朋之·쇼지 준이치로庄司潤一郎·야마모토 후미히토山本文史 편저『총력전의 시대総力戦の時代』주오코론신샤中央公論新社 2013
- 이즈카 가즈유키飯塚一幸『일본 근대의 역사 3 일청·일러전쟁과 제국일본日本近代の歴史 3 日清·露戦争と帝国日本』요시카와고분칸吉川弘文館 2016

<ㅈ>
- 정재정鄭在貞『제국일본의 식민지 지배와 한국 칠도 1892~1945帝国日本の植民地支配と韓国鉄道 1892~1945』미쓰하시 히로오三橋広夫 역 아카시서점明石書店 2008
- 좀바르트ゾンバルト『전쟁과 자본주의戦争と資本主義』가나모리 시게나리金森誠也 역 론쇼샤論創社 1996

<ㅋ>
- 쿠로델クローデル『고독한 제국 일본의 1920년대孤独な帝国 日本の一九二〇年代』나라 미치코奈良道子 역 소시샤草思社 1999

<ㅎ>

- 하라다 마사즈미原田正純 『미나마타병水俣病』 이와나미신서岩波新書 1972

- 하버마스ハーバマス 『사회철학논집(Ⅱ)社会哲学論集(Ⅱ)』 호소야 사다오細谷貞雄 역 미라이샤未来社 1970b

- 하버마스ハーバマス 『이데올로기로서의 기술과 학문イデオロギーとしての技術と学問』 하세가와 히로시長谷川宏・기타하라 아키코北原章子 역 기노쿠니야서점紀伊国屋書店 1970a

- 호시노 요시로星野芳郎 『기술혁신 제2판技術革新 第2版』 이와나미신서岩波新書 1975

- 호시노 요시로星野芳郎 『현대 일본 기술사 개설現代日本技術史概説』 다이닛폰도쇼주식회사大日本図書株式会社 1956

- 후쿠자와 유키치福沢諭吉 『후쿠자와 유키치 선집福沢諭吉選集』 이와나미서점岩波書店 1951~52

- 휴즈ヒューズ 『전력의 역사電力の歴史』 이치바 야스오市場泰男 역 헤이본샤平凡社 1996

- 히로시게 데쓰広重徹 『과학의 사회사科学の社会史』 주오코론샤中央公論社 1973

- 히로시게 데쓰広重徹 편 『일본 자본주의와 과학기술日本資本主義と科学技術』 산이치쇼보三一書房 1962

- 히로이 요시노리広井良典 『포스트 자본주의 과학・인간・사회의 미래ポスト資本主義 科学・人間・社会の未来』 이와나미신서岩波新書 2015

일본의 지성을 읽는다

001 이와나미 신서의 역사
가노 마사나오 지음 | 기미정 옮김 | 11,800원

일본 지성의 요람, 이와나미 신서!
1938년 창간되어 오늘날까지 일본 최고의 지식 교양서 시리즈로 사랑
받고 있는 이와나미 신서. 이와나미 신서의 사상·학문적 성과의 발자
취를 더듬어본다.

002 논문 잘 쓰는 법
시미즈 이쿠타로 지음 | 김수희 옮김 | 8,900원

이와나미서점의 시대의 명저!
저자의 오랜 집필 경험을 바탕으로 글의 시작과 전개, 마무리까지, 각
단계에서 염두에 두어야 할 필수사항에 대해 효과적이고 실천적인 조
언이 담겨 있다.

003 사유와 규율 -영국의 사립학교 생활-
이케다 기요시 지음 | 김수희 옮김 | 8,900원

자유와 규율의 진정한 의미를 고찰!
학생 시절을 퍼블릭 스쿨에서 보낸 저자가 자신의 체험을 바탕으로,
엄격한 규율 속에서 자유의 정신을 훌륭하게 배양하는 영국의 교육
에 대해 말한다.

004 외국어 잘 하는 법
지노 에이이치 지음 | 김수희 옮김 | 8,900원

외국어 습득을 위한 확실한 길을 제시!!
사전·학습서를 고르는 법, 발음·어휘·회화를 익히는 법, 문법의 재
미 등 학습을 위한 요령을 저자의 체험과 외국어 달인들의 지혜를 바탕
으로 이야기한다.

005 일본병 -장기 쇠퇴의 다이내믹스-
가네코 마사루, 고다마 다쓰히코 지음 | 김준 옮김 | 8,900원

일본의 사회·문화·정치적 쇠퇴, 일본병!
장기 불황, 실업자 증가, 연금제도 파탄, 저출산·고령화의 진행, 격차와 빈곤의 가속화 등의 「일본병」에 대해 낱낱이 파헤친다.

006 강상중과 함께 읽는 나쓰메 소세키
강상중 지음 | 김수희 옮김 | 8,900원

나쓰메 소세키의 작품 세계를 통찰!
오랫동안 나쓰메 소세키 작품을 음미해온 강상중의 탁월한 해석을 통해 나쓰메 소세키의 대표작들 면면에 담긴 깊은 속뜻을 알기 쉽게 전해준다.

007 잉카의 세계를 알다
기무라 히데오, 다카노 준 지음 | 남지연 옮김 | 8,900원

위대한 「잉카 제국」의 흔적을 좇다!
잉카 문명의 탄생과 찬란했던 전성기의 역사, 그리고 신비에 싸여 있는 유적 등 잉카의 매력을 풍부한 사진과 함께 소개한다.

008 수학 공부법
도야마 히라쿠 지음 | 박미정 옮김 | 8,900원

수학의 개념을 바로잡는 참신한 교육법!
수학의 토대라 할 수 있는 양·수·집합과 논리·공간 및 도형·변수와 함수에 대해 그 근본 원리를 깨우칠 수 있도록 새로운 관점에서 접근해본다.

009 우주론 입문 -탄생에서 미래로-
사토 가쓰히코 지음 | 김효진 옮김 | 8,900원

물리학과 천체 관측의 파란만장한 역사!
일본 우주론의 일인자가 치열한 우주 이론과 관측의 최전선을 전망하고 우주와 인류의 먼 미래를 고찰하며 인류의 기원과 미래상을 살펴본다.

010 우경화하는 일본 정치
나카노 고이치 지음 | 김수희 옮김 | 8,900원

일본 정치의 현주소를 읽는다!
일본 정치의 우경화가 어떻게 전개되어왔으며, 우경화를 통해 달성
하려는 목적은 무엇인가. 일본 우경화의 전모를 낱낱이 밝힌다.

011 악이란 무엇인가
나카지마 요시미치 지음 | 박미정 옮김 | 8,900원

악에 대한 새로운 깨달음!
인간의 근본악을 추구하는 칸트 윤리학을 철저하게 파고든다. 선한
행위 속에 어떻게 악이 녹아들어 있는지 냉철한 철학적 고찰을 해본
다.

012 포스트 자본주의 -과학·인간·사회의 미래-
히로이 요시노리 지음 | 박제이 옮김 | 8,900원

포스트 자본주의의 미래상을 고찰!
오늘날「성숙·정체화」라는 새로운 사회상이 부각되고 있다. 자본주
의·사회주의·생태학이 교차하는 미래 사회상을 선명하게 그려본
다.

013 인간 시황제
쓰루마 가즈유키 지음 | 김경호 옮김 | 8,900원

새롭게 밝혀지는 시황제의 50년 생애!
시황제의 출생과 꿈, 통일 과정, 제국의 종언에 이르기까지 그 일생을
생생하게 살펴본다. 기존의 폭군상이 아닌 한 인간으로서의 시황제
를 조명해본다.

014 콤플렉스
가와이 하야오 지음 | 위정훈 옮김 | 8,900원

콤플렉스를 마주하는 방법!
「콤플렉스」는 오늘날 탐험의 가능성으로 가득 찬 미답의 영역, 우리
들의 내계, 무의식의 또 다른 이름이다. 융의 심리학을 토대로 인간의
심층을 파헤친다.

015 배움이란 무엇인가
이마이 무쓰미 지음 | 김수희 옮김 | 8,900원

'좋은 배움'을 위한 새로운 지식관!
마음과 뇌 안에서의 지식의 존재 양식 및 습득 방식, 기억이나 사고의
방식에 대한 인지과학의 성과를 바탕으로 배움의 구조를 알아본다.

016 프랑스 혁명 -역사의 변혁을 이룬 극약-
지즈카 다다미 지음 | 남지연 옮김 | 8,900원

프랑스 혁명의 빛과 어둠!
프랑스 혁명은 왜 그토록 막대한 희생을 필요로 하였을까. 시대를 살
아가던 사람들의 고뇌와 처절한 발자취를 더듬어가며 그 역사적 의
미를 고찰한다.

017 철학을 사용하는 법
와시다 기요카즈 지음 | 김진희 옮김 | 8,900원

철학적 사유의 새로운 지평!
숨 막히는 상황의 연속인 오늘날, 우리는 철학을 인생에 어떻게 '사용'
하면 좋을까? '지성의 폐활량'을 기르기 위한 실천적 방법을 제시한다.

018 르포 트럼프 왕국 -어째서 트럼프인가-
가나리 류이치 지음 | 김진희 옮김 | 8,900원

또 하나의 미국을 가다!
뉴욕 등 대도시에서는 알 수 없는 트럼프 인기의 원인을 파헤친다. 애
팔래치아 산맥 너머, 트럼프를 지지하는 사람들의 목소리를 가감 없
이 수록했다.

019 사이토 다카시의 교육력 -어떻게 가르칠 것인가-
사이토 다카시 지음 | 남지연 옮김 | 8,900원

창조적 교육의 원리와 요령!
배움의 장을 향상심 넘치는 분위기로 이끌기 위해 필요한 것은 가르
치는 사람의 교육력이다. 그 교육력 단련을 위한 방법을 제시한다.

020 원전 프로파간다 -안전신화의 불편한 진실-

혼마 류 지음 | 박제이 옮김 | 8,900원

원전 확대를 위한 프로파간다!
언론과 광고대행사 등이 전개해온 원전 프로파간다의 구조와 역사를
파헤치며 높은 경각심을 일깨운다. 원전에 대해서, 어디까지 진실인
가.

021 허블 -우주의 심연을 관측하다-

이에 마사노리 지음 | 김효진 옮김 | 8,900원

허블의 파란만장한 일대기!
아인슈타인을 비롯한 동시대 과학자들과 이루어낸 허블의 영광과 좌
절의 생애를 조명한다! 허블의 연구 성과와 인간적인 면모를 살펴볼
수 있다.

022 한자 -기원과 그 배경-

시라카와 시즈카 지음 | 심경호 옮김 | 9,800원

한자의 기원과 발달 과정!
중국 고대인의 생활이나 문화, 신화 및 문자학적 성과를 바탕으로, 한
자의 성장과 그 의미를 생생하게 들여다본다.

023 지적 생산의 기술

우메사오 다다오 지음 | 김욱 옮김 | 8,900원

지적 생산을 위한 기술을 체계화!
지적인 정보 생산을 위해 저자가 연구자로서 스스로 고안하고 동료
들과 교류하며 터득한 여러 연구 비법의 정수를 체계적으로 소개한다.

024 조세 피난처 -달아나는 세금-

시가 사쿠라 지음 | 김효진 옮김 | 8,900원

조세 피난처를 둘러싼 어둠의 내막!
시민의 눈이 닿지 않는 장소에서 세 부담의 공평성을 해치는 온갖 악
행이 벌어진다. 그 조세 피난처의 실태를 철저하게 고발한다.

025 고사성어를 알면 중국사가 보인다

이나미 리쓰코 지음 | 이동철, 박은희 옮김 | 9,800원

고사성어에 담긴 장대한 중국사!
다양한 고사성어를 소개하며 그 탄생 배경인 중국사의 흐름을 더듬
어본다. 중국사의 명장면 속에서 피어난 고사성어들이 깊은 울림을
전해준다.

026 수면장애와 우울증

시미즈 데쓰오 지음 | 김수희 옮김 | 8,900원

우울증의 신호인 수면장애!
우울증의 조짐이나 증상을 수면장애와 관련지어 밝혀낸다. 우울증을
예방하기 위한 수면 개선이나 숙면법 등을 상세히 소개한다.

027 아이의 사회력

가도와키 아쓰시 지음 | 김수희 옮김 | 8,900원

아이들의 행복한 성장을 위한 교육법!
아이들 사이에서 타인에 대한 관심이 사라져가고 있다. 이에 「사람과
사람이 이어지고, 사회를 만들어나가는 힘」으로 「사회력」을 제시한다.

028 쑨원 -근대화의 기로-

후카마치 히데오 지음 | 박제이 옮김 | 9,800원

독재 지향의 민주주의자 쑨원!
쑨원, 그 남자가 꿈꾸었던 것은 민주인가, 독재인가? 신해혁명으로
중화민국을 탄생시킨 희대의 트릭스터 쑨원의 못다 이룬 꿈을 알아
본다.

029 중국사가 낳은 천재들

이나미 리쓰코 지음 | 이동철, 박은희 옮김 | 8,900원

중국 역사를 빛낸 56인의 천재들!
중국사를 빛낸 걸출한 재능과 독특한 캐릭터의 인물들을 연대순으로
살펴본다. 그들은 어떻게 중국사를 움직였는가?!

030 마르틴 루터 -성서에 생애를 바친 개혁자-

도쿠젠 요시카즈 지음 | 김진희 옮김 | 8,900원

성서의 '말'이 가리키는 진리를 추구하다!
성서의 '말'을 민중이 가슴으로 이해할 수 있도록 평생을 설파하며 종
교개혁을 주도한 루터의 감동적인 여정이 펼쳐진다.

031 고민의 정체

가야마 리카 지음 | 김수희 옮김 | 8,900원

현대인의 고민을 깊게 들여다본다!
우리 인생에 밀접하게 연관된 다양한 요즘 고민들의 실례를 들며, 그
심층을 살펴본다. 고민을 고민으로 만들지 않을 방법에 대한 힌트를
얻을 수 있을 것이다.

032 나쓰메 소세키 평전

도가와 신스케 지음 | 김수희 옮김 | 9,800원

일본의 대문호 나쓰메 소세키!
나쓰메 소세키의 작품들이 오늘날에도 여전히 사람들의 마음을 매료
시키는 이유는 무엇인가? 이 평전을 통해 나쓰메 소세키의 일생을 깊
이 이해하게 되면서 그 답을 찾을 수 있을 것이다.

033 이슬람문화

이즈쓰 도시히코 지음 | 조영렬 옮김 | 8,900원

이슬람학의 세계적 권위가 들려주는 이야기!
거대한 이슬람 세계 구조를 지탱하는 종교·문화적 밑바탕을 파고들
며, 이슬람 세계의 현실이 어떻게 움직이는지 이해한다.

034 아인슈타인의 생각

사토 후미타카 지음 | 김효진 옮김 | 8,900원

물리학계에 엄청난 파장을 몰고 왔던 인물!
아인슈타인의 일생과 생각을 따라가 보며 그가 개척한 우주의 새로
운 지식에 대해 살펴본다.

035 음악의 기초
아쿠타가와 야스시 지음 | 김수희 옮김 | 9,800원

음악을 더욱 깊게 즐길 수 있다!
작곡가인 저자가 풍부한 경험을 바탕으로 음악의 기초에 대해 설명하는 특별한 음악 입문서이다.

036 우주와 별 이야기
하타나카 다케오 지음 | 김세원 옮김 | 9,800원

거대한 우주의 신비와 아름다움!
수많은 별들을 빛의 밝기, 거리, 구조 등 다양한 시점에서 해석하고 분류해 거대한 우주 진화의 비밀을 파헤쳐본다.

037 과학의 방법
나카야 우키치로 지음 | 김수희 옮김 | 9,800원

과학의 본질을 꿰뚫어본 과학론의 명저!
자연의 심오함과 과학의 한계를 명확히 짚어보며 과학이 오늘날의 모습으로 성장해온 궤도를 사유해본다.

038 교토
하야시야 다쓰사부로 지음 | 김효진 옮김

일본 역사학자의 진짜 교토 이야기!
천년 고도 교토의 발전사를 그 태동부터 지역을 중심으로 되돌아보며, 교토의 역사와 전통, 의의를 알아본다.

039 다윈의 생애
야스기 류이치 지음 | 박제이 옮김

다윈의 진솔한 모습을 담은 평전!
진화론을 향한 청년 다윈의 삶의 여정을 그려내며, 위대한 과학자가 걸어온 인간적인 발전을 보여준다.

IWANAMI 040
일본 과학기술 총력전
-근대 150년 체제의 파탄-

초판 1쇄 인쇄 2019년 6월 10일
초판 2쇄 발행 2020년 12월 30일

저자 : 야마모토 요시타카
번역 : 서의동

펴낸이 : 이동섭
편집 : 이민규, 서찬웅, 탁승규
디자인 : 조세연, 백승주, 김현승
영업 · 마케팅 : 송정환
e-BOOK : 홍인표, 김영빈, 유재학, 최정수, 이현주
관리 : 이윤미

㈜에이케이커뮤니케이션즈
등록 1996년 7월 9일(제302-1996-00026호)
주소 : 04002 서울 마포구 동교로 17안길 28, 2층
TEL : 02-702-7963~5   FAX : 02-702-7988
http://www.amusementkorea.co.kr

ISBN 979-11-274-2593-7 04910
ISBN 979-11-7024-600-8 04080

KINDAI NIHON HYAKUGOJUNEN
KAGAKUGIJUTU SORYOKUSEN TAISEI NO HATAN
by Yoshitaka Yamamoto
Copyright © 2018 by Yoshitaka Yamamoto
First published 2018 by Iwanami Shoten, Publishers, Tokyo.
This Korean print form edition published 2019
by AK Communications, Inc., Seoul
by arrangement with Iwanami Shoten, Publishers, Tokyo.

이 도서의 국립중앙도서관 출판예정도서목록(CIP)은 서지정보유통지원시스템 홈페이지
(http://seoji.nl.go.kr)와 국가자료공동목록시스템(http://www.nl.go.kr/kolisnet)에서 이용
하실 수 있습니다. (CIP제어번호: CIP2019019495)

*잘못된 책은 구입한 곳에서 무료로 바꿔드립니다.